百年风华——中国共产党理论与实践研究丛书

重铸辉煌

让中华文明焕发出新的蓬勃生机

纪亚光　等著

中央文献出版社
中共党史出版社

图书在版编目（CIP）数据

重铸辉煌：让中华文明焕发出新的蓬勃生机 / 纪亚光等著 .
—北京：中共党史出版社：中央文献出版社，2021.6（2021.8 重印）
（百年风华：中国共产党理论与实践研究丛书）
ISBN 978-7-5098-5774-8

Ⅰ . ①重… Ⅱ . ①纪… Ⅲ . ①中国共产党—文化事业—建设—研究 Ⅳ . ① G12

中国版本图书馆 CIP 数据核字（2021）第 067529 号

出版发行：中共党史出版社　中央文献出版社
责任编辑：姚建萍
责任印制：段文超
社　　址：北京市海淀区芙蓉里南街 6 号院 1 号楼
邮　　编：100080
网　　址：www.dscbs.com
经　　销：新华书店
印　　刷：北京盛通印刷股份有限公司
开　　本：170mm × 240mm　1/16
字　　数：240 千字
印　　张：18.25
版　　次：2021 年 6 月第 1 版
印　　次：2021 年 8 月第 2 次印刷
ISBN 978-7-5098-5774-8
定　　价：48.00 元

总 序

习近平总书记指出:“中国共产党立志于中华民族千秋伟业,百年恰是风华正茂!”

2021年是伟大的中国共产党成立100周年。1921年,在中华民族内忧外患、社会危机空前深重的背景下,在马克思列宁主义同中国工人运动相结合的进程中,中国共产党诞生了。这一开天辟地的大事变,深刻地改变了近代以后中华民族发展的方向和进程,深刻地改变了中国人民和中华民族的前途和命运,深刻地改变了世界发展的趋势和格局。

从建党的开天辟地,到新中国成立的改天换地,到改革开放的翻天覆地,再到党的十八大以来党和国家事业取得历史性成就、发生历史性变革,中国特色社会主义进入新时代,在中国共产党领导下,中华民族迎来了从站起来、富起来到强起来的伟大飞跃,迎来了伟大复兴的光明前景。作为走过百年光辉历程、在最大的社会主义国家执政70多年、拥有9100多万党员的世界上最大的马克思主义执政党,中国共产党“始终以马克思主义基本原理分析把握历史大势,正确处理中国和世界的关系,善于抓住和用好各种历史机遇”,坚定立于时代潮头,历经磨砺依然风华正茂。

历史充分证明,中国共产党的一百年,“是矢志践行初心使命的一百年,是筚路蓝缕奠基立业的一百年,是创造辉煌开辟未来的一百年。”

中国共产党团结带领人民百年接续奋斗，中华民族伟大复兴曙光在前、前途光明。同时，必须清醒认识到，中华民族伟大复兴绝不是轻轻松松、敲锣打鼓就能实现的。世界正经历百年未有之大变局，我们正在进行具有许多新的历史特点的伟大斗争，前进道路上，还有更多挑战等待我们去面对，还有更多胜利等待我们去夺取，还有更大使命等待我们去完成。

“历史，总是在一些特殊年份给人们以汲取智慧、继续前行的力量。”在庆祝伟大的党百年华诞的重大时刻，在“两个一百年”奋斗目标历史交汇的关键节点，回望我们党的百年征程，用好党的历史这部最生动、最有说服力的教科书，从党的理论与实践入手，深入研究和充分展示中国共产党在领导革命、建设、改革进程中为国家和民族建立的丰功伟绩、积累的宝贵经验、形成的优良传统和作风，从中汲取继续前进的智慧和力量，对于牢记初心使命、推进中华民族伟大复兴历史伟业，坚定信仰信念、在新时代坚持和发展中国特色社会主义，推进党的自我革命、永葆党的生机活力，具有重大的历史意义、理论意义和实践意义。

中共天津市委深入学习贯彻习近平新时代中国特色社会主义思想，认真学习领会习近平总书记关于党的历史的重要论述，始终胸怀“国之大者”，立足于提高政治判断力、政治领悟力、政治执行力，增强“四个意识”、坚定“四个自信”、做到“两个维护”，以高度的思想自觉、政治自觉、理论自觉、历史自觉，组织开展党的历史、党的创新理论的研究阐释。自2018年策划启动了“中国共产党建党100周年研究计划”，组织专家深入研究百年来党的理论与实践，深入研究总结党的百年奋斗历史和经验，努力把中国共产党一百年来的光辉历程、伟大贡献和历史经验研究明白、阐释清楚，形成一套集政治性、思想性、学术性、可读性为一体的党史党建权威丛书，为党的百年华诞献上一份厚礼。

中共天津市委宣传部、南开大学牵头组织，汇集中央党史和文献研究院、中国社会科学院、教育部社科中心、北京大学、中国人民大学、北京师范大学、南京大学、南开大学、中共天津市委党校等高校和社科研究机构专家学者百余名，涵盖马克思主义哲学、马克思主义中国化、中共党史、党的建设、中国近现代史、中华人民共和国史、政治学理论等相关学科，组成21个课题组，深入研究百年来中国共产党的理论与实践。

在课题研究和丛书编写中，总体把握了以下原则：

一是坚持科学理论指导。研究中国共产党的百年历史，发挥党史研究以史鉴今、资政育人的作用，坚持以科学理论为指导，坚持正确的党史观，至关重要。在研究和编写过程中，始终坚持以马克思列宁主义、毛泽东思想、邓小平理论、“三个代表”重要思想、科学发展观、习近平新时代中国特色社会主义思想为指导，特别是深入学习贯彻习近平总书记关于党的历史的重要论述，以我们党关于历史问题的两个决议和党中央有关精神为依据，把党的创新理论的最新成果运用于其中，充分体现新时代的特点与要求，形成高质量高水平的研究成果。

二是坚持宏大历史视野。研究中国共产党历史，要坚持“大历史观”。既要深入研究百年来党领导革命、建设、改革的历史，也要把党的百年历史放到马克思主义诞生170多年、中国近代以来180多年、世界社会主义500多年、中华文明5000多年等构成的时间坐标轴里，全面把握中国共产党的历史方位和时代使命，着力讲清楚中国共产党带领人民进行革命、建设、改革的伟大实践，实现中华民族由近代不断衰落到根本扭转命运、前所未有接近中华民族伟大复兴目标的历史逻辑；讲清楚中国共产党勇于推进实践基础上的理论创新，实现了马克思主义中国化的历史性飞跃，不断开辟马克思主义发展新境界的历史逻辑；讲清楚中国共产党领导人民开创中国特色社会主义事业，在世界上高高举起中国特色社会主义伟大旗帜，让科学社会主义在21世纪中国焕发强大生机活力的历史逻辑；讲清楚中国共产党坚持“中国应当对人类有较大的贡献”，努力打破对西方国家现代化道路的路径依赖，给世界上那些既希望加快发展又希望保持自身独立性的国家和民族提供全新选择，为解决人类问题贡献中国智慧和中国方案的历史逻辑。

三是坚持观照现实、回应关切。中国共产党成立百年来，不断回应问题与挑战，在实践中学习成长壮大。研究中国共产党的百年历史，要着力回答好中国共产党成功的奥秘所在。中国共产党作为一个百年大党，为什么能够始终经受实践考验、走在时代前列、成为中国人民和中华民族的主心骨？就在于我们党指导思想正确，并不断与时俱进、创新发展；理想信念坚定，不忘初心、牢记使命，立党为公、执政为民；团结统一、高度一致，坚决维护党中央权威和集中统一领导；从严管党治党，勇于自我革命，始终保持党的先进性和纯洁性。通过研究深刻阐明中国特色社会主义道路、理论、制度、文化形成的历史必然性，不断坚定“四个自信”，不断增强历史定力。

四是坚持政治性与学理性统一。在丛书编写中，牢牢把握正确政治方向，准确把握党的历史发展的主题主线、主流本质，通过研究加强辨析引导，正本清源、固本培元。坚持政治性、思想性与学理性相统一，强化学理支撑，坚持论从史出，创新话语体系，注重研究的客观严谨，注重表述的规范准确，通过全面、立体、深入、规范开展研究，以透彻的学理分析，深刻揭示中国共产党为什么能、马克思主义为什么行、中国特色社会主义为什么好。

在丛书编写过程中，天津市委宣传部和南开大学先后组织四次工作推进会。书稿全部完成后，组织三轮统稿和审改，邀请王伟光、陈晏清、赵剑英、张政文等专家提出意见。经过三年的深入研究，最终形成了“百年风华——中国共产党理论与实践研究丛书”。

本丛书的出版工作，得到了中央党史和文献研究院的有力指导和支持。中共党史出版社、中央文献出版社抽调精干力量，成立工作专班，全力推进丛书出版工作。天津市财政拨付专项资金予以支持。应该说，这套丛书能够与广大读者见面，离不开方方面面的大力支持。

百年的时空跨越是一个宏大叙事。正是所有参与编写工作的同志都怀着为党研究、为党立言的神圣使命感，倾注心力、精益求精，书稿始成。对所有参与本丛书编写和出版工作的专家学者的辛勤付出、各级领导的悉心指导、有关部门的宝贵支持，表示衷心感谢和诚挚敬意！

“百年风华——中国共产党
理论与实践研究丛书”编委会
2021年6月

目　录

绪 论

是什么令中华文明在遭遇“三千年未有之大变局”后，焕发出新的蓬勃生机？这是历史之问，也是时代之问；是中国之问，也是世界之问。

这一问题的历史背景，是中华文明有着令人骄傲的5000多年绵延不绝的发展史，位列四大文明古国之中，更是古文明中唯一未曾中断的文明，其底蕴之深厚、生命力之强盛，尤其令人瞩目；更有进者，浸润于中华文明的丰厚土壤，中华民族在物质文明、精神文明、制度文明方面，长期走在世界前列，并对人类文明进步作出了突出的贡献，不仅深刻影响了周边的民族发展，对欧洲的文艺复兴运动，也发挥了积极作用。

这一问题的时代背景，是近代以来，长期居于世界前列的古老中华文明受到西方工业文明的强有力挑战。伴随着鸦片战争失败，国门被英国的坚船利炮所打开，中国不断遭受西方列强的武力打击、经济掠夺、政治干预、领土瓜分，中华民族面临着存亡绝续的生死考验。

西方列强的来袭，与中华民族既往所遭遇的挑战迥然不同。以往的挑战，基本上是北方的游牧民族不断南下，其势虽猛，但均属于游牧文明对农耕文明的冲击，难以对中华文明造成致命的打击。近代以来西方列强的侵扰，在本质上是西方工业文明与中国农业文明的直接较量。生产力的落后，令中华民族遭遇前所未有的生存危机。

在生死存亡之际，一批批志士仁人前仆后继，为民族生存与发展而奋斗，揭开了中华民族伟大复兴的序幕。但是，农民起义方式的改朝换代，变

“用”不变“体”的自强运动，以君主立宪为目标的变法改良，以及资产阶级民主共和国方案，先后在近代中国一一尝试，结果都以失败告终。

历史以其客观的事实有力证明，是中国共产党领导中国人民经过革命、建设和改革开放，使中华民族实现了从站起来、富起来到强起来的伟大飞跃，深刻改变了近代以来中华民族发展的方向和进程，深刻改变了中国人民和中华民族的前途和命运，深刻改变了世界发展的格局和趋势，使中华文明焕发出新的蓬勃生机，以崭新的姿态屹立于世界的东方。

植根于相同的历史文化背景，直面同样的破碎山河，何以中国共产党能够超越前人，创造圆梦的未来？建设一个更加文明的现代中国作为奋斗目标，是其中一个值得注意的原因。这既是百年前先进分子选择马克思主义的根本动力，也是中国共产党在百舸争流的近现代中国脱颖而出，引领中华民族不断走向民族复兴的根本动力源泉。

百年前中国先进分子选择马克思主义，固然有解决民族生存危机的目的，但更根本的动力，在于马克思主义是一种继承了人类文明一切优秀成果的先进文化形态，是发现人类历史发展规律的科学，是人类文明活的灵魂，在人类文明进程中打下了深刻烙印。1918年，在中国社会各界苦恼于中国该走向何方时，李大钊明确指出了时代需要第三新文明的方向。他说：“东洋文明既衰颓于静止之中，而西洋文明又疲命于物质之下，为救世界之危机，非有第三新文明之崛起，不足以渡此危崖。”①十月革命胜利的消息传来，李大钊敏锐地看到，马克思主义就是第三新文明的具体体现，他大声疾呼：“吾人对于俄罗斯今日之事变，惟有翘首以迎其世界的新文明之曙光，倾耳以迎其建于自由、人道上之新俄罗斯之消息，而求所以适应此世界的新潮流。”②

以马克思主义为指导的中国共产党，自革命年代，便以建设一个“文

① 《李大钊文集》第2卷，人民出版社1999年版，第205页。
② 《李大钊文集》第2卷，人民出版社1999年版，第219页。

明先进”的中国为己任。1940年1月，毛泽东在《新民主主义论》中明确指出：“我们不但要把一个政治上受压迫、经济上受剥削的中国，变为一个政治上自由和经济上繁荣的中国，而且要把一个被旧文化统治因而愚昧落后的中国，变为一个被新文化统治因而文明先进的中国。”[①]历经革命、建设和改革开放，中国共产党始终高举建设一个更加文明的现代中国的大旗，为之奋斗不渝。党的十九大报告明确将建成富强、民主、文明、和谐、美丽的社会主义现代化强国作为实现中华民族伟大复兴的奋斗目标。

建设一个更加文明的现代中国，不是空洞的概念，而是体现在经济、政治、文化、社会、生态等各方面的进步与发展。众所周知，在中国共产党领导下，经过新民主主义革命，建立了中华人民共和国，彻底结束了半殖民地半封建社会的历史，实现了中国从几千年封建专制向人民民主的伟大飞跃。经过社会主义革命，建立了社会主义基本制度，奠定了中华民族复兴的根本政治前提和制度基础，实现了中华民族由近代不断衰落到根本扭转命运、持续走向繁荣富强的伟大飞跃。改革开放这场全新的伟大革命及由此所开辟的中国特色社会主义道路，极大地激发了中国人民的创造力和社会发展活力，使中国大踏步赶上时代步伐。特别是党的十八大以来，中国特色社会主义进入全面建设社会主义现代化强国、逐步实现全体人民共同富裕的新时代，迎来了实现中华民族伟大复兴的光明前景。纵观中国共产党建设更加文明的现代中国百年奋斗历程，我们可以看到，如上令世人瞩目的沧桑巨变，源自于中国共产党在马克思列宁主义指导下，坚持以人民为中心，推动中国社会不断发展进步;同时，始终关照人类前途命运，努力为人类发展贡献中国智慧。

以马克思主义唯物史观为理论基石的中国共产党在成立之初就认识到，共产党是工人阶级的先锋队，党组织若不与工人群众相结合，走不出知识分子的小圈子，就没有任何力量。1921年7月，党的一大通过的第一个纲

① 《毛泽东选集》第2卷，人民出版社1991年版，第663页。

领首次提出，“革命军队必须与无产阶级一起推翻资本家阶级的政权”①；1922年7月，党的二大通过的宣言明确提出了党的奋斗目标是“组织无产阶级，用阶级斗争的手段，建立劳农专政的政治，铲除私有财产制度，渐次达到一个共产主义的社会”②；1945年6月党的七大通过的新党章在总纲中强调“中国共产党人必须具有全心全意为中国人民服务的精神”，要求“每一个党员都必须用心倾听人民群众的呼声和了解他们的迫切需要，并帮助他们组织起来，为实现他们的需要而斗争”③。无论是大革命时期的动员民众、土地革命战争时期的根据地建设、抗战时期以兵民为本的持久战战略方针还是解放战争时期力量强大的后勤保障，都证明了共产党人进行革命斗争所凭借的、进行革命斗争的最终目的都是为了人民，因此才会最终走向胜利建国的道路。

面对执政的考验，早在1945年7月，毛泽东在与著名民主人士黄炎培交谈中便明确了相信人民、依靠人民的基本原则，明确表示中国共产党已经找到新路，可以跳出王朝兴衰更替周期的轮回。这条新路，就是“让人民来监督政府，政府才不敢松懈。只有人人起来负责，才不会人亡政息”④。新中国成立后，广大人民的主人翁意识，帮助国家摆脱贫困、尽快发展建设的热情空前高涨。1956年，年轻的共和国完成了由新民主主义向社会主义的过渡，确立社会主义的基本制度，消灭一切剥削，开始了新的社会制度下的探索。中国的社会主义建设虽然历尽艰辛但取得了很大的成就，完成了中华民族有史以来最为广泛而深刻的社会变革，在政治制度方面保障中国朝着马克思、列宁所开创的科学社会主义的道路前进，为国家富强、人民富裕打下牢固的基础，实现了中华民族由饱受自身贫困之苦和忍受外来欺凌到经济自立自强、对外平等交往的伟大飞跃。

① 《建党以来重要文献选编(1921—1949)》第1册，中央文献出版社2011年版，第1页。
② 《建党以来重要文献选编(1921—1949)》第1册，中央文献出版社2011年版，第133页。
③ 《建党以来重要文献选编(1921—1949)》第22册，中央文献出版社2011年版，第535页。
④ 《毛泽东年谱(1893—1949》（修订本）中册，中央文献出版社2013年版，第611页。

十一届三中全会以后，总结新中国成立30年以来我国社会主义建设取得的经验和教训，党中央明确提出中国的发展要破除封闭僵化的思维，要进行改革开放新的伟大革命。以实事求是的态度指出我国处于社会主义初级阶段为出发点，改革开放以提高广大人民群众的生活水平为着力点，将衡量党和国家工作的根本标准聚焦于生产力是否发展、综合国力能否提高以及人民生活水平能否得到根本改善上，并以此为依据制定了“20世纪80年代末解决人民温饱问题”“20世纪末达到小康水平”“21世纪中叶达到中等发达国家水平”的国家发展“三步走”战略，以期达到人民生活比较富裕，基本实现现代化的水平。由此开启了中国特色社会主义现代化事业。

党的十八大站在中华民族伟大复兴的历史新起点，以人民为推动发展的根本力量，在20世纪末的中国总体达到小康社会水平的基础上，将“全面小康”作为奋斗目标，再次重申党的各项工作都要把三个“有利于”作为总的出发点和检验标准[①]。习近平总书记在讲话中多次描绘我国建成小康社会的蓝图，第一是党的干部队伍、国家政府机关、整个社会的政治风气要公正廉洁清明；第二是破除城乡二元结构，保障农民的基本生活和根本权益；第三是国家的物质力量和精神力量并举，人民物质和精神生活都得到改善；第四是保障人民群众在司法案件中得到公平待遇；第五是人民要看得见青山绿水、记得住乡愁。总而言之中国要全面建成的小康是要为实现中国梦提供坚强力量支撑的小康。在习近平总书记主持通过的“十三五”规划中明确提出“坚持以人民为中心的发展思想。”[②]在以人民为中心的发展思想统领下，我国经济增长更加惠及人民，使每个人都感受到国家发展的成果，突出表现为在改善民生方面取得了长足的进步，顺利建成全面小康社会，开启全面建设社会主义现代化新征程。

---

① 习近平：《在庆祝中国共产党成立95周年大会上的讲话》，《人民日报》2016年7月2日。

② 《中共中央关于制定国民经济和社会发展第十三个五年规划的建议》(2015年10月29日)，《人民日报》2015年11月4日。

正是基于吸纳人类文明一切优秀成果的开放性和以人民为中心的马克思主义本质属性，面向世界贡献中国价值、中国智慧也是中国共产党建设一个更加文明的现代中国的题中之义。

在漫长的历史长河中，中华民族逐渐培养起令人赞叹不已的世界精神。英国著名历史学家汤因比认为，中华民族的世界精神包括“儒教的世界观中所包含的人道主义”“儒教和佛教所包含的合理主义”，以及“相信人类必须和人类以外的自然和谐地生存下去”的天人合一思想。基于“对于中国过去两千年的成就和中华民族一直保持下来的优秀品质的认识”，1972年，他在与池田大作展望21世纪的对话中一致认为：“未来统一全世界的既不是西欧国家，也不是西欧化的国家，恐怕会是中国。而且，正是因为中国有可能承担这未来的政治作用，才使得中国赢得了当今世界令人震惊的信任。”①

“为全人类谋取最大的幸福”是中国共产党人投身民主革命的责任与使命②，也是中华人民共和国成立伊始便确立的目标与方向。政治协商会议共同纲领明确提出：“中华人民共和国可在平等和互利的基础上，与各外国的政府和人民恢复并发展通商贸易关系。”③国际形势虽然跌宕起伏，但中国放眼世界、追求和平的脚步未曾停歇。1954年4月29日，中印两国签署《中印关于中国西藏地方和印度之间的通商和交通的协定》，将两国和平共处的原则写入序言④。1955年召开的万隆会议，会上发表了《关于促进世界和平与合作的宣言》，正式提出和平共处五项原则⑤。在中苏关系乃至整个世界局势趋于紧张之际，毛泽东在莫斯科出席庆祝十月革命四十周年

① 〔英〕汤因比〔日〕池田大作著：《选择生命——汤因比与池田大作对谈录》，商务印书馆2017年版，第346—347页。

② 《李富春选集》，中国计划出版社1992年版，第1页。

③ 《建党以来重要文献选编(1921—1949)》第26册，中央文献出版社2011年版，第768页。

④ 即互相尊重领土主权、互不侵犯、互不干涉内政、平等互惠、和平共处，与后来的和平共处五项原则略有区别。见《毛泽东年谱(1949—1976)》第2卷，中央文献出版社2013年版，第240—241页。

⑤ 即互相尊重主权和领土完整、互不侵犯、互不干涉内政、平等互利、和平共处。

大会上发言时，依旧强调“各国内部的事务由本国人民按照自己的意愿解决”，并再此重申五项原则①。

进入21世纪，全球化的经济往来、多极化的政治共存、多样化的文化形态、信息化的社会背景，使得人类越来越相互依存、密不可分。国际形势的复杂性和全球性问题日益凸显，使得人类前途与命运成为世人无法回避的重大理论与现实问题。

党的十八大以来，以习近平同志为核心的党中央围绕人类未来命运，明确指出：当今世界，各国相互依存、休戚与共，必须构建以合作共赢为核心的新型国际关系，打造人类命运共同体。习近平总书记强调：要建立平等相待、互商互谅的伙伴关系，营造公道正义、共建共享的安全格局，谋求开放创新、包容互惠的发展前景，促进和而不同、兼收并蓄的文明交流，构筑尊崇自然、绿色发展的生态体系。②其中，构建伙伴关系是主要途径，实现共同安全是重要保障，坚持合作共赢是基本原则，促进文明交流是牢固纽带，推动可持续发展是必要条件。这五个方面从不同角度诠释了人类命运共同体的内涵，相辅相成、缺一不可，形成一个完整统一的有机整体。人类命运共同体思想的提出，高度契合人类社会发展进步潮流，面向人类与未来提供了中国方案与中国智慧，体现出中国共产党站在全人类立场的真切观照。

构建人类命运共同体是针对当今世界因“文明冲突”论而引发的冲突与战争，系统阐发文明交流互鉴思想，从文明观的高度为人类社会走向和平、繁荣的未来提出根本解决方案。习近平总书记明确指出：文明是多彩的，“一花独放不是春，百花齐放春满园”，吸引人们眼球的，正是多姿多彩的文明成果;文明是平等的，没有高低、优劣之分；文明是包容的，一切文明成果都值得尊重，一切文明成果都要珍惜；文明因交流而多彩，文明因互鉴

---

① 《毛泽东年谱(1949—1976)》第3卷，中央文献出版社2013年版，第237页。

② 习近平：《携手构建合作共赢新伙伴　同心打造人类命运共同体》，《人民日报》2015年9月29日。

而丰富，只有进行文明的交流互鉴，人类才能充满生命力，实现文明和谐，消除危及人类未来的“文明冲突”。[①]这表明，人类命运共同体所促进的是不同文化之间相互借鉴、和谐共存，超越传统国家间政治与意识形态的分歧与界限，是对文明间相互冲突理论的彻底回应，有利于防止文明之间相互敌视，推动不同文明之间的对话共生。

构建人类命运共同体是马克思主义追求人类文明进步的具体体现。人类命运共同体思想，是对马克思主义“自由人的联合体”思想的继承与发展，是中国坚持走和平发展道路在面临新的历史时期的顶层设计，是对中国特色社会主义道路的发展与创新。中国倡导并推动人类命运共同体建设，将中国自身的前途命运同世界未来的发展走向紧紧相连，站在环视全球的高度，以世界眼光探寻中国道路，体现出中国寓自身发展于世界、以自身发展带动世界的广度与深度。

总之，近现代中国对马克思主义的选择，从一开始就不仅仅是为了摆脱民族生存的具体困境，而是蕴含着以构建人类新文明为指向而追求的价值取向。以构建人类新文明为指向，中国共产党坚持以马克思主义为指导，在革命年代以民族独立、人民解放为己任;在建设年代明确社会主义方向，建立人民当家作主新政权并积极推动建立和平共处的国际关系；在改革开放年代以发展经济为基础，努力构建中国特色社会主义政治文明，并积极推动和平发展的国际关系；在新时代，明确民族复兴的伟大梦想，凸显以人民为中心的发展观，并积极推动构建人类命运共同体；在如上革命、建设、改革开放的追求过程中，中国共产党不断丰富其内涵，形成了马克思主义中国化的理论成果，从而开拓了一条既有高远理想追求，又有实践探索与理论创新的为中国人民谋幸福、为中华民族谋复兴、为世界谋大同的崭新文明之路，使中华文明在兼收并蓄中历久弥新，从而在21世纪以更有活力的文明成就幸福人民、贡献世界。

① 习近平:《在联合国教科文组织总部的演讲》，《人民日报》2014年3月28日。

第一章

民族存亡之际的上下求索

中华文明是人类文明史中的璀璨明灯，不仅历史悠久，在不断创新发展中将中华民族凝聚在一起，而且在世界上曾经长期处于领先地位，深刻地影响了人类文明的进程。但是，近代以来，在西方列强坚船利炮的冲击下，中华文明遭遇生死存亡的巨大挑战，引发志士仁人上下求索致力于民族复兴的伟业之中，开启了探索国家出路、重建中华文明的伟大历程。

一、璀璨的中华文明

在人类社会从蒙昧走向文明的进程中，中华民族创造的中华文明宛如暗夜中璀璨的明灯，特别引人注目。她是最早点亮人类心灵的古代文明之一，与古代埃及文明、两河文明、印度文明并称为历史最悠久的世界四大文明；她同时也是唯一一直活到现代、依然辉映在世界东方的文明。曾与中华文明一同普照大地的其他古代文明，在经历了几百年甚至上千年的辉煌之后，已全部相继消亡，成为落满历史尘埃的遥远记忆。中华文明的领先和延续，使中国在数千年间一直站在世界文明的中心，不仅为周边民族、国家仰望，也令遥远的欧美诸国向往，在世界文明史上留下了浓重的一笔。

（一）连绵不绝的中华文明

约公元前21世纪，中国建立了历史上第一个王朝——夏朝，中华文明自此发端。商朝甲骨文的出现，表明商代文明已经达到了较高的程度。周朝则在制度、伦理方面颇有建树，特别是宗法制度，在很大程度上影响了中华文明的特质。春秋战国时期，中华文明有长足的进展，思想文化方面出现了“百家争鸣”的局面，这是中国历史上思想文化发展的一个高峰。秦建立了大一统的多民族国家，奠定了中国传统社会政治制度的基本形态。汉朝进一步加强中央集权，思想文化上“独尊儒术”，形成了大一统的中央集权国家的统治思想，并在经济、科技等方面取得了长足的发展，多民族国家得以巩固，中华文明进入辉煌时期，影响远播欧亚各地。隋唐时期，中华文明步入鼎盛阶段，在政治、经济、文化、科技诸方面取得了辉煌的成就，在世界范围内产生了重大影响。直至今日，盛唐气象在诸多领域仍然是中华文明的象征。随后的五代、宋辽夏金、元、明、清时期，君主专制制度达到了顶峰，农耕文明更为成熟，科技水平进一步提高，在思想文化方面，宋明理学形成，深刻地影响着政治社会生活。

中华民族从5000多年绵延不断的悠久历史中走来，创造出博大精深的中华文化，孕育出世界上唯一没有断流的中华文明。在人类文明发展史上，大大小小、形态不一的文明形态此起彼伏，其中历尽沧桑延续至今的只有中华文明。

陶器、青铜器、铁器、玉器、碳化纺织品残片和水稻硅质体等夏商周时期文物的相继出土，表明早在几千年前古人的冶铸技术、农业、制陶、纺织业等已相当发达，后来的中华文明与这一时期一脉相承。汉字和史书典籍则是中华文明源远流长的重要见证。从甲骨文、石鼓文、金文到大篆、小篆、隶书，再至定型于东汉、魏、晋的草书、楷书、行书等，中国古老的书法艺术以其独特的艺术形式和艺术语言再现了中华文明5000多年悠久历史的变迁过程。而像《二十四史》《四库全书》等卷帙浩繁的史书典籍，则跨越数千年连贯和完整记载了中华民族源远流长的历史进程和学术传统，其中蕴含着中国人民生生不息的伟大智慧与历史成就。

持续不断的发展，使得中华文明在科技文明、制度文明和精神文明诸方面都取得了重大成就。

发达的农耕文明，为中华文明连绵发展提供了坚实的物质基础。

在数千年的历史进程中，中华民族逐步掌握了发达的农耕技术，在作物培育、畜力使用、耕作制度等方面，都达到了较高的水准。农具的材质先后使用过木头、石器、青铜器。春秋战国时期，开始使用铁制家具，实现了生产力的一次飞跃。农具的器型最初有耒耜斧铲刀等，后来不断得以改进，犁、耧车、曲辕犁、水车等渐次在生产实践中得以运用，提高了生产效率。在水利灌溉方面，中国是世界上最早建造大型水利设施的国家之一，这不仅有利于农业生产，也在国家建构、社会动员等方面发挥了重要作用。

发达的农耕文明提供了经济社会发展必不可少的资源，中国古代的粮食单位产量一直稳居世界前列。中华文明之所以能够长期延续、发展，并形成自身鲜明的特点，与农耕文明为主的经济基础密不可分。著名历史学家罗荣渠经过深入比较研究，就此指出："中国的传统农耕文明所拥有的独特的、高生产效能的农业基础，就平均亩产量，勤劳而集体劳作的传统，发达的水利系统，以及一直到十八世纪仍保持的技术水平等方面而言，都是举世无匹的。从十一世纪以来，中国不仅拥有科举取士的组织严密的官僚机器，而且商业组织和国内贸易的发展，地方商品市场的繁荣，都市的规模和数量，也都远远高于欧洲的水平。"①

科学技术的先进，是中华文明生生不息、保持巨大影响力的关键因素。

中国的科学技术在诸多领域长期处于世界先进水平。众所周知的造纸术、印刷术、火药、指南针等文明成果，不仅促进了中华文明的发展，更是中华民族奉献给人类的杰出科技成果，也对世界文明进程做出了卓越贡献。数学、物理、化学、天文、地理、生物、农学、医学、兵学，乃至纺织、建筑、机械、冶金、车船、兵器、陶瓷、造纸、印刷等各方面的技术，都取得了卓越成就。如公元166年左右，东汉的《四民月令》中记载了植物的性别与繁育，比欧洲早1500年；成书于东汉中期的《九章算术》，其中《方程》处理了三元一次和四元一次联合方程式问题，早于印度400年，早于欧洲1300年；公元304年，西晋嵇含的《南方草木状》中，有关生物防治的记载，比西方早1500多年；5世纪后半叶，南朝祖冲之推算出圆周率的值在3.1415926—3.1415927之间，比西方早1000年；中国人最早制作了陶器，比西方早1000年；《汉书·五行志》中有关公元前28年的太阳黑子记录，《伏

① 罗荣渠：《现代化新论》，北京大学出版社1993年版，第246页。

侯古今注》中有关公元前30年的极光记录，都是世界上有关方面的最早记录；史书《春秋》中记载了公元前722年至公元前481年的36次日食，经推算其中32次是可靠的，这是上古最完整的日食记录①。北宋科学家沈括在《梦溪笔谈》卷二十中留下了有关陨石的详细记载，比西方人1803年才对陨石有正确认识要早700余年。明代李时珍的《本草纲目》，在药学和植物分类方面达到了当时世界的先进水平。宋应星的《天工开物》，记录了明末清初的生产新技术，是一部称誉海外的工艺学百科全书。18世纪初，在康熙帝主持下，清廷从事两项巨大的科学工程，一项是《律历渊源》（1713—1722），介绍了中国和西方音乐各种理论、乐器制造、天文历法以及西方的数学与中国的算学；另一项是用近代科学方法绘制了第一幅详细的中国地图（1708—1719）。

中国古代的科学技术多是在生产实践的基础上发明创造出来的，体现了中华文明注重实用的特点。在金属冶炼方面，早在商周时期，就出现了水准很高的青铜器制造技术，工艺精湛，形器精美，其中司母戊大方鼎和五羊方尊是杰出的代表。春秋时期的越王勾践剑所采用的防锈技术，直到20世纪50年代才在美国等国开始使用。战国时期开始使用的铸铁柔化技术，在世界冶金史上有划时代的意义，这一技术的发明和使用，使得铁器有了大规模运用于生产和生活的条件。一直到明朝，中国的金属冶炼技术都处于世界领先水平。纺织、陶瓷、漆器的制造技术，也在世界范围内名列前茅。万里长城、大运河等宏伟工程，堪称世界文明史上的奇迹。

与西方相比，中国古代的科学技术在许多领域是遥遥领先的。英国科学史家贝尔纳说："中国许多世纪以来，一直是人类文明和科学的巨大中心之一。"②著名英国学者李约瑟撰写了7卷本的鸿篇巨制《中国科学技术

① 《中国科学史讲义》，北京师范大学出版社1989年版，序。

② 贝尔纳：《历史上的科学》，科学出版社1959年版，中译本序。

史》，其中写道：中国人“在许多重要方面有一些科学技术发明，走在那些创造出著名的‘希腊奇迹’的传奇式人物的前面，和拥有古代西方世界全部文化财富的阿拉伯人并驾齐驱，并在公元3世纪到13世纪之间保持一个西方所望尘莫及的科学知识水平。”①

中国古代的语言文字和文学艺术更是世界文化长廊中的瑰宝。

汉语语汇之丰富，语法之灵活，是很有特色的。更值得中华民族骄傲的，就是汉文字。世界古代几大文明区，都形成过相应的象形文字，但多数未能流传下来。汉字自形成至今，仍与汉语相配合，成为中国文明的象征。与拼音字母相比，汉字有着明显的优越性，它是思想和信息的凝合体，并将历史与现实统一起来。正如德国学者莱布尼茨所说，汉字对于表达思想和概念是很准当的，而今电子计算机的广泛应用，更体现出汉字的优点。汉字是典型而几乎是唯一的“文字”，其深厚的底蕴及广大的前景，仍有待于现代中国人的发掘和发展。中国古代艺术，也是丰富多彩，独领风骚。文学作品从散文到骈文，从诗词到曲赋，从杂记到小说，由于汉文字的独特功能，而达到很高境界。如瑰丽璀璨的《诗经》、楚辞、汉赋、唐诗、宋词、元曲、明清小说，以及藏族《格萨尔》史诗、蒙古族《江格尔》史诗、柯尔克孜族《玛纳斯》史诗，用不同的形式展现着中国人的生活世界和精神世界，成为人类共同的文化遗产。中国笔墨造化的书法，以神似取胜的水墨绘画，也是人类文明史上的瑰宝，它们充分体现了中国人的文化与文字结合的成就。中国的绘画艺术在世界美术史也是独树一帜，体现了中国人独特的审美情趣。建筑、服饰、家具及其他工艺水平，也是独具特色，自成体系。以及百花竞艳的戏剧艺术，戏剧、曲艺、民歌等等，一切艺术领域，中国古代都取得了很大成就。神秘精美的石窟雕塑，气势宏伟的秦陵兵马俑，巧夺天工的宫殿、园林，就连烹调、饮茶，中国人也与艺术结合，从而独步天下。这些都是中华民族宝贵的历史文化遗产。更有博大

① 李约瑟：《中国科学技术史》第1卷第1分册，科学出版社1975年版，第3页。

精深的思想体系以及浩如烟海的典籍文献等等。大型图书的编撰，是古典文化成熟的征象。《永乐大典》被公认为世界上最早、最大的一部百科全书；《康熙字典》是世界上最早的字数最多的字典；《四库全书》则是至今为止世界上页数最多的丛书。

中华文明还创造了丰富的精神文明成果，营造了中华民族共同的精神家园，成为世界人民共同的精神财富。

早在春秋战国时期，儒家、法家、道家、墨家等各放异彩，形成了“百家争鸣”的局面。西汉初年，儒家被尊为统治思想，一直持续到清朝末年，对中国的政治、社会和伦理产生了深远的影响。而法家、道家等并没有湮灭，而是与儒家思想继续交相辉映，同为中国传统文化的重要内容。汉代佛教传入中国，并在魏晋南北朝时期开始了中国化的历史进程。

需要着重指出的是，作为古代中国社会思想基础的儒学思想体系，在相当一段历史时期内，走在时代的前列。儒学主张刚健自强的人生态度。“天行健，君子以自强不息”的思想历时两千余年，经久不衰、深入人心，成为中华民族精神的重要特质。儒学主张经世致用，以积极入世的精神提倡重视现世，要求解决现实生活中的问题，不追求死后的“极乐世界”，对中华民族养成勤俭耐劳的社会风气发挥了重要作用。在政治上，儒家以“修身、齐家、治国、平天下”的理念，融通了个人与社会、个人修养与价值体现、道德伦理与政治追求的关系。在义利问题上，儒家主张“正其谊不谋其利，明其道不计其功”，同时重尚义而不排斥利，为人们兼容义利留下宽阔的伸展空间。在人与自然的关系方面，儒家以“天人合一”为方向，追求天人之间的和谐统一。在工业文明所引发的环境问题日益严重的今天，儒家的“天人合一”思想引起越来越多有识之士的重视，对于人类社会走向与自然和谐相处的未来发挥了思想引领的作用。

对中华文明的精神文明成果，德国的莱布尼茨给予高度评价，他指出：“欧洲较之中国优越之处，在思维和思辩的科学……但一转到实践哲学，即生活、伦理、政治实践，欧洲人便难以和中国人相抗衡”①。

中华文明的成就，与其成熟的制度文明密不可分。

西周形成的宗法制度在政治制度和政治思想两个方面，奠定了中国传统政治制度的基石。秦统一后建立了君主专制的中央集权制度，在此后两千余年的历史中，虽几经损益，但整体上一直得以延续，成为中国建构和巩固为统一的多民族国家的制度基础。土地制度是中国社会传统经济制度的核心。从战国中后期开始，土地制度以土地私有为主体，土地私人占有并能够进行流通。但在宋之前，国家参与土地的调节和分配。宋以后则“不立田制”，私有化程度更高。土地制度又是赋税制度的基础，国家主要依据土地和人丁征收田赋和丁税，中间几经变迁，至清初实行“摊丁入亩”，完全按照土地征收赋税。中华文明素来注重文化教育以及文教制度的建设，据记载，在夏商周时期，就由国家兴办教育，“设为庠序学校以教之。庠者，养也；校者，教也；序者，射也。夏曰校，殷曰序，周曰庠；学则三代共之。皆所以明人伦也。”②至春秋战国时期，私学兴起，孔子就是兴办私学的杰出代表。后几经因革，至隋唐时期，形成了科举制度。这个制度的主要作用是选拔人才进入官僚体制，同时也起到了强化文化认同和维护社会公平的作用。法国启蒙学者伏尔泰称赞中国是举世最优美、最古老、最广大、人口最多而治理最好的国家。

中国在社会的发展上比其他国家先行了一个阶段，即在公元前200年（秦、汉）就发展到官僚封建阶段。作为前提的是，中国进入领主封建社会，也要比欧洲早一千多年，起码在西周初期就达到了此阶段。这样，当欧洲和其他国家于公元后逐步进入领主封建制时，中国已运行于官僚封建社会阶段。而当欧洲意识到自己的落后，并欲从领主制阶段演化为官僚制阶

---

① 《学习时报》编辑部：《落日的辉煌：17、18世纪全球变局中的“康乾盛世”》，中共中央党校出版社2001年版，第7页。

② 《孟子》，中华书局2006年版，第105页。

段时，已是公元十五六世纪了。正是这种文明的领先和延续，使中国在过去的几千年里一直成为世界文明的中心。马可·波罗于13世纪70年代到达中国后，连他也为长江上的交通运输量所叹服：覆盖这条伟大河流的船只如此之多，对于读到或听闻这种描述的任何人来说都不会相信。经由此河南北运送的货物如此之多，这是任何人都不敢想象的。事实上，其交通之繁荣，以至于看来这根本就不像河，而是大海。[①]15世纪末新航路开通以后的两个多世纪里，中国在政治、经济、文化诸方面仍然居于世界领先地位，而西方在许多方面倒是处在"欠发达"和"不发达"状态。1420年，南京十之八九是全球最大的城市，人口规模在50万—100万。数世纪来，南京一直是繁荣的丝绸和棉纺业中心。在永乐皇帝治下，南京还成了学识中心。[②]1500年，全球最大的城市是北京，人口规模达60万—70万。当时全球最大的10个城市中，只有一个（巴黎）是欧洲城市，其人口规模少于20万。伦敦或许有5万居民。[③]直到1776年，亚当·斯密仍然将中国称为"全球最富裕、最有文化、最勤劳和人口最稠密的国家之一……比欧洲任何地区都富多了"。[④]

综上所述，中国传统文化是人类封建时代文化中宗教色彩最淡、理性主义和人文精神最浓的文化；中国封建时代的科学技术长期居于世界领先地位；中国封建时代的文学艺术领一代风骚；中国在近两千年中央集权的统一国家的建设中，积累了许许多多经验教训，有的至今仍可以借鉴，显示出很高的政治智慧；中国有素称发达的农业和手工业，在人类的封建时代，中国的物质文明水平也是世界第一流的。[⑤]可以说中国古代文明是人类封建时代文明中发展水平最高、贡献最大的文明。古代中国也因此声名远播、威震四方。美国学者罗兹曼在《中国的现代化》一书中指出："在世界历史

① 〔英〕尼尔·弗格森著，曾贤明、唐颖华译：《文明》，中信出版社2012年版，第5页。
② 〔英〕尼尔·弗格森著，曾贤明、唐颖华译：《文明》，中信出版社2012年版，第5页。
③ 〔英〕尼尔·弗格森著，曾贤明、唐颖华译：《文明》，中信出版社2012年版，序言。
④ 〔英〕尼尔·弗格森著，曾贤明、唐颖华译：《文明》，中信出版社2012年版，第3页。
⑤ 张岱年、程宜山：《中国文化与文化论争》，中国人民大学出版社1990年版，第233页。

的大部分时间里，中国一向是整个东亚社会的文化巨人，其所扮演的角色，集西方人在文化上无限景仰的古希腊罗马和作为现代欧洲文明中心而备受倾慕的法兰西于一身。悠悠2000载，中国人表明自己拥有程度极高而造诣极深的多样化文化价值，拥有控制、协调和管理幅员辽阔而人口众多的国家的能力，拥有有效地把技术开发应用于生产的扩大并维持数倍于19世纪欧洲国家人口的组织天才。中国人过去的生活标准是其他民族根本无法与之比拟的。”这是对中国古代曾经有过的文明的先进性的肯定，也是一个外国学者比较公正的评价。

（二）中华文明的内在价值

中华文明不仅创造了灿烂辉煌的成就，也以其兼收并蓄、开放包容的胸怀，孕育了自己的民族精神、政治传统、价值取向和世界观念。这些内在价值，体现了中华文明的鲜明特点和独特优势。正是在这些价值的支撑下，中华文明才得以生生不息，绵延不绝，成为凝聚中华民族的内在力量。

一是以爱国主义为代表的民族精神。

爱国主义在中华文明中有着深厚的历史传统，它是伴随着国家的产生、国家观的形成而出现的。早在先秦时期，中国就有了“天下”观念，其实质为一种国家观，它体现出了“家国一体”的特点，“天下国家，天下之本在国，国之本在家”①。国的基础是家庭、家族，即国是家庭和家族的扩大和延伸。君主对家庭和家族首领的统领，以及家庭、家族对于内部成员的统领，都是以宗法关系为纽带。每个家族的家长对内部成员拥有基于血亲关系的权威，而君主则对全体社会成员具有家长式的权威。秦统一后建立了君主集权制，自此之后，国家政治权力在社会层面上的影响逐步增大，但宗法制的社会结构依然稳固。因此，中国历史上的爱国主义，具有强烈的伦理色彩，即基于对家庭、家族的热爱和对宗法共同体的保护，上升到对国家

① 《孟子》，中华书局2006年版，第105页。

利益的维护。

中国传统社会的国家认同与爱国主义精神，往往以“忠君”的形式表现出来。君主自称“天子”，宣称受命于“天”，“君权神授”，权力的合法性由此得到了认同。同时，君主还是国家的象征，当君主的利益与国家利益一致时，忠君就是对于国家利益的维护。诸如抵御外来侵略，勤政爱民、廉洁奉公等行为，都是爱国主义的表现。

中国传统的爱国主义还表现为对民族文化的高度自觉与认同，以及对破坏民族文化行为的警惕和抵抗。明末清初思想家顾炎武指出：“有亡国，有亡天下。亡国与亡天下奚辨？曰：易姓改号，谓之亡国。仁义充塞，而至于率兽食人，人将相食，谓之亡天下。”“知保天下然后知保国。保国者，其君其臣，肉食者谋之；保天下，匹夫之贱与有责焉耳矣”①。在士大夫看来，保卫民族文化，比维护一朝一代的政权更为重要，这是爱国主义在更深层次的体现。

在中华文明几千年的历史中，爱国主义始终是最具代表性的民族精神，是凝聚民族最核心的力量。中华儿女正是在爱国主义精神的感召之下，不懈奋斗，使得中华民族能够战胜各种艰难险阻，生生不息，绵延不绝，造就了世界上唯一经数千年而没有中断的文明。

二是大一统的政治传统。

中国数千年的历史，就是一个统一的多民族国家不断发展的历史。在这个过程中，形成了大一统的政治思想和政治传统。作为政治思想，实现和维护国家统一，反对和抵制分裂，成为全体社会成员的共识。作为政治传统，各种政治力量在政治实践中都追求国家统一，甚至一些割据政权，也以统一为终极政治目标。

夏商周时期，中国就有了大一统思想的表述。西周“溥天之下，莫非王

---

① 《日知录》卷十三《正始》，安徽教育出版社2007年版，第722页。

土；率土之滨，莫非王臣”的观念①，在宣示王权权威的同时，也表达了大一统的思想。春秋战国长期的战乱，给社会稳定和经济发展带来了严重的破坏，人心渴望统一；体现在诸子百家的主张中，孔子坚持恢复周天子的权威，荀子提出“一天下”，《春秋公羊传》则明确提出了“大一统”的概念。

秦汉时期所建立的中央集权的专制制度，是大一统政治思想在政治实践中的推进。为配合汉武帝加强中央集权的措施，董仲舒对“大一统”思想进行了发挥：“春秋大一统者，天地之常经，古今之通谊也。”②在此后2000年的历史中，中国虽有割据动荡时期，但统一始终是主流和共识，对统一的追求和维护逐渐成为深层次的民族意识。

在政治实践中，为了实现和维护“大一统”的局面，中国逐步摸索出一套行之有效的制度，包括郡县制、科举制以及处理边疆事务和少数民族事务的相关制度等。这些制度较好地解决处理了中央和地方、内地与边疆、汉族与少数民族的关系，对于巩固多民族统一的国家发挥了重要作用。

民族的统一和政治的相对稳定，促进了中国古代文明的发展。自秦汉建立大一统的封建王朝，两千多年的封建官僚统治下，虽然也有朝代更替和诸多战乱，但以汉民族为主体的中华民族的统一不仅没有破坏，反而扩大和延续了。政治统治从总体上说，也是相对稳定的，尤其是汉、唐、宋等几个朝代，曾有比较长的稳定时期。就世界几个主要文明古国发展史比较来看，以血缘关系为纽带的宗法制度完备而系统，包括嫡子之制、庙数之制、分封制度等，从理论到实际，其完善程度都是世界各国所无法比拟的。古代中国的专制主义严密，中国自国家产生之日起，尽管先后出现过奴隶主阶级、地主阶级等不同的统治，但其专制却是一脉相承的，并与带有某种血缘温情的宗法制度相结合，形成一种“家国同构”的社会政治结构，深刻影响了中国文明的发展。中国的君主专制制度作出过世界性的贡献，“其严

① 《诗经选译》，中华书局2005年版，第223页。
② 《汉书·董仲舒传》，中华书局1962年版，第2523页。

密性曾令世人赞叹、模仿，回避制度也曾为外人所学习，特别是隋唐时期开始确立的科举制度，后来成为西方文官制度的先导”[①]。吉尔伯特·罗兹曼也指出：“古代中国的官僚制度乃一大发现，足资为所有后封建型的中央集权社会所效法。”[②]

三是“修身齐家治国平天下”的伦理取向。

中华文明是伦理型文明，具体表现为对道德的重视，特别注重和强调个体的道德修养，“自天子以至于庶人，一是皆以修身为本”，并有一系列具体的要求和规定。在这个基础上，强调个体的责任，包括对家庭、社会、国家的责任，这就是“修身齐家治国平天下”的伦理取向。

中国文化中对于个体的道德要求，首推“孝”。孔子将“孝”置于非常重要的地位，认为“孝悌也者，其为仁之本”[③]。孝就是尊重和服从父母，这是人们要恪守的最基本的道德准则；只有做到这一点，其他的道德准则才有实现的可能。在此基础上，儒家提出了仁、义、礼、智、信等道德要求。仁的基本涵义即“仁者爱人”，强调人与人之间的相互敬爱，并被视为作为人的基本属性。“义者宜也”，指人与人之间交往中言行举止的适当性，强调人与人之间相互承担责任的公平、合理。“礼者序也”，即对秩序的尊崇，要求履行与社会角色相一致的责任和义务。“智”既指知识积累所形成的辨识能力，也包括道德判断力，即对于善与恶的辨别能力。信，就是诚实、守信。

在中国文化中，这些道德准则具有可延伸性。孟子提出：“穷则独善其身，达则兼济天下”[④]，即在条件不成熟的时候，个体可以根据这些道德标准进行自我道德的完善；当条件成熟后，可将这些道德标准延伸至社会国家，承担起对于社会和国家的责任，从而完成“修身齐家治国平天下”的伦

① 张岱年、方克立主编：《中国文化概论》（修订版），北京师范大学出版社2004年版，第54页。

② 吉尔伯特·罗兹曼主编：《中国的现代化》，江苏人民出版社2014年版，第54页。

③ 《论语》，中华书局2006年版，第2页。

④ 《孟子》，中华书局2006年版，第292页。

理实践。

在道德实现途径上，中华文明也有自己的特点，即将外在的道德规制和内在的自我修养结合起来，即孔子所言："仁远乎哉？我欲仁，斯仁至矣。"①这一特点，在宋明理学时期被发扬光大，成为道德践履的主要方式。

总的来看，中华文明的伦理取向，既注重个人的责任和义务，但也没有忽视个人的权利，从而在整体上塑造了中华民族注重伦理、遵守秩序、偏重责任、重义轻利的民族性格，成为推进中华文明不断发展的力量源泉。

四是"修文德以柔远人"的世界观念。

中华文明重视德性、德治的传统，在认识外部世界和处理对外事务方面，表现"修文德以柔远人"的世界观念。

在内政方面，中国传统政治思想强调"德治"，即孔子所说"为政以德，辟如北辰，居其所而众星共之"②。这种观念延伸到处理外部事务中，主张以德服人，反对以武力为手段处理与外部的关系，更反对以强凌弱，欺负或者侵略他国。《礼记》正是表达了这样一种思想："凡为天下国家有九经，曰：修身也，尊贤也，亲亲也，敬大臣也，体群臣也。子庶民也，来百工也，柔远人也，怀诸侯也。修身则道立，尊贤则不惑，亲亲则诸父昆弟不怨，敬大臣则不眩，体群臣则士之报礼重，子庶民则百姓劝，来百工则财用足，柔远人则四方归之，怀诸侯则天下畏之。齐明盛服，非礼不动。所以修身也；去谗远色，贱货而贵德，所以劝贤也；尊其位，重其禄，同其好恶，所以劝亲亲也；官盛任使，所以劝大臣也；忠信重禄，所以劝士也；时使薄敛，所以劝百姓也；日省月试，既廪称事，所以劝百工也；送往迎来，嘉善而矜不能，所以柔远人也；继绝世，举废国，治乱持危。朝聘以时，厚往而薄来，所以怀诸侯也。凡为天下国家有九经，所以行之者一也。"其核心思想就是将内政和外交等量齐观，以统治者的修身为前提，

① 《论语》，中华书局2006年版，第99页。
② 《论语》，中华书局2006年版，第12页。

对内政事修备，对外才能怀柔远人，此即孔子所说“远人不服，则修文德以来之，既来之，则安之”。

在处理对外关系的实践中，历代政权大多奉行以德服人、睦邻安边的政策，即便发生对外战争，也以防御为主，由此形成了以明清宗藩体制为代表的中外关系。

从历史的角度看，中国传统思想文化中的优秀成分，对中华文明形成并延续发展几千年而从未中断，对形成和维护中国团结统一的政治局面，对形成和巩固中国多民族和合一体的大家庭，对形成和丰富中华民族精神，对激励中华儿女维护民族独立、反抗外来侵略，对推动中国社会发展进步、促进中国社会利益和社会关系平衡，都发挥了十分重要的作用，是中华民族发展壮大的精神力量。2013年8月19日，习近平在全国宣传思想工作会议上指出：“中华文化积淀着中华民族最深沉的精神追求，是中华民族生生不息、发展壮大的丰厚滋养。”①同年9月26日，他在会见第四届全国道德模范及提名奖获得者时进一步强调：“中华文明源远流长，蕴育了中华民族的宝贵精神品格，培育了中国人民的崇高价值追求。自强不息、厚德载物的思想，支撑着中华民族生生不息、薪火相传，今天依然是我们推进改革开放和社会主义现代化建设的强大精神力量。”②

（三）中华文明对人类的贡献

中华文明在世界上长期处于领先地位，不仅对中国发展产生了深刻影响，对人类文明的进步也作出了突出贡献。

早在新石器时代，中国的制陶技艺、稻作农业等就曾通过山东半岛先民的航海活动影响过周边的日本和朝鲜半岛。西汉时期，汉武帝就曾派张

① 习近平：《胸怀大局把握大势着眼大事努力把宣传思想工作做得更好》，《人民日报》2013年8月21日。

② 习近平：《深入开展学习宣传道德模范活动为实现中国梦凝聚有力道德支撑》，《人民日报》2013年9月27日。

骞出使西域，开辟以首都长安为起点，经甘肃、新疆，到中亚、西亚，并连接地中海各国的陆上丝绸之路。通过丝绸之路，中国向外传播着中华文明。例如，中国当时对外输出的精美的丝绸、瓷器、茶叶等中国特产和先进的四大发明就曾深深影响外国人的生产和生活。唐代，各国都曾派人来长安学习和经商。如日本曾先后13次派遣使者、留学生、学问僧一同前来交流，最多一次达651人。在欧洲国家的民众不堪忍受基督教和贵族领主的统治，从内部孕育变革的时候，人类对先进文明的趋同性促使他们推崇和学习先进的中国文明，不仅中国古代的以“四大发明”为主干的科学技术、生产力被广泛引进，而且也在吸收中国的文化和典章制度。当时的欧洲人对于东方的理解和认知主要是通过丝绸、瓷器、茶叶等物品以及来到中国的冒险家所撰写的游记、在中国的传教士所寄回的书信报告等途径来把握。马可·波罗把中国描绘成拥有壮丽的宫殿、宏伟的都市，使用纸币、用煤取暖、生活富裕的大汗之国。在《利玛窦中国札记》中，作者夸赞“凡是人们为了维持生存和幸福所需的东西，无论是衣食或甚至是奇巧与奢侈，在这个王国的境内都有丰富的出产，无需由外国进口。我甚至愿意冒昧的说，实际上，凡在欧洲生长的一切都照样可以在中国找到”①。通过来华耶稣会士的传播，欧洲社会刮起了一阵“中国旋风”，人们以谈论中国、模仿中国为彰显品位的时尚。法国的启蒙思想家如伏尔泰、孟德斯鸠、卢梭以及百科全书派的狄德罗、霍尔巴赫等人，都曾接触过中国的文化典籍，他们将中国的无神论和唯物论、“仁政”“仁君”思想、“有教无类”的教育原则、民本限君的政治理论等文化资源加以理想化的描绘，借以作为反对神学蒙昧主义和君主专制的思想武器，助成了法国的政治大革命。在他们的笔端，中国有光辉灿烂的历史，贤明的君主政治，完善的法律制度，平和的人民百姓。著名哲学家莱布尼茨受到在华传教士们著述的影响，接触了中国的儒学、佛教和道家思想的著作，继而把自己所追求的欧洲“大和谐”理想与中国的“大同”

① 〔意〕利玛窦、〔比〕金尼阁：《利玛窦中国札记》，中华书局2010年版，第10页。

思想、“大一统”思想相联系，以抨击当时德国封建的分裂割据、战乱不止和诸侯暴虐的现状。伏尔泰甚至在《风俗论》中指出：“中国的报纸是世界上最可靠、最有用的报纸，因为报上载有有关公众要求、各级官府的收益的详细情况”①。以上种种都说明，中华文明为推动人类文明进程，丰富世界文明宝库作出了重要贡献。

即便到了今天，中华文明对人类社会未来发展，依然有着熠熠生辉的价值。当今世界，人类文明无论在物质还是精神方面都取得了巨大进步，特别是物质的极大丰富是古代世界完全不能想象的。同时，当代人类也面临着许多突出的难题，比如，贫富差距持续扩大，物欲追求奢华无度，个人主义恶性膨胀，社会诚信不断消减，伦理道德每况愈下，人与自然关系日趋紧张，等等。要解决这些难题，不仅需要运用人类今天发现和发展的智慧和力量，而且需要运用人类历史上积累和储存的智慧和力量。中国优秀传统文化中蕴藏着解决当代人类面临的难题的重要启示，比如，关于道法自然、天人合一的思想，关于天下为公、大同世界的思想，关于自强不息、厚德载物的思想，关于以民为本、安民富民乐民的思想，关于为政以德、政者正也的思想，关于苟日新日日新又日新、革故鼎新、与时俱进的思想，关于脚踏实地、实事求是的思想，关于经世致用、知行合一、躬行实践的思想，关于集思广益、博施众利、群策群力的思想，关于仁者爱人、以德立人的思想，关于以诚待人、讲信修睦的思想，关于清廉从政、勤勉奉公的思想，关于俭约自守、力戒奢华的思想，关于中和、泰和、求同存异、和而不同、和谐相处的思想，关于安不忘危、存不忘亡、治不忘乱、居安思危的思想，等等。中国优秀传统文化的丰富哲学思想、人文精神、教化思想、道德理念等，可以为人们认识和改造世界提供有益启迪，可以为治国理政提供有益启示，也可以为道德建设提供有益启发。

---

① 〔法〕伏尔泰：《风俗论》，商务印书馆1993年版，第243页。

二、遭遇三千年未有大变局

在中西文明交流史上，乾隆时期英国马嘎尔尼使团来华访问颇为引人注目。回首这段历史，我们可以更加清晰地看到，马嘎尔尼使团的这次访华，无论是对东方还是西方都是一次难能可贵的改变历史的机遇。但是，令后人遗憾的是，这一东西方两大帝国之间的第一次亲密接触，整个过程却到处充斥着相互的自大与骄傲，引发彼此的误会与偏见。正如一位外国学者所说："这就是历史赋予远东和远西的机会。当时聋子——地球上最强大的聋子——之间的对话使这个机会付诸东流。两个傲慢者互相顶撞，双方都自以为是世界的中心，把对方推到野蛮人的边缘"[①]。文明形态存在差异，但亦有凭藉差异而发展的大好机遇，如丝绸之路那样，不同信仰的人们互通有无，形成合作共赢的态势。但是，对于一个刚刚走出中世纪100多年的新贵英国来讲，还没有足够的底蕴去发现这一点；对于一个有着2000多年帝国经历的中国来说，改变既有的华夷之辨优越心理，更是一件难事。

（一）马嘎尔尼眼中的"天朝"

如前所述，早在马嘎尔尼使团来华之前，中华文明在欧洲就有广泛的影响力。在美好的憧憬中，马嘎尔尼使团来到了中国。他们打着为乾隆祝寿的幌子肩负着开启中英贸易新时代的使命。那时的英国，工业革命刚刚兴起，工业发展的锋芒显露不多；中国正处于乾隆皇帝的统治之下，升平日久，国泰民安。可以说中英双方此时国家实力大体相当，马嘎尔尼在中国所见到的一切似乎还没有后来鸦片战争时期差距那么大。即使他和他的使团成员对中华文明有贬低的评论，这也主要是因为他们有意无意将英国政治

① 〔法〕佩雷菲特：《停滞的帝国——两个世界的撞击》，三联书店1995年版，第19—20页。

的腐败投射到中国之上[①]。但是，即使如此，在中国，他们眼中所看到的一切仍然透露着这个古老文明落后于时代之处。

马嘎尔尼使团发现，中国是既富有又贫穷的国度。从富有方面来讲，清政府出手大方，单单给英国特使送的礼物就无可胜记，令马嘎尔尼一行惊喜万分。马嘎尔尼使团初到大沽口，就收到了清政府送来的20头牛、130头羊、120头猪、100只鸡、100只鸭、160袋面粉、160袋米、14箱馒头、10箱茶叶、1箱小米、10箱红米、10箱白米、10箱蜡烛、1000个西瓜、3000个甜瓜、22箱干制桃子、32箱蜜饯果子、22箱干制果子、22箱蜜饯蔬菜、22箱咸菜……数量之多超乎想象。之后，清朝皇帝的追加更是一次又一次，颇显大国气象。此外，他们注意到，清朝皇帝的宫殿富丽堂皇，官员吃饭非常奢侈，部分农舍干净舒适，部分城市繁荣兴盛。但另一方面，英国特使同样也观察到了一些异样的景象。有些村庄里的房子多半是由硬泥，或者被太阳晒干的土块建成，中间还用柳条编织物填充，外面抹上黏土；穷人因贫穷而丢弃婴儿的事件随处可见；孩子们大多赤身露体地生活玩耍；人口繁衍漫无节制；医学化学非常落后。一方面是繁荣兴盛，一方面是贫穷落后，这样的矛盾景象在英国特使的回忆录中处处可见。他们发现那些作为“社会稳定器”的不穷不富中产阶级少得可怜，社会两极分化非常严重。事实上，这也是中国传统社会治乱交替的重要原因之一。每当一个王朝社会分化到一定程度，加以天灾人祸影响，这个王朝也就走到了生命的终点。新建王朝在初期经过战争，人口减少，土地广大，轻徭薄赋，人们生活相对容易。可是经过一段时间，人口增多，土地兼并严重，贫富差距加大，这个王朝就重新走上了毁灭的道路。只不过封建时代晚期的中国在社会结构方面出现的严重缺陷，不但潜藏着巨大的社会危机，而且这种危机最终在外部力量的催化下演化成为一场生存危机。

---

① 〔美〕何伟亚：《怀柔远人——马嘎尔尼使华的中英礼仪冲突》，社会科学文献出版社2019年版，第27页。

据马嘎尔尼回忆，他曾在热河避暑山庄与和珅有过一段对话：

一日吾与和中堂谈及欧洲物质上之文明，言近日欧洲发明之物事，日多一日。即如升天一事，昔人以为无论如何万非人力所能办到者，今则已有气球之发明，凌霄高举颇非难事，倘中堂有意敝使可令一长于此技者到京演习。此事在他人闻之，吾料其必喜形于色，而中堂则不特以冷漠之态度对待此事，即对于其余一切物质上之进化，凡吾人以为奇妙不可思议者，均一律以唯唯否否置之。①

与之惊人相似的反应，来自乾隆皇帝。他在收到由马嘎尔尼转交的英王乔治三世通商请求的信时，断然拒绝道："天朝德威远被，万国来王，种种贵重之物，梯航必集，无所不有。尔之正使等所亲见，然从不贵奇巧，并更无需尔国置办物件。"这一傲慢的举动，被作为最具代表性的"自我中心的错觉"典型例证记录在人类文明史中。②

显然，中国当时最有权力的人对西方文明是"唯唯否否"的，是居高临下的，这足以表明中国的"天朝"观念排斥了工业革命的积极成果，使自己对世界发展趋势视而不见。中国皇帝和他的大臣们太陶醉于"天朝定制""天朝礼法"的完美无缺，硬是把工业革命的早期成果说成了"奇巧"之物。这一在今天看似可笑的反应，实际有其必然性。文明的发展具有连续性，它不会因为一次短暂的邂逅而改变自己过去所有的历史轨迹。正如汤因比所主张，人类的一切成就都与挑战与回应直接相关。如果人类接受了挑战，他们的回应就将为文明发展奠定基础。其实，这种挑战无论是自然的还是人为的，都同样适用。地域广阔、人民勤劳的中国，长期处于优越的位置，数千年间，没有一个受到真正的挑战，使其对挑战逐渐失去了合理应对的能力。所以，当马嘎尔尼在中国希望通过言行、器物来彰显西方文明的优

① 〔英〕马嘎尔尼著，刘半农译：《乾隆英使觐见记》，重庆出版社2008年版，第207页。

② 〔英〕汤因比著，〔美〕索麦维尔节录，曹未风译：《历史研究》，上海人民出版社1966年版，第46—47页。

越感时，中国的反应显得平淡而消极。

马嘎尔尼的出使任务失败了，除了见到皇帝，得到满船乾隆赏赐的物品外，一项协议都没有达成。不过，这次出使却改变了英国特使们对东方的认知。这些认知既有对中国社会的剖析，也有对中华文明文化的反思。其中有一条尤为重要。马嘎尔尼在观察中国军队时强调："此种宽衣大袖之兵，既未受过军事教育，而所用军器又不过刀、枪、弓、矢之属，一旦不幸，洋兵长驱而来，此辈果能抵抗与否？尚属一不易置答之疑问也。"[①]这岂不是多年后鸦片战争的一次预言？更重要的是，他评论道："中华帝国是一艘陈旧而古怪的一流战舰，在过去的一百五十年中，代代相继的能干而警觉的官员设法使他漂浮着，凭借其庞大与外观而使四邻畏惧。但当一位才不敷用的人掌舵领航时，它便失去了纪律与安全。它可能不会立即沉没，它可能会像残舸一样漂流旬日，然后在海岸上粉身碎骨，但却无法在其破旧的基础上重建起来。"[②]

（二）时代发展的落伍者

马嘎尔尼访华之时，正是康乾盛世的末期。他的经历，折射出貌似强盛的中华帝国，无论在观念还是在机制层面，均已经远远落后于时代。

中华文明是以农业生产生活为主要目标的文明，它通过耕地劳动把人们固定在相应的城市与村落，使人们过着日出而作、日落而息、男耕女织的自给自足的生活。这种农耕文明在千年发展进程中形成了适合其自身特点的政治、经济、文化、法律、宗教、历法等模式。这些模式在整个东方产生了重要影响，辐射到了日本、朝鲜、东南亚等国家和地区，形成了所谓的"汉文化圈"。在这样一个圈子中，中国居于中央，周围分布着不同的民族，称之为：东夷，南蛮，西戎和北狄。农耕文明的固定性与游牧文明的流

① 〔英〕马嘎尔尼著，刘半农译：《乾隆英使觐见记》，重庆出版社2008年版，第214页。
② 徐中约：《中国近代史》，香港中文大学出版社2002年版，第159页。

动性形成了鲜明对比。农耕文明下的人民可以不用四处游走，可以用更多的精力来发展生产力，在这个过程中也锻炼了自己抗击侵略和抵御自然灾害的能力和本领。于是在东方相对于其他游牧民族，中华民族在生产技术、政治制度、文化发展、社会建设等方面存在很大优势，创造了像汉、唐、宋那样辉煌的时代。在对外关系上，朝贡制度应运而生。所谓朝贡制度是“建立于双向交往、沟通之基础上，包括朝贡一方的‘称臣纳贡’和宗主一方的‘册封赏赐’双重内容”[①]。在东方的“汉文化圈”中，朝贡制度就像一个约定俗成的规则，用烦琐的礼仪，“厚往薄来”的交往维系着整个东方的和谐发展，这也成为中国处理对外关系的重要准则。不管外人怎么看，中国就是用这项制度来处理对外关系，僵化之中带着一点任性。但是，不管怎么说，中国内部的发展和外部的和谐使它过早的成为农耕文明时代的佼佼者，德威远被、历久弥新。

但是，时代在变，永远不能用崇古的眼光把握发展的规律。包括中华文明在内的整个东方在封建时代发展到达巅峰后，出现了原地踏步的状况。正如法国历史学家费尔南·布罗代尔所指出：“它们早早地就达到了令人瞩目的成熟，但处于一种使其基本结构几乎拒斥变化的框架之中。这使它们有了一种卓绝超凡的统一性和内聚力。但它们也发现这使得它们极难改变自我，非常不愿意变化，也没有能力实现这一点。”[②]封建专制主义的长期浸润，造就了畸形的家国同构君主专制政体。上自庙堂之中的国家大事，下至黎民百姓的衣食住行，都取决于皇帝、族长、家长的个人意志。与之相适应，中国在政治上兴亡更迭频仍，经济社会发展水平长时期停滞不前。中国人更多的是追求儒家所谓的上古三代盛世，理想中的大同世界，不愿意把眼光投向未来。特别在元朝之后，明时的海禁、清际的文字狱，严重禁锢了人们的思想和行动，再加上传统的华夷之辨的影响，于是中国的历史定

① 李云泉：《朝贡制度史论——中国古代对外关系体制研究》，新华出版社2004年版，第1页。
② 〔法〕费尔南·布罗代尔：《文明史》，中信出版集团2017年版，第186页。

格了。

正当中华文化在烂熟中缓慢前行之际，伴随文艺复兴、地理大发现、工业革命、资产阶级民主革命，欧洲从中世纪的愚昧和黑暗中苏醒过来，跃上了世界文明进程的制高点。在近代西方资本主义快速发展起来的时候，服务于西方的世界市场也逐步形成。为了开拓这个大市场，西方资本主义用尽了所有的手段：贩卖奴隶、殖民掠夺、经营毒品、灭绝人种。他们用自己的坚船利炮丈量世界的宽度，他们把《国富论》作为自己的行动指南，他们把所有人类对利益追求的本能发挥得淋漓尽致。在变化了的世界面前，闭关锁国、故步自封的清朝统治者依然陶醉在天朝上国的迷梦之中。在马嘎尔尼访华后不到50年，英王乔治三世的后人们不仅以非法的鸦片贸易吸干了清王朝的国库和中国人的神髓，更以坚船利炮轰开了大清王朝貌似坚不可摧的厚重国门。以1840年鸦片战争失败为起点，中国遇到“三千年未有之大变局”，中华民族面临着亡国灭种的严峻考验。

这场变局是一个缓慢的过程，其中穿插着保守的抵制与激进的承应，它是中国人经过在传统和现代之间挣扎的阵痛中逐步适应的。

“臣窃维欧洲诸国百十年来，由印度而南洋，由南洋而东北，闯入边界腹地，凡前史之所未载，亘古之所未通，无不款关而求互市。我皇上如天之度，概与立约通商以牢笼之，合地球东西南朔九万里之遥，胥聚于中国，此三千余年一大变局也。”[①]（同治十一年五月十五日，李鸿章《筹议制造轮船未可裁撤折》）

“历代备边多在西北。其强弱之势、客主之形，皆适相埒，且犹有中外界限。今则东南海疆万余里，各国通商传教来往自如，麇集京师及各省腹地，阳托和好之名，阴怀吞噬之计，一国生事，诸国构煽，实为数千年未有之变局！”[②]（同治十三年十一月初二，李鸿章《筹议海防折》）

① 《李鸿章全集》第5册，安徽出版集团2008年版，第107页。
② 《李鸿章全集》第6册，安徽出版集团2008年版，第159页。

以上两段话是李鸿章奏折的节选。时值两次鸦片战争后，洋务运动兴起，李鸿章面对大清被列强环逼、日本觊觎台湾的野心，分析了时局，提出了“三千余年一大变局”“数千年未有之变局”的态势。李鸿章深感传统中国的“成法”已经无法应对当今的时事变化，需要直视自己的缺点（器物上的不足），提出自强之道。他身处洋务第一线，应当比任何人都了解彼己之短长，明白这次面对的变局非中国传统历史中的政治危机、改朝换代，这次变局是中国从未经历过的。当时能够认识到这一点应当说是难能可贵了。在百年之后的今天，我们再看这段历史时，再读这段奏折时，更应当认识到这场变局也是千百年来中华文明面对的首次大的挑战，这次挑战刺激了中国人，使他们冲破了传统桎梏，蹒跚地走向近代，用自己的努力挽救复兴中华文明。

（三）遭遇全面危机

那么3000年未有之变局体现在哪些方面呢？李鸿章仅从自强求富的角度来说明变局体现在器物、财富、外交方面。但是，这场变局又怎能局限于这些方面呢？我们可以简单举几个例子。

对外关系的改变。传统的夷夏观念在面对西方列强时已经无法适应，再把西方列强当作蛮夷似乎只能是自欺欺人，于是近代中国最大的一个变局就是中国对外关系的变化。就像李鸿章所讲：“欧洲诸国，百十年来，由印度而南洋，由南洋而中国，闯入边界腹地，凡前史所未载”。他在第二次鸦片战争后带头用“洋人”的称呼取代“夷人”，用“洋务”取代“夷务”也许就是这场变局中细微的改变。具体来讲，首先，外国的数量前所未有。之前，在朝贡制度之下，经常接触的也就是周边的朝鲜、安南、暹罗、缅甸等等，相对而言，对外关系并不复杂，礼部、理藩院足以应付。可是，清末欧洲列强、东洋日本，甚至美洲诸国都到来了，这是中国封建历史中从来没有经历过的。这些国家带着新型的国际关系法来到了中国，这种由西方设定的国际关系非朝贡制度、传统制夷之术——羁縻所能解决，最终迫使清政府建立了专门的外交机构和驻外使领馆予以应对。其次，对外关系的不平等性。中国的天朝美梦在西方列强的坚船利炮下破灭了，随后西方列强带来的一系列不平等条约又把中国拖入了噩梦的深渊。这些条约自然损我利他，其中规定的片面最惠国待遇、领事裁判权、协定关税损我主权最大。而且往往这些西方列强或互相勾结、彼此串通，或隔岸观火、渔翁得利，“阳托和好之名，阴怀吞噬之计”，在贸易、领土、赔款等方面攫取最大利益，第二次鸦片战争、甲午战争、庚子之乱比比皆是。正所谓“我为鱼肉，任人宰割”。近代中国跪倒在地上办外交成了常事。

经济方面的变化。农业是传统中国最重要的生产部门，以农业为基础发展起来的小农经济，也叫自然经济成为主要经济形式。这种经济形式生产力水平比较低；劳动力相对分散，无法组织大规模的生产劳动；抗击自然灾害的能力较差；自给自足，中国2000多年基本上就是用这种经济形式维系着中华民族的繁衍生息。清朝前期虽然贫富分化日趋严重，但是社会经济的总体发展一直居于世界前列。国内市场逐步扩大，国际贸易势头强劲。此时，“根据麦迪逊的估计，中国将近占当时全世界国民生产总值的1/4，与整个欧洲的国民生产总值相当”①。中国在前工业化时代经济发展所取得的成就是值得称赞的。但是，随着西方资本主义利用鸦片和武力打开中国经济大门，中国自然经济仿佛成为资本主义波涛汹涌大浪中的一叶小舟，时刻面临倾覆的危险。一系列不平等条约使中国逐步丧失了经济自主权，成为西方资本主义国家经济发展的附庸。在国际贸易方面，西方国家向中国大量出口其机器大工业所生产的廉价产品，使中国小手工业为主的制造业无法与之竞争，逐渐被历史淘汰。鸦片贸易合法化更加重了西方对中国人民的掠夺和毒害。外国资本的到来打击了薄弱的中国本土经济。出口贸易中，中国传统的茶、丝一直是大宗，但是随着日本丝绸和印度茶叶兴起，使

① 仲伟民：《茶叶与鸦片——十九世纪经济全球化中的中国》，三联书店2010年版，第7页。

中国在这方面的优势也荡然无存。这应当是着实可惜的。究其原因，以茶为例，“印茶以英国殖民者的资本主义方式生产，成本低，品质划一；而华茶仍由小农分散种植和采制，质量难以保证”[①]。细思起来，此时中国经济面临的困境，一方面是西方资本主义的侵略掠夺，另一方面实在是这样一个幅员辽阔保守思想浓厚的人口大国，自然经济的解体、近代经济体系的建立不是一时能够完成的。或有强有力政府的推动，或有人民自觉的发起，而就此两点，当时的清政府和民众大多数还是无法实现的。

政治方面的变化。事实上，一国的内政常常与经济、外交有紧密的关联。在经济、外交无自主权利的情况下，政治也必然沦为别人操控的对象。第一次鸦片战争后，中国的政治变局并不明显，对于当时的统治者来讲用不平等条约换来中外相安无事，一切仿佛没有发生过倒也是个办法。毕竟他们还是用天朝的传统视角来审视刚刚发生的一切，把不平等条约的签订视为夷人沾了大清皇帝的“天恩”。但是，这种自欺欺人的行为换来的是西方更大的侵略。第二次鸦片战争后，外国干涉中国内政越发明显。《天津条约》使外国公使驻京合法化，这样一来就加强了外国对中国政治的控制。海关税务司、总税务司都是在外人的影响下建立，并且一直都由外人来控制。驻华公使、海关总税务司在加上各地官员幕僚中的外国“客卿”，这些人打着为中国好的旗号，每时每刻尽其所能对清政府施加影响力。赫德的《局外旁观论》、威妥玛的《新议略论》对中国发展虽有积极的一面，但是更多的是为了恫吓中国，使中国屈从外国。威妥玛在《新议略论》中威胁道：如果触犯了外国侵略者的利益，他们必然要进行干涉，“一国干涉，诸国从之，试问将来中华天下，仍能一统自主，抑或不免分属诸邦，此不待言而可知”。慈禧太后的改储风波；《辛丑条约》中对中国用人、惩办诸臣、外务部设立的干涉都可以看到外国对中国内政的影响。

除了上述变局外，中国在军事、法律、教育、文化等方面同样在改变，这

① 陈争平、龙登高：《中国近代经济史教程》，清华大学出版社2002年版，第35页。

里不一一而述。所有这些改变有先有后、有迟有慢，从军事蔓延到经济，从经济再蔓延到政治，从政治再蔓延到社会的各个方面。几千年中华文明在西方工业文明面前遭遇到了前所未有的危机。中国逐步沦为了半殖民地半封建社会。如何去面对自己文明的衰落，如何去重振自己的文明，应是当时有识之士所面对的重要历史课题。

三、向西方学习的尝试与思考

早在明朝末年，中国与西方文明的接触便已开启。受利玛窦等西方传教士的影响，在“王学”一派学者如徐光启、李之藻、杨廷筠等人倡导下，西学曾引起了一部分中国士大夫的兴趣，甚至有不少人还改宗天主教。对于西方思想的兴趣，徐光启最为热衷。朱维铮就此指出：“他向利玛窦问了西方政教，便想赴欧洲亲自考察一番。没有成行，那不是他的过错。假如他真去了，又回来了，（中国）中世纪晚期的思想史会不会是另一种模样呢？”[①]清朝定鼎中原，一系列闭关锁国政策阻碍了东西方文化思想的交流。乾隆晚年马嘎尔尼使华的顿挫，是这种闭关锁国政策的结果，也关闭了清王朝面向世界开启的一线门缝。以1840年鸦片战争失败为起点，历经第二次鸦片战争、中日甲午战争、八国联军入侵中国，长期展翅翱翔的东方巨龙不得不接受一次又一次的战争失败和愈演愈烈的割地赔款，中国遇到“三千年未有之大变局”，由主权国家逐步成为半殖民地半封建社会，中华民族面临着亡国灭种的严峻考验。为改变中华民族屈辱的命运，中国人民以及他们的先进分子和仁人志士进行了千辛万苦的探索。

（一）“师夷长技以制夷”

最先作出尝试的是一部分近代中国的知识分子，他们有的身居庙堂，

① 朱维铮：《走出中世纪》，复旦大学出版社2007年版，第51页。

有的远处江湖，无论在哪里，他们都秉持中华文明中最难能可贵的“兼济天下”“济世经邦”的精神，在风雨飘摇的荆棘之路中为本民族的发展开拓前无古人的新局面。关于这一点，当时的一名外国人深有感触地说道：“在这样一个国度居然还存在着民族心态这么一种东西，这件事本身就是一个证据，说明中国还是易于改变的。与此同时，它也为中国社会制度的相对稳定提供了保证。它证明中国并非一个庞大的珊瑚虫堆积体，并非每一条珊瑚虫都躲在它狭窄的杯形座里；中国也不是一个工场和一座坟墓，在那儿所有的人都在辛苦地劳作，他们以共有的同情心作为激励，思想的灵光时常碰撞”。①

第一次鸦片战争时期，林则徐与魏源作为时代翘楚留在历史的深沉记忆之中。1839年，林则徐衔命赴广东禁烟，于坚决禁烟的同时，耳闻目睹，深感“沿海文武大员并不谙诸夷情，震于英吉利之名，而实不知来历”。为探知西事“夷情”，林则徐设立翻译馆，聘任通晓英文的洋行买办、通事等翻译在澳门出版的外文报刊中有关鸦片贸易、英国政府动态的评论，汇成《澳门新闻纸》以为备战决策参考。同时，主持编译《各国律例》《四洲志》《对华鸦片贸易罪过论》《华事夷言》等著作，尤以《四洲志》影响最大。《四洲志》依据英人慕瑞著《世界地理大全》编译而成，全书8万余字，概述了五大洲30余国的基本状况，尤其侧重介绍其军队、财政、税收、政事、外交、官制、人口、习俗等现实问题，是我国第一部较为系统的世界史地译著。

1841年7月，林则徐因鸦片战争失败被贬充军新疆途中，在镇江遇见魏源，将《四洲志》及其他资料悉数相送，托其撰写一部系统介绍外部世界的著述。魏源依据这些资料，独立撰写《筹海篇》、总叙、后评，并借鉴《地理备考》《美里哥国志略》及香港英人所著《大宪图》等译稿，于1842年编成50卷本的《海国图志》，后又两度扩展，到1853年终成100卷的巨著，具体涉

① 〔美〕丁韪良：《汉学菁华——中国人的精神世界及其影响力》，世界图书出版社2010年版，序第4页。

及世界各国的地理、历史、政治、经济、军事、科学技术、文化教育、国际关系、民风民俗等许多方面，并附录70多幅世界地图，成为鸦片战争后50年间中国成就最高、影响最大的域外史地著作。

《海国图志》开篇点明了“为以夷攻夷而作，为以夷款夷而作，为师夷长技以制夷而作”的编纂目的，指出：“夷之长技”有三：“一火器，二战舰，三养兵练兵之法”，并据此提出“师夷长技”的具体方案：一是设局造船制炮，掌握西方技术；二是扩展军工生产，发展民用工业；三是借鉴西方养兵练兵之法，整顿军队。在如何“制夷”方面，魏源认为关键是会“善师”。他认为，“西夷之所长，不徒船炮也”，还在于政明与人和，建议朝廷效法西方民主政治，清理官场积弊，改革国政朝纲。《海国图志》将学习西方的行动从“悉夷情”推进到“师长技”的方案层面，“制夷”的思路也从国防建设推及至国政改革和人心整合，指明了社会变革的方向和近代化的路线，成为近代中国学习和研究西方新知的开端，具有里程碑的意义。

然而，林则徐、魏源等开风气之先的思想，却被时人看作是为“夷”张目，无人关注，成为空谷足音。林则徐与魏源的落寞谢幕，折射出鸦片战争的失败，并没有刺痛大清王朝久已麻木的神经。在一如既往的自得与自大幻影中，清王朝依照既有的惯性，继续向失败的深渊滑去。

（二）从器物到制度的变革

鸦片战争失败20年后，经历第二次鸦片战争失败苦果的一些大清官员才开始进一步地认识到了民族危机的严重——“长江通商以来，中国利权操之外夷，弊端百出，无可禁阻”[①]。在镇压太平天国的过程中，从中央至地方，奕䜣、文祥抑或曾国藩、李鸿章、左宗棠等明确提出“中国欲自强，则莫如学习外国利器，欲学习外国利器，则莫如觅制器之器”[②]。1861年，曾国藩

① 《李文忠公全集》朋僚函稿第3卷，台北文海出版社1980年影印本，第13、19页。

② 《筹办夷务始末》（同治朝）第25卷，上海古籍出版社2007年版，第9—10页。

在安庆设立军械所，成为洋务派创建最早的一家军工厂。1862年，安庆军械所研制出中国第一台蒸汽机，年底建成第一艘轮船，中国开始进入机器制造时代。1865年，容闳奉李鸿章之命，建立江南机器制造总局，迅速发展成为洋务运动时期设置较早、规模最大、成效最为显著的兵工厂。此后，洋务派开始推行规模化的军工生产，至甲午战争前在南京、天津、长沙、汉阳、西安、广州等地创建了金陵机器局、天津机器局、湖北枪炮厂等十余个有关制炮的军工企业。

在现代军事需要的推动下，航运、铁路与电报等通讯交通事业随之兴起。1873年，李鸿章在上海成立的轮船招商局。1879年，天津至大沽之间电报线路通讯成功，电报业务随后全面展开。1881年，修建从唐山至胥各庄的运煤专线。为支撑现代国防所需矿物能源和巨额经费，采矿、纺织等民用工业相继兴办。这一时期兴办的矿厂，除著名的开平煤矿，还有台湾基隆煤矿、山东淄川煤矿、湖北江夏马鞍山煤矿、山东峄县中兴煤矿、江苏徐州利国驿煤矿，云南铜矿、黑龙江漠河金矿、湖北大冶铁矿等。在纺织业方面，1878年，左宗棠创办兰州机械织呢局，1879年，李鸿章兴办上海机械织布局，1890—1894年，张之洞设立湖北织布局、湖北纺纱局和湖北缫丝局。

洋务运动从器物层面学习西方，从深层原因来讲是因为“器物技术是西方文化中的‘文化光线’的一支，因为它并不侵害到中国人生活方式的内部价值，从而所受的阻力最小。所以它对中国文化社会的‘穿透力’远较西方的宗教、民主等为大，是以，它是突破中国文化价值防线为西方文化开路的先锋”[①]。但是，洋务派的一系列军事与经济改良举措，还是遇到了强大的保守势力阻挠。在“祖宗之法万不可变”的浓厚守旧氛围下，洋务派举步维艰。1875年，首任驻外公使郭嵩焘所著《使西纪程》刊行出版，收录了他从上海到伦敦沿途49天的见闻日记，大胆赞扬了西

① 金耀基：《中国文明的现代转型》，广东人民出版社2016年版，第30页。

方政教等近代文明，立即引起公愤，认为他“有二心于英国，欲中国臣事之”[①]，竞相唾骂其为郭二鬼子；李鸿章支持修筑铁路也引起了守旧官僚众怒，引发洋务保守两派长期的拉锯战，直到甲午战争后，时任河南布政使的额勒精额在议复光绪皇帝自强上谕中仍然坚持“铁路万不可开”的主张。[②]更为重要的是，洋务派自身也“以为吾中国之政教风俗，无一不优于他国，所不及者，惟枪耳、炮耳、船耳、机器耳”[③]，遵循“中体西用”指导思想。这种在认识上的局限，使其修复帝制秩序目标下的局部改良，显然无法应对“数千年未有之变局”。1894年甲午战争的惨败，宣告了洋务运动的失败。

洋务运动虽然因拘泥于“中体西用”而失败，但在时代大潮的催化下，也孕育了改良维新思想的萌动。1861年，林则徐得意门生冯桂芬写成《校邠庐抗议》一书，通过中西比较，提出“以中国之伦常名教为原本，辅以诸国富强之术”的处理中西文化基本原则；19世纪70年代，首任驻英公使郭嵩焘则指出西洋文化以政教为本，主张正朝廷以正百官。随后，改良思想渐成一股潮流，代表人物为王韬、薛福成、马建忠、郑观应、陈炽、何启、胡礼垣等。经济上，他们主张振兴商务、发展资本主义工商业。薛福成指出：“欧洲立国以商务为本，富国强兵全借于商”；王韬认为，西方富强的关键在“恃商为国本”，要使中国富强，就必须振兴商务，以发展经济为本；马建忠相信，“治国以富强为本，而求强以致富为先”；郑观应将西方列强侵略中国的手段分为“兵战”与“商战”两种，指出兵战为有形之战，商战为无形之战，商战为兵战的基础，断言“习兵战不如习商战”[④]。对于如何进行“商战”，他们主张首先应改变“重农轻商”传统观念与抑商政策，减少官方对

① 王闿运：《湘绮楼日记》，台北商务印书馆1927年铅印本，第290页。

② 关于修建铁路的新旧争论详参江中孝博士论文《晚清官僚的守旧思想与行为探析》（南开大学，2007年），第30—55页。

③ 梁启超：《李鸿章传》，中国华侨出版社2013年版，第184、186页。

④ 夏东元编：《郑观应集》（上），上海人民出版社1982年版，第591页。

企业的垄断与控制，大力发展民族工商业，“一体准民间开设……全以商贾之道行之，绝不拘以官场体统”[1]，并主张扩大通商贸易，开采矿山，兴办保险事业，保护海外华侨；在发展工商业的过程中，应学习西方的经济组织与企业管理方法，并建议中央设立商部，地方设立工商工所；鉴于中外关税上的不平等，他们还呼吁裁撤厘卡，收回海关与关税自主权。政治上，他们意识到封建专制制度乃是阻碍“商战”发展的一大痼疾，倡导君主立宪与议院制度，试图通过引进、介绍西方现代政治制度来改变现状。王韬将西方国家政治制度分为“君主之国”“民主之国”与“君民共主之国”进行详细介绍，认为英国的君主立宪制度最适宜为中国所效法；何启从学理上大力鼓吹民主政治、君主立宪政体，批判君主专制制度，主张施行民主选举，设立议院。马建忠对英美民主政治的弊端有较清楚的认识，但也认为三权分立原则“权不相侵”，因而“政事纲举目张，粲然可观”，且“人人有自立之权，即人人有自爱之意”，具有“下情可达”的功效[2]；郑观应极力鼓吹西方的议会制度，强调“议院兴而民志合、民气强”“（中国）果能设立议院，联络众情……合四万万之众如一人，虽以并吞四海无难也”，富国强兵的惟一出路便在于“必自设立议院始也”，强烈主张开设议院[3]；汤震则提出了一整套具体的议院组织方案：以王公至各衙门堂官、翰林院四品以上的官员，组成上议院，由军机处主持；以堂官、翰林院四品以下的官员组成下议院，由都察院主持；各地有应议之事，由各地士绅参与讨论。在对外关系上，他们要求取消列强在华的片面最惠国待遇、领事裁判权、协定关税等特权，并就外交政策提出了自己的看法。王韬。郑观应、陈炽等人主张联合英国、日本，抵制俄国、法国，缓解日趋严峻的边疆危机，薛福成则主张联合美国或俄国，但首先必须自强。在文化教育上，他们提倡西学，强调人才、

① 夏东元编：《郑观应集》（上），上海人民出版社1982年版，第612页。
② 马建忠：《适可斋记言记行·记言》，台北文海出版社1968年影印版，第71页。
③ 夏东元编：《郑观应集》（上），上海人民出版社1982年版，第311—315页。

学校对国家兴衰的重要性，要求废八股、变科举、兴西学，改变传统的学校与科举制度，为富国强兵造就新式人才；主张在各省广设西学书院，培养近代人才。如上系列改革主张，成为甲午战争后兴起的戊戌维新运动的重要思想来源。

甲午战争的失败，《马关条约》的签订，给中国人以莫大刺激。梁启超说，我国“四千余年之大梦之唤醒，实自甲午战败，割台湾，偿二百兆以后始也”①。面对亡国灭种的危险，严复心中蛰伏已久的强烈的社会改革意识勃然而发，“以为今日之事，正坐平日学问之非，与士大夫心术之坏，决致力言论译述以警世”②。他从“物竞天择，适者生存”的社会达尔文主义出发，直言中国要自强，必须从封建专制中解放出来，给人民以权利，充分发挥人民的智慧和力量。他说：“今日要政，统于三端，一曰鼓民力，二曰开民智，三曰新民德。夫为一弱于群强之间，政之所施，固常有标本缓急之可论。唯是使三者诚进，则其治标而标立，三者不进，则其标虽治，终亦无功。”③出身广东南海官僚家庭的康有为，一度认为中国古代文明特别是周公时期堪称典范。1879年到香港游历后，他深感“西人宫室之环丽，道路之整洁，巡捕之严密”“乃使知西人治国有法度，不得以古旧之夷狄视之”④，开始研读《海国图志》等书。在逐渐了解世界大势的同时，他萌发了学习西方的意愿。甲午战争失败后，康有为率各省举人浩浩荡荡，将一天两夜起草的上皇帝万言书递交都察院，这就是震惊朝野的“公车上书”。上书系统提出拒和、迁都、变法、练兵的政治主张，希望光绪帝“下诏鼓天下之气，迁都定天下之本，练兵强天下之势，变法成天下之治”⑤。1896年，梁启超撰就《变法通议》，强调：“变法之本，在育人才，人才之兴，在开学校，学校之立，在

① 《梁启超全集》第1集，中国人民大学出版社2018年版，第478页。
② 萧一山：《清代通史》（4），中华书局1985年版，第2021页。
③ 《严复集》第1集，中华书局1986年版，第27页。
④ 康有为：《康南海自编年谱》，中华书局1992年版，第11页。
⑤ 沈茂骏主编：《康南海政史文选》，中山大学出版社1988年版，第108页。

变科举，而一切要其大成，在变官制”①，并提出变科举、办学堂、设学会等系列具体主张。

1898年6月11日，光绪皇帝采纳维新派的建议，颁布“明定国是”诏书，宣布变法。综观变法各要项，经济、军事和文化方面基本上延续了洋务派的改革思路，政治变革也没有涉及立宪政体。为避免过度刺激旧势力，并考虑到召集国会和设议院有一个过程，变法期间康有为没有重提“兴民权、设议院、立宪法”的主张，光绪帝的变法诏书中也回避了这一敏感问题。但变法还是被守旧势力所不容。1898年9月21日，慈禧太后发动政变，宣布重新“训政”，将光绪囚禁于中南海瀛台，并下令逮捕维新人士，变法失败。

在深重的民族危机中，孙中山最初也将救国救民的希望寄托在改良社会上。1894年6月，他上书直隶总督李鸿章，提出实行资本主义改革的系列建议，但李鸿章对此未予理会。对清政府深感失望的孙中山由此放弃和平改革的幻想，走上了以革命救国救民的道路。1894年冬，孙中山在檀香山成立兴中会，明确“集会众以兴中，协贤豪以攻济，抒此时艰，奠我中夏”②的宗旨。次年2月，孙中山在香港成立兴中会总部，确定“驱除鞑虏，恢复中华，创立合众政府”的誓词。1905年8月20日，中国同盟会在东京成立，确立了“驱除鞑虏，恢复中华，创立民国，平均地权”的革命纲领。同年11月，孙中山在同盟会机关刊物《民报》发刊词中，将此纲领概括为民族主义、民权主义、民生主义，形成了三民主义思想体系。民族主义包括“驱除鞑虏，恢复中华”两项内容，即推翻清王朝统治，变半殖民地半封建的中国为民族独立的中国；民权主义的内容是号召推翻封建专制主义的统治，建立资产阶级的民主共和国；民生主义的具体内容为“平均地权”，即现有之地价，仍属原主所有；其革命后社会改良进步之增价，则归

① 《梁启超全集》第1集，中国人民大学出版社2018年版，第30—31页。
② 《孙中山全集》第1卷，中华书局1982年版，第19页。

于国家，为国民所共享[①]。

以三民主义思想为指导，中国同盟会先后组织领导了十几次武装起义。1911年10月10日，武昌起义爆发，在不到50天的时间里，15个省宣布起义或独立。1912年1月1日，孙中山在南京宣誓就职，成立了中华民国临时政府，宣告了辛亥革命的胜利。

不过，辛亥革命后的实践说明，在一个封建传统浓厚的国家进行制度创新，如果没有长期大规模系统的社会实践作为基础，在实际中就会出现偏差。后来在民国的招牌下上演的袁世凯称帝、“猪仔国会”、张勋复辟等一出出活闹剧就是实例。

（三）对东西文明的比较与思考

面对残酷现实而猛醒的孙中山先后进行了“革命”、护国运动和护法运动等重大斗争，结果完全落空。他怀着痛苦的心情回顾历史说：“夫去一满洲之专制，转生出无数强暴之专制，其为毒之烈，较前尤甚。于是民愈不聊生矣！夫吾党革命之初心，本以救国救种为志，欲出斯民于水火之中，而登衽席之上也，今乃反令之陷水益深，蹈火益热，与革命初衷大相违背。……午夜思维，不胜痛心疾首！”[②]梁启超也深有感触地反思：“革命成功将近十年，所希望的件件都落空，渐渐有点废然思返，觉得社会文化是整套的，要拿旧心理运用新制度，决计不可能，渐渐要求全人格的觉悟。”[③]

以陈独秀、李大钊为代表的中国先进知识分子，从辛亥革命后的政治乱象中认识到：中国人学习西方，过于注重形式上的模仿，未触及西方文明的根本。改革政治，必先改造社会，而改造社会必须首先转变人们的思想观念，清除违背时代潮流的旧观念、旧信仰，确立符合时代精神的新思想、新观念。以1915年9月《青年杂志》（1916年9月更名为《新青年》）

① 《孙中山选集》，人民出版社1981年版，第78页。

② 《孙中山选集》，人民出版社1981年版，第116—117页。

③ 《梁启超全集》第7册，北京出版社1999年版，第4030—4031页。

的创刊为标志，陈独秀等发起了一场以启发民智、倡导民主思想与科学精神、改造中国传统文化为主要内容的新文化运动，目的是用西方的平等自由思想和现代公民意识，替换儒家伦理纲常和封建等级观念，再造中国文明。陈独秀直言："文明云者，异于蒙昧未开化者之称也。La Civilisation汉译为文明、开化、教化诸义。世界各国，无东西今古，但有教化之国，即不得谓之无文明。惟地阻时更，其质量遂至相越。古代文明，语其大要：不外宗教以止残杀，法禁以制黔首，文学以扬神武，此万国之所同，未可自矜其特异者也。近世文明，东西洋绝别为二。代表东洋文明者：曰印度，曰中国。此二种文明虽不无相异之点，而大体相同。其质量举未能脱古代文明之窠臼。名为近世，其实犹古之遗也。可称曰近世文明者，乃欧罗巴人之所独有，即西洋文明也。"[①]他号召中国青年从消极、保守、退缩、闭塞的旧思想中解放出来，按照"自主的而非奴隶的""进步的而非保守的""进取的而非退隐的""世界的而非锁国的""实利的而非虚文的""科学的而非想象的"六项要求，"自觉而奋斗"，成就新社会，建设新国家。陈独秀在《吾人最后之觉悟》一文中指出，民主共和政体的确立，端赖多数国民在政治与伦理上的觉悟。伦理的觉悟，即"以独立平等自由为原则"，自觉地挣脱伦理纲常的束缚，破除封建等级观念；如果既行民主共和政体，仍遵旧伦理和封建特权，则"法律上权利平等、经济上独立生产之原则，破坏无余"。政治的觉悟，首先要有现代民主意识，视"国家为人民公产"；其次是形成现代民主观念，顺应世界潮流，"弃数千年相传之官僚的专制的个人政治，而易以自由的自治的国民政治"；三是养成民主自觉，对国家政治"自居于主人的主动的地位""自进而建设政府，自立法度而自服从之，自定权利而自尊重之"。[②]

1916年秋，康有为发出定儒学为国教的倡议后，新文化运动的重点转

① 陈独秀：《法兰西人与近代文明》，《青年杂志》第1卷第1号。
② 陈独秀：《吾人最后之觉悟》，《青年杂志》第1卷第6号。

向批判孔教。陈独秀在《宪法与孔教》《孔子之道与现代生活》等文章中强调，尊孔和定儒学为国教，违背了思想和信仰自由的原则。孔教“别尊卑明贵贱”的社会功能，与平等人权为基础的现代政制精神水火不容；建设现代国家和社会，就要对孔教“不可不有彻底之觉悟”[①]。李大钊也发表了《宪法与思想自由》《孔子与宪法》《自然的伦理观与孔子》等系列文章，进一步指出：反孔并不是抨击孔子本人，而是反对历代帝王所塑造的偶像权威。孔子被历代“专制君主们所利用资为护符”，已成为“保护君主政治之偶像”，所以反孔的实质就是要打破“专制政治之灵魂”[②]。以反孔言论激烈而名噪一时的吴虞，主张从破除家族专制开始，清除专制主义的根基；认为“儒教不革命，中国即无新思想、新学术、新国民”[③]。

为适应新思想的传播及文化重建的需要，陈独秀和胡适发起了一场从形式到内容的文学革命。在发挥陈独秀文学写实思想的基础上，胡适提出“文学改良”的口号，提倡白话文和对文学的全面改造，主张在形式上“不用典”“不用陈套语”“不避俗字俗语”“须讲求文法之结构”；内容上“不摹仿古人”“不作无病之呻吟”，须“言之有物”[④]。随后陈独秀又提出“文学革命”的口号，将文学改良提升到思想革新的高度。他指出，由于缺乏文学领域的革命，“盘踞吾人精神界根深蒂固之伦理、道德、文学、艺术诸端，莫不黑幕层张，垢污深积”，所以“欲革新政治，势不得不革新盘踞于运用此政治者精神界之文学”。他力主“推倒雕琢的、阿谀的贵族文学，建设平易的、抒情的国民文学”“推倒陈腐的、铺张的古典文学，建设新鲜的、立诚的写实文学”“推倒迂晦的、艰涩的山林文学，建设明了的、通俗的社会文学”[⑤]。文学革命引起广泛社会反响，《新青年》销量激增，青年

① 陈独秀：《宪法与孔教》，《新青年》第2卷第3号，1916年11月。
② 《李大钊文集》（上），人民出版社1984年版，第263—264页。
③ 吴虞：《儒家主张阶级制度之害》，《新青年》第3卷第4号，1917年6月。
④ 胡适：《文学改良刍议》，《新青年》第2卷第5号，1917年1月。
⑤ 陈独秀：《文学革命论》，《新青年》第2卷第6号，1917年2月。

学生争先购阅传颂。文学革命的成果也很快为北京政府所接受，1920年国文教科书改用白话文。

新文化运动高举民主科学大旗，反对封建专制与迷信盲从，切中时弊、振聋发聩，获得了人们广泛的赞同，在社会上掀起了一股思想解放的潮流。特别是在对待传统与现代、中国与西方问题上，引发广泛争论，深化了对中西文明关系的认识。

有出洋经历的辜鸿铭对中华传统的坚守与其对西方文明的观察联系在一起，认为："东洋文明就像已经建成了的屋子那样，基础巩固，是成熟了的文明；而西洋文明则还是一个正在建筑当中而未成形的屋子，它是一种基础尚不牢固的文明。"①他还认为"欧洲文明是把制作更好的机器作为自己的目的，而东洋文明则教育出更好的人作为自己的目的。……常有人说，欧洲文明是物质文明，其实欧洲文明是比物质文明还要次的机械文明"②。他讽刺批判那些主张全盘西化的人，他主张"敬天法祖尽忠报国"，认为西方文明的种种弊端还是需要中华文明来解救和弥补。不过他对于东方文明的爱并不是排外的，他也曾给自己作出这样的评价，"其实，我既不是攘夷论者，也不是那种排外思想家。我是希望东西方的长处结合在一起，从而消除东西畛域，并以此作为今后最大的奋斗目标的人"③。

陈独秀在不断介绍西方思想文化的同时，对中西文化进行了比较。他认为："东西洋民族不同，而根本思想亦各成一系，若南北之不相并，水火之不相容也"；"西洋民族以战争为本位，东洋民族以安息为本位"；"西洋民族以个人为本位，东洋民族以家庭为本位"；"西洋民族以法治为本位，以实利为本位；东洋民族以感情为本位，以虚文为本位"④。在这里，陈独秀把中西文明对立起来，明显是有二者取其一的意思。与之相呼应的是胡

① 《中国近代思想家文库·辜鸿铭卷》，中国人民大学出版社2015年版，第403页。
② 《中国近代思想家文库·辜鸿铭卷》，中国人民大学出版社2015年版，第408页。
③ 《中国近代思想家文库·辜鸿铭卷》，中国人民大学出版社2015年版，第403页。
④ 陈独秀：《东西民族根本思想之差异》，《新青年》第1卷第4号。

适。他认为东西文明“一边是自暴自弃的不思不虑，一边是继续不断的寻求真理”“东方的文明的最大特色是知足。西洋的近代文明的最大特色是不知足。”[①]他指出中国的年轻人不要怕模仿，不要怕丧失我们自己的民族文化，要最大限度地学习西方文化。

与此同时，中西文明融合论也开始出现。梁漱溟说：梁启超“从欧洲回来，也很听到西洋人对西洋文化反感的结果，对于中国文化有不知其所以然的一种羡慕。所以梁任公在他所作的《欧游心影录》里面也说到东西文化融合的话。于是大家传染了一个意思，觉得东西文化一定会要调和的，而所期望的未来文化就是东西文化调和的产物”[②]。

李大钊对中西文明进行了系统深入的思考。他在谈到中西文明时指出：“一为自然的，一为人为的；一为安息的，一为战争的；一为消极的，一为积极的；一为依赖的，一为独立的；一为苟安的，一为突进的；一为因袭的，一为创造的；一为保守的，一为进步的；一为直觉的，一为理智的；一为空想的，一为体验的；一为艺术的，一为科学的；一为精神的，一为物质的；一为灵的，一为肉的；一为向天时，一为立地的；一为自然支配人间的，一为人间征服自然的。”基于对中西文明差异的认识，李大钊进而指出：中西文明之不同，并不排斥相互融合，“东洋文明与西洋文明，实为世界进步之二大机轴，正如车之两轮、鸟之双翼，缺一不可。而此二大精神之自身，又必须时时调和，时时融会，以创造新生命而演进于无疆”，他认为只有“以异派之所长补本身之所短，世界新文明始有焕扬光彩发育完成之一日”[③]。不仅如此，李大钊在这里还找到了如何进行中西融合的途径，那就是要以“第三新文明”作为人类的发展方向，予以文明再造。

李大钊对于“第三新文明”的判断，为中国跳出中西文明优劣之窠臼，

① 《胡适文存》第3卷，黄山书社1996年版，第1—11页。

② 梁漱溟：《东西文化及其哲学》，商务印书馆1999年版，第11页。

③ 《李大钊全集》第2卷，人民出版社2013年版，第311—322页。

以选择马克思主义指导、创立中国共产党为标志，步入新的历史阶段指明了方向。

第二章

选择马克思主义的文明指向

马克思主义进入中国，引发了中华文明的深刻变革。鸦片战争之后，在西方列强的坚船利炮打击下，中国逐渐成为半殖民地半封建社会，救亡图存成为中华民族迫在眉睫的历史使命，实现民族独立、人民解放和国家富强、人民幸福成为近现代中国的历史任务。历史在人民探索和奋斗中造就了中国共产党，从此，中国人民谋求民族独立、人民解放和国家富强、人民幸福的斗争就有了主心骨，中国人民就从精神上由被动转为主动。

一、十月革命与“第三新文明”

在新文化运动面向西方文化求索出路之时，西方世界正在经历着翻天覆地的巨变。第一次世界大战的爆发，使中国的知识界看到了资本主义自身难以克服的痼疾；而十月革命的爆发，令中国的先进分子看到了民族复兴的新希望。

（一）资本主义迷梦的幻灭

第一次世界大战历时四年，牵连国家甚广，给人类带来了空前的灾难，暴露了西方文明消极的一面，使整个西方世界陷入到“世纪末”的颓废与悲凉之中。这次大战不仅对欧洲的经济实业界造成极大的破坏，政治上各国之间的争斗愈演愈烈，更使“数百年之文明”毁于一旦。尼尔·弗格森以文明的视角在回首这一战争时指出：“1914年开始的战争不是一些吵闹的欧洲国家之间的战争，它是世界帝国之间的战争，是西方文明内部的战争。这也是西方裹挟着自身毁灭种子的第一个征兆。”[①]不少欧洲的知识分子在面临此次亘古未有的浩劫时，由震惊之后转而反省西方文化、开始质疑西方文明，并期盼着遥远而陌生的东方文化拯救西方文明之弊端。例如英国哲人高秉德就“尤为渴望中华文明”，他认为，欧洲人要“创造新文明之欧

① 〔英〕尼尔·弗格森：《文明》，中信出版社2012年版，第164页。

洲”，就必须“将中国文明之全部以无条件受入”。[①]正如李大钊所指出的：“此次战争使欧洲之文明之权威大生疑念，欧人自己亦对其文明之真价，不得不加以反省”[②]。

中国早期的知识分子在学习西方文明的过程中，“几乎对西方出现过的各种现代化模式都进行过快速的试选择”[③]。西方的没落对于将中国前途寄托于西方文明的中国人来说，无异于是当头棒喝。许多中国人，特别是放眼看世界的中国人，看到了“法兰西”式的文明并不适合中国，“不再相信十八世纪法国式革命能够挽救中国”[④]，转而对资本主义文明深感失望、惶恐甚至愤慨，资本主义文明已经破产的观念开始盛行，由此“晚清以降学习西方现代化运动陷入了范式危机”[⑤]。这时，中国知识分子不得不重新思索与审视我们到底需要“什么样的西方”这一问题。

同时，洋务运动、戊戌变法、辛亥革命等学习西方的尝试与努力一次又一次的失败，民族复兴大业屡屡受挫的现实，促使更多的中国先进分子对走西方道路产生了怀疑。毛泽东在回首这一情景时深刻指出：“国家的情况一天天变坏，环境迫使人们活不下去，怀疑产生了、增长了、发展了”[⑥]。“这种痛苦的经历，对中国的先进分子来说是一件好事，旧的路走不通了就会寻找新的出路”[⑦]。李大钊敏锐地意识到：“东洋文明既衰颓于静止之中，而西洋文明又疲命于物质之下，为救世界之危机，非有第三新文明之崛起，不足以渡此危崖。”[⑧]

① 君实：《新欧洲文明思潮之归趋及基础》，《东方杂志》1919年第16卷，第5期。
② 高瑞泉编选：《向着新的理想社会——李大钊文选》，上海远东出版社1995年版，第157页。
③ 罗荣渠：《现代化新论》，北京大学出版社1993年版，第339页。
④ 张允侯等编：《五四时期的社团》第1册，三联书店1979年版，第552—553页。
⑤ 许纪霖等：《中国现代化史》第1卷，三联书店1995年版，第351页。
⑥ 《毛泽东选集》第4卷，人民出版社1991年版，第1470页。
⑦ 《毛泽东选集》第4卷，人民出版社1991年版，第1471页。
⑧ 《李大钊文集》（上），人民出版社1984年版，第560页。

（二）民族解放的新希望

就在中国先进分子苦苦探求中国出路之时，1917年俄历10月25日，在封建压迫严重、经济文化落后的俄国，在布尔什维克党领导下，俄国工人阶级联合贫农实现了伟大的社会主义革命，推翻了资产阶级临时政府，建立了苏维埃政权。十月革命的胜利，对中国先进分子产生了特殊的吸引力和亲和力，使陷于苦闷彷徨的中国先进分子看到了民族解放的新希望。

马克思主义诞生于19世纪40年代。它的诞生有着深刻的社会历史背景。其时，欧洲资本主义机器大工业发展迅速，引起了社会生产关系的深刻变化，使资本主义社会的固有矛盾暴露出来，并日趋激化。以法国里昂工人起义、英国的宪章运动和德国西里西亚纺织工人起义为标志，无产阶级作为一支独立的政治力量登上了历史舞台。在反对资产阶级的政治斗争过程之中，无产阶级迫切的需要科学理论的指导。与此同时，细胞学说、能量守恒和转化定律及进化论等自然科学的新发现，为马克思主义的诞生奠定了科学基础。

马克思、恩格斯在批判继承以德国古典哲学、英国古典政治经济学和英法三大空想社会主义三大先进思潮的基础之上，创立了马克思主义理论体系。从理论内容上来讲，马克思主义哲学是彻底的唯物主义哲学，在人类社会思想史上揭示了自然、社会和思维发展的一般规律，为人类改造世界和认识世界提供了科学的世界观和方法论。马克思主义政治经济学科学地阐明了劳动价值论，创立了剩余价值学说，科学剖析了资本主义剥削的秘密和无产阶级同资产阶级对立的经济根源。科学社会主义在社会发展规律的基础上高度科学地阐明了资本主义必然灭亡、社会主义必然胜利的历史趋势，使社会主义思想由空想变为科学。总之，马克思主义揭示了人类社会发展的本质和规律，“回答了人类先进思想已经提出的种种问题”①，为人类认识世界、改造世界提供了崭新的世界观与方法论，推动着人类思想史

① 《列宁选集》第2卷，人民出版社2012年版，第309页。

发展到新的历史阶段。

值得指出的是，马克思、恩格斯依据自由资本主义阶段的世界经济政治发展状况，得出资本主义必然灭亡、社会主义必然胜利的历史趋势，曾提出过共产主义革命将在一切文明国家里，至少在几个资本主义国家里同时发生的设想。19世纪80年代，马克思主义开始在俄国传播，在与俄国的具体实践相结合的过程中，列宁主义应运而生。列宁以一个真正的马克思主义者的态度，进一步开拓了马克思主义的新境界。他深刻剖析了19世纪末20世纪初世界历史的新特点、新变化，大胆提出“社会主义不能在所有国家内同时获得胜利，它将首先在一个或几个国家中获得胜利，而其余的国家在一段时期内将仍然是资产阶级的或资产阶级以前时期的国家”①。在此理论的指引之下，1917年，列宁和布尔什维克党领导俄国工人阶级和革命人民夺取了十月革命的胜利，使社会主义从理想变为现实，开辟了人类历史发展的新纪元。

早在19世纪末，马克思主义便进入中国。19世纪70年代，香港的《华字日报》《中外新报》等报纸报导了巴黎公社的有关情况，社会主义思想由此开始传入中国。1899年2—5月，上海广学会主办的《万国公报》连载了由英国传教士李提摩太节译的《大同学》，马克思和恩格斯的名字首次见诸中文报纸。20世纪开端，中国留日学生在译介马克思主义方面作用突出，翻译出版了《社会主义神髓》《社会主义》等有关社会主义著作，维新派的《新民丛报》和同盟会的《民报》也多次介绍马克思主义。1905年11月，《民报》登载了署名“蛰伸”（即朱执信）的文章《德意志社会革命家小传》，其中“马尔克”（马克思）一节，比较详细地介绍了马克思、恩格斯的生平事迹，及《共产党宣言》的基本内容，并节译了《宣言》中的十大纲领，评述了马克思的剩余价值和资本积累学说。民国初年，社会主义宣传在中国掀起热潮。上海《东方杂志》、中国社会党绍兴支部机关刊物《新世界》等杂志

① 《列宁选集》第2卷，人民出版社1972年版，第873页。

连续介绍社会主义学说。孙中山等革命党人积极鼓吹社会主义，设想应分为“国家社会主义”和“大同”两个阶段。1911年江亢虎组建中国社会党，自诩是中国唯一奉行社会主义的政党。

然而，在相当长的时间里，马克思主义主要是作为西方各种思潮中的一种来介绍的，直到十月革命胜利的消息传来，这一状况才开始发生改变。这是因为俄国的封建压迫、经济文化状况与中国大体相同，十月革命的胜利证明，物质文明落后并不妨碍社会主义的进行，落后国家也可以在社会主义思想的指引下走向解放之路。中国的先进分子由此认识到，不仅发达的资本主义国家，就是经济文化发展落后的国家，只要无产阶级和其他劳动群体觉醒和组织起来，完全可以依靠自己的力量创造出崭新的社会制度。1918年年底，中国先进分子开始注意到“现在有一股浩浩荡荡的世界新潮起于东欧”。正如毛泽东所说：“十月革命一声炮响，给我们送来了马克思列宁主义。十月革命帮助了全世界的也帮助了中国的先进分子，用无产阶级的宇宙观作为观察国家命运的工具，重新考虑自己的问题。走俄国人的路——这就是结论。”①

（三）对马克思主义的选择

西方资本主义国家弊端的暴露和俄国十月革命的胜利，引发了新文化运动中西方自由主义启蒙思想与马克思主义启蒙思想的冲突与交替。1918年3月，陈独秀明确表示：“二十世纪俄罗斯之共和，前途远大，其影响于人类之幸福与文明，将在十八世纪法兰西革命之上，未可以目前政象薄之。”②1919年4月，他发表《二十世纪俄罗斯的革命》一文，认为18世纪法兰西的政治革命、20世纪俄罗斯的社会革命，都是“人类社会变动和进化的大关键”③。1918年7月15日，他发表了《今日中国之政治问题》，提出如下政

① 《毛泽东选集》第4卷，人民出版社1991年版，第1471页。
② 陈独秀：驳康有为《共和平议》，《新青年》1918年第4卷第3期。
③ 陈独秀：《二十世纪俄罗斯的革命》，《每周评论》1919年第18期。

治改革的主张：一是排斥武力政治，各派武力只能对外、不准对内；二是抛弃一党势力统一国家的思想，由各党派平分政权，允许反对党执政；三是采用共和政体后，就要有尊重民权、法治和平等的精神[①]。这篇文章首次谈了"政治"，打破了《新青年》同人间"不议时政"的默契。

李大钊是在中国率先举起马克思主义旗帜的第一人。1918年下半年，当俄国布尔什维克和民众尚处于抵抗帝国主义武装干涉和国内白匪叛乱的艰难困境之际，李大钊饱蘸浓墨、热情地讴歌十月革命，相继发表了《法俄革命之比较观》《庶民的胜利》《Bolshevism的胜利》等文，用马克思主义的观点讴歌十月革命。他写道："俄罗斯之革命是二十世纪初期之革命，是立于社会主义上之革命，是社会的革命并著世界的革命之彩色者也""俄罗斯之革命，非独俄罗斯人心变动之显兆，实二十世纪全世界人类普遍心里变动之显兆"，"二十世纪初叶以后之文明必将起绝大之变动，其萌芽即茁发于今日俄国革命之血潮之中"[②]。李大钊公开表示："自今以后，到处所见的，都是Bolshevism战胜的旗，到处所闻的，都是Bolshevism的凯歌的声"，"试看将来的环球，必是赤旗的世界。"他明确主张："吾人对于俄罗斯今日之事变，惟有翘首以迎其世界的新文明之曙光，倾耳以迎其建于自由、人道上之新俄罗斯之消息，而求所以适应此世界的新潮流，勿徒以其目前一时之乱象遂遽为之抱悲观也。"[③]

值此风云际会，陈独秀和李大钊创办《每周评论》，专门点评时事，对外反对列强欺凌弱国与操控巴黎和会；对内反对军阀干政，将军阀、官僚、政客称之为中国"三害"；强调对于除"三害"，社会中坚分子要挺身而出，组织政党，推翻勾结日本势力的卖国政权[④]。《每周评论》的主要论点成为五四运动的先声，其影响力一时超过《新青年》。进入1919年，在《新青年》第6卷和第

① 陈独秀：《今日中国之政治问题》，《新青年》第5卷第1号，1918年7月。
② 《李大钊文集》（上），人民出版社1984年版，第572—575页。
③ 李大钊：《Bolshevism的胜利》，《新青年》第5卷第5号，1918年11月15日。
④ 陈独秀：《除三害》，《每周评论》第5号，1919年1月19日。

7卷中已经出现了“新村”思想、胡适的谈“实验主义”、李大钊开辟的“马克思研究”专栏、互助思潮、无政府主义等交相发表的局面。

受十月革命和陈独秀、李大钊影响，一些优秀新青年也将目光转向马克思主义。

1920年7月，便明确提出按照布尔什维克模式成立中国共产党的蔡和森，是其中的代表人物。受陈独秀等抨击孔子思想启发，蔡和森原本心仪于墨家学说。他一度认为，现在的社会动乱，正是由于“饥者不得食，寒者不得衣、分者不得息”“乱者不得治”；归根结底是人们缺乏“兼爱”思想所致。蔡和森还把墨子说的“兴天下之利，除天下之害”解释为让天下人过饱食暖衣、和平幸福的生活；把“只计大体之功利，不计小已之利害”解释为要使天下人都得到好处，就要不惜牺牲自己的一切，即令屈节辱身，也在所不辞。①1918年6月23日，受新民学会委托，蔡和森只身赴京筹办新民学会赴法勤工俭学事宜。同年7月，受李大钊发表《法俄革命之比较观》等文章影响，蔡和森开始接触列宁学说，便一见如故，欣然接受。在7月21日和7月24日给毛泽东的信中，蔡和森懵懂地表达了对列宁学说、苏俄革命的认可，表示：“若天下治乱，其转移在于一心，人之贡献于人道，其功过不在形迹之上。果为君子，无善不可为，即无恶不可为，只计大体之功利，不计小已之利害。墨翟倡之，近来俄之列宁颇能行之，弟愿则而效之”②。他认为：“吾人之穷极目的，惟在冲决世界之层层网罗，造出自由之人格，自由之地位，自由之事劝，加倍放大列宁与茅原华三（此二人亦不审其果有价值否，暂以为近人近事而假借之）之所为，然后始可称发展如量。”③蔡和森将列宁与墨翟、茅原华三对比，表明此时他对列宁、茅原华三的认识还不准确，但同时也说明蔡和森关于革命的思想已经有了俄国、日本两个参照系。同年10月15

① 《蔡和森文集》（上），人民出版社2013年版，第8—9页。
② 《蔡和森文集》（上），人民出版社2013年版，第8—9页。
③ 《蔡和森文集》（上），人民出版社2013年版，第26—27页。

日，李大钊在《新青年》又发表了《庶民的胜利》和《布尔什维主义的胜利》两篇文章，对马克思主义在中国的介绍宣传工作作出了重大贡献。受此影响，蔡和森的思想也逐渐转向共产主义和十月革命。据当时在与蔡和森同在保定布里村学习的唐铎回忆："在布里村学习期间，特别是到后来，他就很少谈论墨子而是更多的谈论十月革命、布尔什维克、老农专政等等最新鲜最生动的东西了。那时他说过列宁在苏俄实行的与墨子的理想近似，但比墨子的学说更彻底、更深刻、更伟大。……对列宁、苏俄革命和布尔什维克党大加赞扬。"①当时同在布里村任教的沈宜甲也认为，此时蔡和森已接受列宁学说："和森于一九一八年即向我云：'崇奉共产主义，承认苏俄为世界牺牲'。"②

周恩来也是在此时开始接受马克思主义。1917年9月，从南开学校毕业的周恩来东渡日本求学。此行初衷，从个人发展的角度，是考入东京师范学校；从革新国家和社会的角度，是考察日本军国主义。周恩来曾经认为，辛亥革命之后的中国政权，被以北洋军阀为代表的"武人"所控制，在这样的情况下，要想改造社会，改良国家，如果不"励精图治在军事上头着手"，就不可能"把这班相传不绝的'北洋系'、'士官系'推倒"。在这样的情势下，为便于社会的革新，势必就只能寄希望于用武力把军阀统治者推翻。基于这样一种想法，就使周恩来在头脑中，不能不走"军国主义"的念头一度曾经"非常坚固"，认为，变革社会、国家，就得"非学德意志不可"。当然，这里所讲的周恩来头脑中一度存在的"军国主义"观念，并非全部意义上的军国主义的观念。因为，他只是从为了推翻依靠武力控制政权的统治者的角度而主张不得不寄希望于以武力解决中国的问题，而并非是指要全部实行严格意义上的在德国和日本所实行的军国主义的完整制度。这样说的理由很明显，就在周恩来认为中国不得不行"军国主义"的同时，他已经明确

① 《回忆蔡和森》，人民出版社1980年版，第99页。
② 《回忆蔡和森》，人民出版社1980年版，第138页。

地认识到，这种“军国主义”，是“排斥真正的民本主义的”，是不符合民主主义要求的东西，所以他不会把实行军国主义作为他的全部理想所在。可是，为了达到扫除中国的“武人政治”的目的，在他尚未能够找出可以真正改造中国的更好方式的情况下，他不得不把认为可能有效的军国主义，看成是可行的一种社会改造途径和模式。[①]

然而，在日本留学期间，周恩来社会改造观念发生了很大的变化。一方面，通过观察，他认识到军国主义奉行“扩张领土”“有强权，无公理”，是侵略之源，他国之害，不合于“二十世纪的进化潮流”[②]。另一方面，是日本国内1918年春夏所发生的“米骚动”事件。在这场波及日本全国范围的穷人“抢米暴动”中，参加者达千万人之众。特别在东京发生的暴动，使日本政府大为震惊。周恩来敏锐地觉察到，这与“新思潮”密切相关。后来，他曾明确指出：“日本的米骚风潮，朝鲜的独立运动，这都是受世界新思潮的波动，在东亚历史上增加些国民自觉的事绩。”[③]这一大规模的社会动荡，使他从日本社会结构的内层看到其所包含的社会矛盾与冲突，看到这种社会中内含的贫富不均和不平等，从而破灭了对日本式“富国强兵”军国主义模式的迷幻。正如他在所写的诗中所描绘的，仿佛听到了在茫茫黑夜中痛苦扎挣的“岛民”正奋力疾呼：“元老，军阀，党阀，资本家……从此后‘将何所恃’？”[④]可以说，军国主义用镇压日本劳苦大众的斑斑血迹，擦亮了青年周恩来的眼睛，使他不可能再设想把号称“富国强兵”实则对外扩张、对内压迫的军国主义作为可以考虑的追求目标了。

---

① 中共中央文献研究室、南开大学：《周恩来早期文集》上卷，中央文献出版社、南开大学出版社1998年版，第336—337页。

② 中共中央文献研究室、南开大学：《周恩来早期文集》上卷，中央文献出版社、南开大学出版社1998年版，第337页。

③ 周恩来：《天津学生联合会日刊发行断趣》，《南开日刊》第35号（1919年7月12日）。

④ 中共中央文献研究室、南开大学：《周恩来早期文集》上卷，中央文献出版社、南开大学出版社1998年版，第414页。

其后，周恩来通过《露西亚评论》[①]等日文报章杂志，较具体地了解了俄国十月革命的情况。他发现，以列宁为首的俄国布尔什维克党的宗旨，是“主张完全的民主，破除资产阶级的制度，实行用武力去解决一切的党纲”。他认为布尔什维克为“激烈的社会主义派”，因为其主张“最合劳农两派人的心理”，所以势力才能“一天比一天大”。[②]虽然尚不能据此判断周恩来已把这种革命方式与中国的社会改造自然连接起来，确立了用俄国十月革命的模式去“刷新中国”的目标，但可以确定的是，此时周恩来在思想观念上，对苏俄式的改变人类社会不平等状况的革命是持赞同态度的。从这样的意义上说，旅日时期的周恩来，通过对日本社会，通过对俄国十月革命的考察和了解，已经明确地放弃了走日本式军国主义的“富国强兵”的意念，而开始把目光转向寻求另外的改造社会的观念和模式，在其社会改造观念和模式的思考中，俄国十月革命式的社会改造观念和模式，开始成为他正在思考和可能选择的一种观念与模式。显然，这种改造社会的观念的转变，特别是其俄国十月革命式的社会改造观念和模式的思考与选择，对于以后周恩来的思想发展起了十分重要的关键性的作用。

从数量上看，透过十月革命，能够看到其中所蕴含的“世界的新文明之曙光”，进而投身于“适应此世界的新潮流”而奋斗的先进分子，仅寥寥数人，但是，将马克思主义视为“第三新文明”的具体思想载体，将俄国十月革命作为其具体实践模式，其意义是非凡的。换言之，中国对马克思主义的选择，从一开始就不仅仅是为了摆脱民族生存的具体困境，而是着眼开辟一条世界的新文明之路而去追求。这样明确的文明指向，伴随着中国共产党的成立，在中国共产党以马克思主义为指导展开不屈不挠的实践过程中不断丰富其内涵，从而构筑了一条为中国人民谋幸福、为中华民族谋复兴、

① 注：周恩来在《旅日日记》中把刊物的名字写成了《露西亚研究》，经查阅刊物原件，其正式刊名应为《露西亚评论》。

② 中共中央文献研究室、南开大学：《周恩来早期文集》上卷，中央文献出版社、南开大学出版社1998年版，第356页。

为世界谋大同的崭新文明之路。

二、唤醒全社会的新起点

虽然十月革命后部分先进分子看到了马克思主义代表时代发展的新潮流，但是，“在中国国内通常见到的刊物上进行宣传，则不得不等到1919年。”[①]进入1919年，国人翘首以待的巴黎和会以中国外交耻辱失败而告终，撕碎了西方资本主义最后一块遮羞布，也打碎了中国先进分子对西方文明的最后希望。1919年5月4日，一场以青年学生为主，广大群众、市民、工商人士等中下阶层共同参与的，通过示威游行、请愿、罢工、暴力对抗政府等多种形式进行的爱国运动爆发，马克思主义在中国的传播进入新的阶段。

（一）五四运动的爆发

1918年11月，第一次世界大战以德、奥等同盟国的失败而告终。1919年1月，27个战胜国在法国巴黎召开“和平会议”。由于中国于1917年8月正式参加协约国方面对德宣战，成为战胜国的一员，也派代表出席了巴黎和会。

对于久遭列强欺凌的中国民众而言，这无疑是令人振奋的消息。更令中国民众兴奋的，是美国总统威尔逊在1918年1月8日演讲时提出，解决战争善后问题应公开缔约、航海自由、除却经济障碍、缩小武装、公道处理殖民地问题、组织国际联盟、国无分大小一律平等等“十四点”意见。对威尔逊的“十四点”和平意见，陈独秀推崇备至，认为“都是正大光明”，并称威尔逊为“现在世界上第一个好人”[②]。为庆祝这一“扭转乾坤”的胜利，全国学校放假三天，教员学生狂热地参加庆祝，以为公理

① 〔日〕石川祯浩著，袁广泉译：《中国共产党成立史》，中国社会科学出版社2006年版，第1页。
② 张海鹏主编：《中国近代通史》第6卷，江苏人民出版社2007年版，第258—259页。

战胜了强权。

相对于社会的热切期待，参加巴黎和会的中国代表团保持着必要的冷静。经过认真准备，中国代表团送交了对山东问题的说帖，要求将德国在山东的租借地、胶济铁路以及其他权利直接归还中国。同时要求废除二十一条，并提出“希望条件”七项，即：废弃势力范围、撤退外国军队巡警、裁撤外国邮局及有线无线电报机关、撤销领事裁判权、归还租借地、归还租界、关税自主等。[①]但当讨论到有关中国问题时，日本代表借口山东在日本对德宣战后事实上已为日本所占领，援引1915年“二十一条”和1917年英法意俄的秘密谅解，要求将德国在山东的“权利”全部转交日本。中国代表顾维钧与日本代表牧野展开激烈辩论。顾维钧指出，中国对德宣战，中德的一切条约即已废止，作为战胜国之一，中国有权收回德国在华的一切权益，并分七个层次驳斥日本主张[②]。这是中国在外交上初次与强国对抗，国内人心为之大振。中国代表不顾日本的威胁，正式提出收回山东权利及废除中日新约节略，3月，提出对德和约节略；4月，提出取消外人在华特权节略。但这些提议不惟为日本所拒，英、法亦不愿取消在华特权，说是此事不在和会权限之内，将来可请国际联盟注意。美国担心日本在华势力过分强大，影响其门户开放政策，于4月15日五国外长会议上提出将德国在山东的权益交给即将成立的国联，由国联共管，以后再交还中国。日本态度强硬，以拒签和约相威胁。最后，威尔逊决定牺牲中国，满足日本要求。

中国全力以争的是德国在山东权利的归还，日本认为此事涉及1915年5月的中日新约，与1918年9月的中日换文，纵使中日新约可因中国参战作废，中日换文则在中国参战之后，应属有效。英、法对日本早有谅解，美国则态度软化，建议将德国在华权利让与参战国处理，或交国际联盟托管，日本均不同意。在此不利的情况下，中国代表被迫同意将德在山东权利，暂由英、

① 张一志编：《山东问题汇刊编》（上），文海出版社1986年版，第142—143页。
② 金光耀、马建标选编：《顾维钧外交演讲集》，上海辞书出版社2006年版，第11—20页。

美、法、意、日接收，以备归还中国，中国愿偿付日本用于青岛的战费，开放胶州湾为商埠，划定外人居留地，但日本仍然拒绝，以退出和会相要挟。4月30日，英、美、法为其所屈，竟然答应于对德和约内订明德国前在山东租借地、铁路、矿产等，悉让与日本，并写进了《协约和参战各国对德和约》，即“凡尔赛和约”[①]。

巴黎和会上中国外交失败的消息传到国内，上海《大陆报》“北京通讯”首先透露：“政府接巴黎中国代表团来电，谓关于索还胶州租借之对日外交战争，业已失败。既不直接交还中国，亦不如近日所传由五大国共管。”[②]外交委员会事务长林长民在《晨报》《国民公报》撰文：“山东亡矣，国将不国矣，愿合四万万众誓死图之。”[③]陈独秀也撰文评论：“巴黎的和会，各国都重在本国的权利。什么公理，什么永久和平，什么威尔逊总统十四条宣言，都成了一文不值的空话。”他明确指出，巴黎和会是个“分赃会议，与世界永久和平，人类真正幸福”，相去何止十万八千里。[④]

5月4日下午，北京大学、高等师范等13所大中专学校学生3000多人在天安门聚集后，向东交民巷使馆区游行示威，沿途散发传单，进行爱国宣传。他们手拿写有“还我青岛”“取消二十一条”“宁为玉碎，不为瓦全”的标语，高呼“外争国权，内惩国贼”“拒绝和约签字”“抵制日货”等口号，强烈要求拒绝在巴黎和约上签字，惩办曹汝霖（交通总长，订二十一条时任外交次长）、章宗祥（驻日公使）、陆宗舆（币制局总裁，订二十一条时任驻日公使）三个亲日派卖国贼。游行队伍到达东交民巷西口时，外国巡捕和军阀政府的军警阻拦队伍通过，令学生们悲愤至极，议决找曹、章、陆问罪，便转赴东城区赵家楼胡同曹汝霖住宅，包围并冲进了曹宅，躲藏起来的曹汝霖没被发现，正在曹家的章宗祥未及逃走，被学生痛打了一顿。愤怒的学生

① 彭明主编：《中国现代史资料选辑》第1册，中国人民大学出版社1987年版，第126页。
② 《北京通讯》，《大陆报》1919年5月1日。
③ 林长民：《山东亡矣》，《晨报》1919年5月2日。
④ 《独秀文存》，安徽人民出版社1987年版，第520页。

放火烧了曹宅。这就是著名的“火烧赵家楼，痛打章宗祥”的情形。北洋军阀当局前往镇压，逮捕了32人。

北京学生的爱国行动得到全国各地爱国学生和各界群众的支持。次日，北京专科以上学校学生罢课。6日，北京中等以上学校学生联合会成立，要求政府释放被捕学生，惩办曹、章、陆三卖国贼；致电巴黎专使，对于青岛问题，誓死力争，决不签字。7日，上海、天津、济南、长沙等地的学生举行了集会游行。19日，北京中等以上学校举行总罢课，并进行组织讲演团、国货维持会、护鲁义勇队等项活动。23日，济南、天津学生总罢课；26日，上海中等以上学校2万多名学生一律罢课；6月1日，武汉学生举行罢课和街头演讲。学生们的爱国行动，受到北洋军阀政府的高压迫害，激发起学生们更加强烈的反抗。6月3日，2000多学生在街头进行大规模的反帝爱国宣传活动，遭到军警镇压，近200人被捕。4日，学生依计划加倍出动讲演，又有700余人被捕。

北洋军阀政府“六三”大批逮捕学生，激起全国各界人民的愤怒。首先工人阶级以高度的爱国热忱举行政治大罢工，接着商人也举行罢市。这样，五四爱国运动便进入了一个新的阶段，即越过青年知识分子的范围，形成一个以工人阶级为主力，包括城市小资产阶级和民族资产阶级在内的广泛的群众运动，运动的中心也由北京转到上海。

6月5日，在上海，首先是日本经营的纱厂工人，接着是其他纱厂和商务印书馆、中华书局的工人举行罢工。6日，一些机器厂、铁厂和电车工人相继罢工。从7日开始，海员工人、铁路工人、汽车工人陆续罢工。9日到11日，罢工达到高潮。参加罢工的有六七万人，整个上海市内各行停业，交通中断，全市陷于瘫痪。在工人罢工斗争的影响推动和学生的积极联络下，从6月5日开始，上海商人也举行了罢市。从上海开始的工人罢工、学生罢课、商人罢市的“三罢”运动，迅速遍及全国22个省的150个城市。除上海工人的罢工斗争外，唐山、长辛店、九江等地工人相继举行罢工，天津、津浦铁路等处的工人也酝酿罢工。继上海商人之后，其他各大中城市的商人也举行了罢市。这样，工人、学生以及商人的斗争会合一起，形成一个波澜壮阔的全国革命运动高潮，充分显示了人民群众的巨大力量。此时的五四运动“就不但是知识分子，而且有广大的无产阶级、小资产阶级和资产阶级参加，成了全国范围的革命运动了”[①]。海外侨胞也纷纷来电响应，东京、巴黎、旧金山、秘鲁、古巴等地的侨胞都卷入了这一斗争。

在全国人民的强大压力下，6月10日，北洋军阀政府被迫释放了被捕学生，免去了曹、章、陆三人职务，这是五四爱国运动的第一个胜利。6月28日，出席巴黎和会的中国代表，在全国人民及巴黎的华侨工人和留法学生的反对和压力下，拒绝在和约上签字。五四爱国运动取得了重大胜利。

五四运动的胜利，不只是体现在迫使北洋军阀政府拒绝在巴黎和约上签字，捍卫了民族尊严，更为深远的影响，是促进了中国人民新的觉醒。通过五四运动，中国的先进分子更加清楚地看到国家命运岌岌可危，更加感到腐败黑暗的社会现状难于忍受，同时更加清楚地看到了中国工人阶级的先进性与内在力量，促使他们选择以马克思主义为指导，积极探索救国救民、改造社会的新道路。

五四运动彻底暴露了资本主义的本质，使人们抛弃了对帝国主义的幻想。瞿秋白对此指出：“中国民族几十年来受剥削，到今日才感受殖民地化的况味。帝国主义压迫的切骨的痛苦，触醒了空泛的民主主义的噩梦。”“工业先进国的现代问题是资本主义，在殖民地上就是帝国主义，所以学生运动倏然一变而倾向于社会主义，就是这个原因。”[②]

（二）马克思主义广泛传播

伴随着五四运动的爆发，众多报纸杂志纷纷发表文章介绍和宣传马克

① 《毛泽东选集》第2卷，人民出版社1991年版，第700页。
② 《瞿秋白文集》第1卷，人民文学出版社1985年版，第26页。

思主义。1919年5月，《新青年》出版了马克思主义研究专号。此后，《新青年》不断发表介绍马克思主义、社会主义革命和中国工人状况的文章，逐步成为一个宣传马克思主义的重镇。《每周评论》在“五四”以后，也不断刊登介绍十月革命和苏俄情况的文章。《晨报》副刊从1919年5月起，开辟了半年时间的马克思研究专栏，连续刊登了许多宣传马克思主义的论著及有关社会主义的文章。《国民》杂志从1919年10月以后开始登载《共产党宣言》等马克思主义著作和宣传介绍社会主义的文章。上海《民国日报》副刊《觉悟》也宣传马克思主义。与此同时，马克思主义的经典著作和介绍马克思主义的书籍，也在中国陆续出版。

进入1920年，马克思主义在中国的传播愈加广泛深入。4月，陈望道翻译的《共产党宣言》在上海出版。接着，《社会主义从空想到科学的发展》《国家与革命》等著作也翻译出版。5月1日，《新青年》第七卷第六号开辟“五一”劳动者专号，陈独秀和李大钊发表了大量介绍马克思主义及其工人运动的文章。以此为分水岭，《新青年》杂志主要发表介绍马克思主义理论的译作和讨论社会主义的文章。不久，陈独秀将《新青年》编辑部迁到上海，并成为上海共产党早期组织的机关刊物。胡适等自由主义知识分子则创办了《努力周报》，继续宣传他们的资本主义思想以及和平改良主张。

马克思主义研究社团的纷纷建立，进一步推动了马克思主义在中国的传播。

1920年6月，陈独秀、李汉俊、俞秀松等人在上海成立了中国第一个共产党早期组织，《新青年》成为机关刊物，并创办《共产党》月刊，公开宣传马克思主义。此后，北京、武汉、湖南、山东、广东等地的共产主义党早期组织纷纷成立，且大都创办了自己的刊物，诸如北京的《劳动音》、武汉的《武汉星期评论》、长沙的《湘江评论》、济南的《励新》半月刊、《济南劳动》周刊、广州的《劳动与妇女》周刊等，[①]在更大规模和更深的层次上宣传马克思主义。各地的党早期组织通过建立马克思主义研究会、出版刊物、组织社会主义青年团、创办工人学校等形式，加强对工人阶级的马克思主义的宣传，提高工人阶级的文化水平和阶级意识，与各种非马克思主义、反马克思主义开展辩论斗争，进一步促进马克思主义的传播以及其与中国工人运动的内在结合。

受陈独秀、李大钊的影响和新时代、新思潮的洗礼，以蔡和森、毛泽东为代表的一批青年学生，迅速成为马克思列宁主义的坚定信仰者。1919年12月，蔡和森带着对马克思主义和俄国革命的憧憬踏上留法勤工俭学之路。1920年2月初，蔡和森与萧子升就效法俄国革命道路一事展开争论。据萧子升回忆，“他对我说：‘俄国人的计划已经齐备，都写在了纸上让我们去读，而且他们自己已经付诸实践。我们为什么还要浪费时间去做别的尝试呢？’”[②]1920年7月5日至10日，在法国的新民学会会员于蒙达日开会，针对“改造中国与世界”的方法，蔡和森“主张组织共产党，使无产阶级专政，其主旨与方法多倾向于现在之俄”。在如何组建中国共产党问题上，蔡和森也是按照俄国的经验来构想的。他在1920年8月13日写给毛泽东的信中说：“我意中国于二年内须成立一主义明确，方法得当和俄一致的党，这事关系不小，望你注意。”[③]经过进一步思考，在9月16日写给毛泽东的信中，明确提出“非组织与俄一致的（原理方法都一致）共产党，则民众运动、劳动运动、改造运动皆不会有力，不会彻底”，并提出建党的四个具体步骤[④]。蔡和森所力求建立的中国共产党，是以马克思列宁主义为指导的“主义明确”的党，是注重通过“阶级战争”“无产阶级专政”实现理想的“方法得

① 李景田主编：《中国共产党历史大辞典（新民主主义革命时期）》1921—2011，中共中央党校出版社2011年版，第58—60页。

② 萧瑜：《我和毛泽东的一段曲折经历》，昆仑出版社1984年版，第152页。

③ 《蔡和森文集》（上），人民出版社2013年版，第58页。

④ 《蔡和森文集》（上），人民出版社2013年版，第73页。

当”的党，是“原理方法”都“与俄一致”的党。毛泽东在对各种思想学说推陈比较、躬身实践后，最终确立了马克思主义信仰，决心走俄国的道路。1920年12月1日，毛泽东写信给蔡和森、萧子升及其他在法会友，表示：“我看俄国式的革命，是无可如何的山穷水尽诸路皆走不通了的一个变计。”①在1921年1月21日给蔡和森的信中，毛泽东明确表示：“你这一封信见地极当，我没有一个字不赞成。”②

（三）推陈比较之后的坚定选择

不过，五四爱国运动之后中国社会主义思想的宣传热潮，并没有轻易地把国人引向俄式社会主义。当时在社会主义名号下的新思潮中，既包括马克思主义的科学社会主义，也包括基尔特社会主义、泛劳动主义、新村主义、合作主义、互助主义、无政府主义等各种各样的资产阶级和小资产阶级的思想流派，甚至还有帝国主义时代的反动资产阶级思想也被看作是新思潮而流传。起初，讨论社会主义的多数人对各种学说并没有深入的认识，“就像隔着纱窗看晓雾”，对哪种学说有利于中国社会的改造，心中都还没有数，更谈不上信仰。“在五四运动前后，马克思的科学社会主义只是以社会主义思潮的一个派别在中国传播的，资产阶级和小资产阶级的反马克思主义的思潮还有相当的市场，其中影响较大的有罗素的温和方法的共产主义、杜威的实用主义、克鲁泡特金的无政府主义以及社会民主主义和国家社会主义等。”③同资产阶级改良主义、无政府主义的论争，进一步推动了马克思主义在中国的广泛传播。

马克思主义与资产阶级改良主义的论争主要有两次，一次为“问题与主义”之争，一次为与基尔特社会主义的论战。

胡适是初期新文化运动的最主要代表人物之一。他认为西方文明优

① 《蔡和森文集》（上），人民出版社2013年版，第63页。

② 《蔡和森文集》（上），人民出版社2013年版，第77页。

③ 肖浩辉等：《马克思主义中国化的理论与实践》，湖南人民出版社2001年版，第89页。

于东方文明，坚持资本主义文明的时代先进地位，不加分析地全盘否定中国传统文化。在五四运动之后，胡适仍然醉心于走资本主义道路，认为“将来中国和印度的科学化和民治化，是无可疑的”①。他不愿意看到新文化运动发展成为以宣传马克思主义为主流的运动，遂于1919年7月在《每周评论》上发表了《多研究些问题，少谈些“主义”》一文，公开反对马克思主义和社会革命。他说：“空谈好听的主义是极容易的事，是阿猫阿狗都能做的事，是鹦鹉留声机都能做的事”，但没有什么用处，“是很危险的”。他劝说人们“多提出一些问题，少说一些纸上的‘主义’”，认为如果不去研究具体的问题，“都去高谈社会主义”，讲什么“根本解决”，“这是自欺欺人的梦话！这是中国思想界破产的铁证！这是中国社会改良的死刑宣告”！李大钊等马克思主义者根据他们的认识，就“问题”与“主义”、知识分子的信仰问题、“改良”与“革命”展开了全面的论争。李大钊指出：问题与主义是不能分离的，一个社会问题的解决，必须先有一个人们所共同趋向的理想的主义作指导，否则，那个社会问题永远没有解决的希望。宣传理想的主义和解决实际的问题，“是交相为用的”“是并行不悖的”。李大钊还论述了主义必须同具体实际相结合的道理，“大凡一个主义，都有理想与实用两方面”，在运用时“会因时、因所、因事的性质情形生一种适应环境的变化”。关于中国的社会问题要不要根本解决，他指出，对于中国这样一个没有生机的社会，“必须有一个根本解决，才有把一个一个的具体问题都解决了的希望”。经济问题的解决，是根本解决。经济问题一旦解决，什么政治问题、法律问题、家庭制度问题、女子解放问题、工人解放问题，都可以解决。而要解决经济问题，必须进行阶级斗争，进行暴力革命。

“问题与主义”之争，是马克思主义在中国传播中出现的第一次思想论

① 罗荣渠：《从“西化”到现代化——五四以来有关中国的文化趋向和发展道路论争文选》，北京大学出版社1990年版，第121页。

战，是社会革命论和社会改良主义的论战。在这场论争中，李大钊等马克思主义者根据他们的认识，论证了马克思主义适合中国的需要，阐述了中国社会需要一次彻底革命的必要性。这对于扩大马克思主义的影响，推动人们进一步思考如何改造中国社会起了积极作用。

继“问题与主义”之争后，马克思主义者和张东荪、梁启超等打着社会主义旗号、反对科学社会主义的资产阶级知识分子之间，又发生了一场“社会主义论战”。其争论的中心问题有两个：第一，中国是应当走资本主义道路还是应当走社会主义道路。第二，中国是应当搞基尔特社会主义还是科学社会主义。基尔特社会主义属于资产阶级改良主义思潮的一种，20世纪初期由英国传入。梁启超和张东荪成为在中国推崇基尔特社会主义的代表人物。1920年梁启超的《欧游心影录》出版。在书中，他指出科学刺激的物质文明，并没有给人类带来幸福，相反倒将人类抛入战乱频仍、弱肉强食、道德丧尽的黑暗深渊。他援引西方记者的话说，“西洋文明已经破产”，正眼巴巴地乞望东方文明伸出搭救之手呢！梁启超进而指导青年先立“一个尊重爱护本国文化的诚意”，又用西方的研究方法来研究它，“把自己的文化综合起来，还拿别人的补助他，叫他起一种化合作用，成了一个新文化系统”，并“把这新系统往外扩充，叫人类全体都得着他好处”。“彷徨闷索”中的梁启超明确主张亲改良拒革命，对基尔特社会主义极为推崇。他们认为中国现阶段的产业尚不发达，如若立即实行社会主义较为困难，应当先学习西方的先进技术，发展教育和实业，然后以“正当”的方式实行社会主义。张东荪、梁启超等人的基本观点是：中国现在还没有条件搞社会主义革命；理由主要是：中国因为受帝国主义的压迫，资本主义经济发展不起来，工人阶级还未真正形成，人数很少，更未产生阶级意识，倒是游民很多，多数人失业、无业，生计成问题。因此，中国目前最迫切的问题是发展经济，解决人们的生计问题，那就要发展资本主义。社会主义是以工人阶级为主体的，没有这个主体，社会主义是搞不成的。社会主义思想、社会主义的党现在也不需要，且等将来才有用。张、梁等人发展资本主义经济的主张是符合当时社会发展要求的。但是，他们没有认识到，在帝国主义和封建主义压迫之下，资本主义经济是发展不起来的，只有通过革命的手段，完成反帝反封建的任务，实现民族独立和人民民主，才能达到振兴实业、国家富强的目标。

陈独秀、李大钊、李达、蔡和森等马克思主义者对张东荪、梁启超等人的观点进行了反驳。他们指出，在帝国主义、官僚、武人、绅士的压迫下，中国人民的确很穷，要使大多数劳动者不饿死、不冻死，根本的解决办法，就是社会主义。中国经济虽然落后，但无产阶级的存在是客观事实；中国无产阶级和农民处境极其悲惨，有强烈的革命要求，革命的爆发是大势所趋。在中国，结合共产主义信仰者，组织巩固的政党，建立共产党，不仅有必要，而且有条件。他们还指出，要解决中国社会问题，单凭一些改良主义的办法是不行的，必须走十月革命的道路。尤其是瞿秋白以屈维它的笔名在《新青年》季刊第2期发表了《自民治主义至社会主义》指出："不论先进或落后的国家里，在封建军阀政治之下无产阶级必定参加或进行民治革命，可是愈落后的国家，他的无产阶级在民治革命中愈有势力，他的资产阶级革命的胜利变成无产阶级革命的机会也愈多。"[①]批判了"以资本主义之手段，而另求别法来救济工人"的思想，也批评了在中国直接实行社会主义的思想，并进一步阐明中国既需要民主革命又应当力争在将来过渡到实行社会主义的方案，对中国是实行资本主义还是实行社会主义进行了批判性的总结。

这场论战持续了一年多时间。从本质上说，这是一次关于中国走社会主义道路还是走资本主义道路、实行社会革命还是实行社会改良以及需要不需要建立无产阶级政党的论争。马克思主义者坚持了社会革命论，指出了中国发展方向应该是社会主义，批判了"基尔特社会主义"，澄清了它同

---

① 屈维它：《自民治主义至社会主义》，《新青年》1923年第2期。

科学社会主义的区别。这就为马克思主义的进一步传播，为中国共产党的成立扫除了一些障碍，帮助一大批进步青年走上信仰马克思主义的道路。

无政府主义是一种小资产阶级政治思潮，它正式出现在中国的思想界是在1907年。1907年8月，刘师培与张继发起的“社会主义讲习会”开启了无政府主义思潮传播的先声。[①]无政府主义者从极端的个人主义出发，反对一切国家，反对一切政治和权威，宣扬个人万能、个人奋斗，鼓吹绝对自由。1915年，刘师复病逝之后，黄凌霜、区声白成为无政府主义的主要宣传者。五四时期，无政府主义在人数众多的小资产阶级知识分子中广泛传播，影响颇大。

虽然无政府主义曾在冲击封建思想，宣传新思潮，批判封建军阀专制统治，介绍十月革命等方面起过一定的进步作用。但它在反对中国反动政权的同时，把攻击的矛头也指向了马克思主义国家学说和俄国的无产阶级专政，鼓吹在社会革命后立即实行“各取所需”的分配原则；它还主张绝对自由，反对任何组织纪律。这些思想产生了很大的消极作用，阻碍了马克思主义的传播。1919年5月，黄凌霜在《新青年》上发表《马克思学说的批评》，指出“社会民主党的政府又要设立什么工兵农兵”[②]是压制个人自由的表征，主张个人的绝对自由，反对无产阶级政权和经济组织。之后，朱谦之、区声白等无政府主义者相继发表文章，批评马克思主义。

陈独秀等马克思主义者对无政府主义的错误主张进行了批判。他们阐明了无产阶级领导人民用暴力革命夺取政权的必要性，论证了无产阶级专政的国家与剥削阶级国家的本质区别，指出推翻封建贵族、资产阶级的国家，巩固无产阶级专政，是由资本主义通向共产主义的正确道路。他们还指出，在人类社会中，自由总是相对的，个人的绝对自由根本不存在；超越社会的发展阶段和生产力水平而主张立即实现所谓“各尽所能，各取所需”，

① 皮明庥：《近代中国社会主义思潮觅踪》，吉林文史出版社1991年版，第88页。
② 凌霜：《马克思学说的批评》，《新青年》1919年第6卷第5期。

更是绝对办不到的。

这次论争捍卫了马克思主义的国家学说和无产阶级专政思想，阐明了在中国建立一个无产阶级政党的必要性，从而使许多知识青年摆脱了无政府主义的影响，逐渐走上了马克思主义的道路。

通过这三次论战，马克思主义者打退了反马克思主义思潮的进攻，划清了科学社会主义与资产阶级改良主义和形形色色的假社会主义的界限，扩大了马克思主义的影响，逐步成为新文化运动的主流。

三、中国共产党人的初心与使命

为人民谋幸福、为民族谋复兴、为世界谋大同，是中国早期马克思主义者凝聚在一起，成立中国共产党的初心与使命。

（一）启蒙工农群众

苏联十月革命胜利，给中国送来了马克思主义。苏联革命胜利的经验之一就是唤醒了工农大众，苏联的胜利是庶民的胜利。共产党早期组织的成员认识到这一点，他们认为组织共产党“离开工界不行”“我们都是知识分子出身，与工人阶级的距离很大。因此，首先应当同他们加强内部联系。”①为了能在工人群众中有效地开展工作，一些先进的知识分子穿起工人的服装，学习工人的语言，从事工人的劳动，力求与工人打成一片。这些活动促进了马克思主义思想与中国工人运动相结合。

各地共产党的早期组织创办了一批专门供工人阅读的进行马克思主义启蒙教育的刊物。如上海有《劳动界》、北京有《劳动音》和《工人月刊》、济南有《济南劳动月刊》等。同时，还创办了各种形式的工人学校，其中影响最大的，是邓中夏在北京长辛店、李启汉在沪西小沙渡分别开办的劳动补

① 《建党以来重要文献选编（1921—1949）》第1册，中央文献出版社2011年版，第11页。

习学校。开办学校，是党的早期组织对工人做工作的宣传方法，借此接近群众。

经过宣传教育，工人产生了革命意识，具备了反对帝国主义剥削压迫的思想觉悟，并投身到反帝运动中。1920年11月，共产党早期组织领导的第一个工会——上海机器工会宣告成立。1921年五一国际劳动节，长辛店成立工人俱乐部（工会）。武汉、长沙、广州、济南等地的工人也相继成立工会。工会开始发动工人开展罢工斗争。工人的觉悟程度和组织程度在斗争中得到了进一步的提高。

早在1919年2月20日，李大钊发表了《青年与农村》一文，就指出："要想把现代的新文明从根底输送到社会里，非把知识阶级与劳工阶级打成一气不可。"①经历了五四运动洗礼的早期马克思主义者在马克思主义的直接或间接影响下，认识到劳动是人类文明的根源，"他们开始认识到，劳动大众的品德、智慧与力量在社会生活中起着重大作用"②。五四运动后，"劳工神圣"的呼声空前高涨。广大青年知识分子开始注意劳动人民的切身问题。他们说："我们每日享受那物质的文明，还是靠着'劳工'。因为没有劳动力的人工，什么文明都不能成就，什么幸福都不能享受"③"斧凿的文明，比笔墨的文明，更是可贵。"④也就是在这个时候，很多刊物都刊载了劳动人民悲惨生活的残酷事实，批判统治阶级对于劳动人民的压迫。对于劳动问题的深刻的社会意义则在于，它表现了六三运动对知识分子的深刻影响和先进知识分子开始逐渐摸索与人民群众相结合的一种趋势。

在李大钊等人的带动下，不仅成立了以学习和研究马克思主义为宗旨的"北京大学马克思主义研究会"，由单纯地反对封建传统转向了学习马克思主义思想，从而进行实际的社会革命，而且对工农群众的马克思主义

① 《李大钊文集》（上），人民出版社1984年版，第648页。
② 《胡绳论"从五四运动到人民共和国成立"》，社会科学文献出版社2001年版，第107页。
③ 《社会百话之一：劳工可贵》，《民国日报》1920年6月17日。
④ 李宗随：《劳动界：斧头凿子》，《南洋周刊（上海1919）》1919年第1期。

理论宣传的形式也逐渐丰富。1919年北京大学“平民教育讲演团”的成立为“增进平民智识、唤起平民之自觉心”[①]开创了新的启蒙途径和平台。该演讲团以教育普及与平等为目的，以露天讲演为方法，注重平民主义之实施，“力图把新知识分子的语文和思想传递给辜鸿铭一派文士以为可教育、没有思想和沉默无辜的‘苦力、马夫、司机、店员’等”[②]，突破了五四运动时期的启蒙传播范围的局限；同时，讲演的内容也由最初的以普及文化教育、反对封建迷信而启发国民基本的自我意识觉醒为主，逐渐转变为讲解时事问题，以马克思主义的唯物史观和阶级斗争学说启发工人阶级的觉悟，加入工人俱乐部的人员日益增多，“取得群众很大的信仰”[③]，展现了以“平民教育讲演团”为代表的早期马克思主义传播活动的启蒙价值。除此之外，新青年还进行了深入的社会调查，了解工人阶级的劳动生活状况。1920年1月18日，北京一些革命知识分子到洋车工人住宅区调查，这里“平均计算起来，每家总在四口之上。吃的大概是舍粥。职业呢，壮而有力者拉洋车，老弱妇女捡旧纸或卖糖和小玩意。或乞丐，拉洋车的居8/10。”[④]而这时的北京已是“汽车飞跑”。真实的社会调查使新一代青年深入了解了工农群众的困境，看清了当时的社会现状，虽然这时他们还缺乏马克思主义的分析，但都在直观的视觉冲击和心理体验中同情工人阶级的立场，并为了工人阶级的利益而积极奔走相告。自1919年5月1日，《晨报》首次刊发了“劳动节”纪念号后，“五一”劳动者的纪念日渐渐为人们知晓，并在先进知识分子的努力和工农群众不断的觉醒中，从“几家报馆的纪念日”变成“劳工社会的纪念日”，从“三五文人的运动”转为

① 《邓中夏全集》（上），人民出版社2014年版，第55页。

② 〔美〕舒衡哲著，刘京建译：《中国启蒙运动知识分子与五四遗产》，新星出版社2007年版，第100页。

③ 《邓中夏全集》（下），人民出版社2014年版，第1359页。

④ 刘明逵、唐玉良主编：《中国近代工人阶级和工人运动》第3册，中共中央党校出版社2002年版，第734页。

"劳工阶级的运动"①。五四时期的知识分子在接受马克思主义理论后，注重学习和研究马克思主义，并通过形式多样的活动将马克思主义与中国工人运动相结合的结果，在活动中启蒙工农群众，同时加深对马克思主义的理解，并将理论与中国现实问题相结合推动着中国革命新阶段的到来。

在汲取五四启蒙理念的基础上，李大钊等早期的马克思主义者注意到，中国是一个以农立国的国家，农民在国民总数中占绝对的多数，中国的改造离不开广大民众的积极参与。"要想把现代的新文明，从根底输入到社会里面，非把知识阶级与劳工阶级打成一气不可。"②因而，李大钊号召中国青年应该学习俄罗斯青年在俄罗斯农村宣传运动中的精神，认识到中国以农立国的具体国情，开发农村的事，解放以农民为主体的劳工阶级。要知道"他们若是不解放，就是我们国民全体不解放；他们的苦痛，就是我们国民全体的苦痛；他们的愚暗，就是我们国民全体的愚暗；他们生活的利弊，就是我们政治全体的利弊。去开发他们，使他们知道要求解放、陈说苦痛、脱去愚暗、自己打算自己生活的利弊的人，除去我们几个青年，举国昏昏，还有那个？"③明确了新时代青年人的责任，揭开了马克思主义与中国人民实际生活相结合的序幕。

新文化运动的旗手陈独秀，在第一次世界大战爆发、俄国十月革命和五四运动的多重冲击下，思想也发生了质的转变，由信奉资产阶级民主主义转向马克思主义和列宁主义学说。1919年，陈独秀相继发表了《二十世纪俄罗斯的革命》《立宪政治与政党》《吃饭问题》等文章，告诫人们不要迷信资产阶级的所谓"立宪政治"，而应把关注劳苦人民的生计问题看作"二十世纪劈头第一个大问题"。1920年9月，陈独秀在复刊的《新青年》第8卷第

① 李大钊：《"五一"（May Day）运动史》，《新青年》第7卷第6号，1920年5月1日。
② 《李大钊全集》第2卷，人民出版社2013年版，第422页。
③ 《李大钊全集》第2卷，人民出版社2013年版，第423页。

1号上发表《谈政治》一文，指出："我承认用革命的手段建设劳动阶级（即生产阶级）的国家，创造那禁止对内对外一切掠夺的政治法律，为现代社会的第一需要。"在这期《新青年》杂志上，还开辟了专门介绍俄国革命的"俄罗斯研究"专栏，同时，"封面上有一小小图案，是一东一西，两只大手，在地球上紧紧相握……暗示中国革命人民与十月革命后的苏维埃俄罗斯必须紧紧团结，也暗示全世界无产阶级团结起来的意思"①，这表明陈独秀已彻底转变为一个马克思主义者。

（二）明确建党宗旨

最早酝酿在中国建立共产党的是陈独秀和李大钊。1920年2月，为了躲避反动军阀政府的迫害，陈独秀秘密离开北京前往上海。李大钊亲自伴送他到天津。在北京至天津的路上，两人交换了建立共产党组织的意见，相约在北京和上海分别进行建党的筹备活动。

1920年8月，在陈独秀的主持下，上海的早期党组织成立，取名为"中国共产党"，成员主要有陈独秀、李汉俊、沈玄庐、邵力子、俞秀松、陈望道、李达等人。同年10月，北京的共产党早期组织成立，成员先后有李大钊、张国焘、邓中夏、罗章龙、刘仁静、高君宇、何孟雄、张太雷等人，大都是北京大学的进步师生。1920年秋，武汉共产党早期组织成立，成员有董必武、陈潭秋、刘伯垂、包惠僧等。1920年初冬，在毛泽东的筹划下，长沙的共产党早期组织建立，到1921年7月，成员有毛泽东、何叔衡、彭璜等人。1921年3月，广州也酝酿建立共产党的组织，成员主要有谭平山、陈公博、谭植棠、袁振英、李季等人；1921年春，济南共产党早期组织成立，参加者有王尽美、邓恩铭、王翔千等。与以上六个城市建立了共产党早期组织同时，旅日、旅法的华人中也成立了共产党的早期组织。1921年年初，旅法华人中的共产党早期组织成立，成员多为留法勤工俭学人员，有张申府、赵世炎、陈

① 茅盾：《我走过的道路》（上），人民文学出版社1981年版，第191页。

公培、刘清扬、周恩来等人。旅日华人中的共产党早期组织是由在国内加入党组织后去日本的施存统、周佛海等人组成的。

各地早期党组织成立后，开始了系统地宣传介绍列宁主义理论和俄国革命的经验。他们一方面继续在知识分子中宣传马克思主义，一方面按照俄国的方法，帮助工人组织各种团体，创办各种工人刊物，努力促进马克思主义同中国工人运动相结合。他们号召工人们“准备共产革命的运动！”“和资本家阶级开战！”宣称中国不发生社会主义则已，“若能发生，则只有俄国式的社会主义”。[①]上海早期党组织成立后，将《新青年》改组为它的机关刊物，宣传马克思主义的基本理论。随后，又出版《共产党》月刊，介绍革命理论和党的基本知识，推动建党工作的开展。此外，武汉的《武汉星期评论》、济南的《励新》半月刊，广州的《广东群报》纷纷出版，系统宣传马克思主义。除此以外，还出版了到工人中去宣传的通俗刊物，主要有北京的《劳动音》、上海的《劳动界》和广州的《劳动者》等。这些刊物文字通俗易懂，讲解马克思主义的道理深入浅出，同时结合工人的切身经历，诉说工人的需求，引起工人们广泛的共鸣。

利用“提倡平民教育”的合法名义，到工人中创办各种劳动补习学校，成立工人组织，也是各地早期党组织开展活动的重要方式。上海党组织在沪西小沙渡地区创办了工人半日学校。1920年11月，组织了机器工人联合会，12月又组织了印刷工人联合会。北京党组织由邓中夏负责开办了长辛店劳动补习学校，1921年正式开学。同年五一劳动节，长辛店铁路工人举行庆祝大会，通过组织工会的决议。其他各地的早期党组织也有类似的活动，进一步促进了马克思主义同中国工人运动的结合。

1921年7月23日，中国共产党的第一次全国代表大会召开，宣告了以马克思列宁主义为指导思想的无产阶级政党——中国共产党的诞生。中国共产党的诞生，是对马克思主义党建理论中无产阶级必须建立自己的独立政党

---

① 《共产党的粤人治粤主张》，《劳动者》1920年。

理论在实践中的直接运用，标志着中国革命由此进入了新的发展阶段，从此，“中国人民有了主心骨，中国革命事业有了坚强的领导核心。”①

（三）胸怀人类未来

中国共产党是为中国人民谋幸福的党、为民族谋复兴的党，也是以贡献人类社会为责任和追求的政党。中国共产党的成立不仅深刻地改变了中国人民和中华民族的命运，也深刻地改变了世界历史的趋势和格局。

“大道之行也，天下为公”，中华民族自古以来就是一个具有天下意识和人类关怀的伟大民族。天下太平、共享大同是中华民族绵延数千年的理想，和平、和睦、和谐的追求深深植根于中华民族的精神世界之中，深深溶化在中国人民的血脉之中。

鸦片战争后，一部分有识之士已经认识到世界是一个统一体，闭关自守已不可能。即使在外敌入侵、内部战乱给中华民族带来了深重灾难的情况下，探索民族复兴道路的先进中国人仍然高度关注人类的命运和中华民族对于世界的责任。戊戌维新运动时期，康有为、谭嗣同等阐述的大同思想，主张把世界引向“至平、至公、至仁”的“大同太平之道”，将建立全人类之爱的大同社会视作是自己的使命。②孙中山虽然主张民族主义，也同样具有博大人类关怀，重视中华民族对于世界的“大责任”，他曾提出，中华民国国民的天职是“促进世界和平”，中华民国政府和人民要“同尽天职”“使中华民国从今而后得享文明之进行，使世界舞台从今而后得享和平之福”。③他强调中华民族对于世界的责任：“我五大种族皆爱和平，重人道，若能扩充其自由、平等、博爱这主义于世界人类，则大同盛轨，岂难至

① 习近平：《决胜全面建成小康社会夺取新时代中国特色社会主义伟大胜利——在中国共产党第十九次全国代表大会上的报告》，《人民日报》2017年10月28日。
② 吴雁南等主编：《中国近代社会思潮》第1卷，湖南教育出版社1998年版，第507页。
③ 《孙中山全集》第2卷，中华书局1982年版，第317、318页。

乎？”[①]他还特别说道：“我们今日在还没有发达之先，立定扶倾济贫的志愿，将来到了强盛时候，想到停止身受过了列强政治经济压迫的痛苦，将来弱小民族如果也受这种痛苦，我们便要把那些帝国主义来消灭，那才算是治国平天下。我们要将来能够治国平天下，便先要恢复民族主义和民族地位。用固有的道德和平做基础，去统一世界，成一个大同之治，这便是我们四万万人的大责任。”[②]

20世纪初，在中国知识界曾兴起世界主义思潮，不少早期马克思主义者便曾经是世界主义的倡导者，陈独秀、李大钊、毛泽东、瞿秋白、蔡和森、萧楚女等都曾受过世界主义的影响，如李大钊便曾提出：美洲各国组成全美联邦、欧洲各国组成全欧联邦、亚洲各国能成组成全亚联邦，合欧、美、亚三洲组成世界联邦，“全世界人类组织一个人类的联合，把种界、国界完全打破。这就是我们人类全体所馨香祷祝的世界大同！”[③]

五四新文化运动时期，中国激进的民主主义知识分子和广大爱国青年在关注民族解放、思想启蒙的同时，也高度关注“世界革命”和“人类解放”问题。如1919年成立的问题研究会在所列的“本会研究之问题”中，不仅包括当时中国的各种社会问题，还包括民族自决问题、海洋自由问题、军备限制问题、国际联盟问题、自由移民问题、人种平等关乎人类命运的世界性问题及俄国问题、德国问题、奥匈问题、印度自治问题、爱尔兰独立问题、土耳其分裂问题、埃及骚乱问题、重建比利时问题、飞渡大西洋问题、飞渡太平洋问题、白令直布罗陀英吉利三峡凿隧通车问题等。[④]毛泽东、蔡和森等创办的新民学会明确以“改造中国和世界”为宗旨。毛泽东在1920年给蔡和森的信中曾提到，新民学会会员大多倾向于世界主义，这种主义就是愿意自己好，也愿意别人好的主义，就是社会主义。

---

① 《孙中山全集》第2卷，中华书局1982年版，第439页。

② 《孙中山全集》第9卷，中华书局1986年版，第253页。

③ 《李大钊文集》（上），人民出版社1984年版，第625、626页。

④ 《毛泽东早期文稿》，人民出版社1990年版，第292、397—398页。

由此可知，早期的共产主义知识分子已经认识到中国的革命是人类解放运动的一部分，把中国问题与世界问题联系起来考察。他们不仅持续介绍十月革命和国际共产主义运动，更是进一步阐发了被压迫民族必须联合起来反对帝国主义的道理。如李大钊在《再论新亚细亚主义》中写道："军国主义、资本主义的势力，轻视弱小民族和那军国主义、资本主义下的民众势力。世界上的军国主义、资本主义，都像唐山煤矿坑上的建筑物一样，他的外形尽管华美崇闳，他的基础已经被下面的工人挖空了，一旦陷落，轰然一声，归于乌有。我们应该在那威势煊赫的中间，看出真理的权威，因而发生一种勇气与确信，敢与他搏战，信他必可摧拉。"①他们坚信"我们虽是中国人，我们的眼光终须放在全世界上来。我们不必想取捷径，也不必畏难苟安，全世界无产阶级为创造新社会所共负的艰难责任，我们也应当分担起来。世界上只有一个共产主义能使这个责任无国界无地界地放在无产阶级地肩上，也只有他能使中华民族得列于人类中间彼此一视同仁。"②

因此，"为全人类谋取最大的幸福"成为中国共产党一经成立就确定的目标与使命。1922年1月，中国共产党派王尽美、瞿秋白等参加共产国际所召开的远东各国共产党及民族革命团体第一次代表大会。这次大会由列宁亲自主持，在此次会议中，列宁明确指出中国现阶段的革命是资产阶级民主性质的革命，并认为当前形势下中国的主要任务是广泛团结全国的革命人民，反对外国帝国主义和本国封建势力等。这些指示直接帮助了中国共产党对中国民主革命纲领的制定。1922年7月，中国共产党第二次全国代表大会召开，大会不仅讨论了中国革命所面临的世界形势和科学的分析了中国基本的社会状况，第一次提出了彻底的、完整的反帝反封建的革命纲领。大会最后制定并发表了著名的《中国共产党第二次全国代表大会宣言》，明确把实现共产主义作为党的最高理想和最终目标。

① 李大钊：《再论新亚细亚主义》，《国民》第2卷第1号，1919年11月。
② 伍豪：《共产主义与中国》，《少年》1922年第2号。

第三章

革命年代的文明守望

以文明为指向而成立的中国共产党，从中华民族和中国人民的利益出发，带领中国人民投身于推翻帝国主义、封建主义、官僚资本主义的新民主主义革命斗争之中，为实现民族独立、人民解放、人类和平而浴血奋战，用血肉之躯筑起革命年代的文明成果。

一、立足民族独立

人类社会发展的历史证明，国家统一、民族独立是文明进步的必要的社会历史前提。恩格斯指出："一个大民族，只要还没有民族独立，历史地看，就甚至不能比较严肃地讨论任何内政问题。……排除民族压迫是一切健康和自由的发展的基本条件。"[①]19世纪末20世纪初，随着资本主义进入帝国主义阶段，开始了帝国主义对全世界实行殖民政策的特殊时代，整个世界形成了少数大国对世界大多数人民实行殖民压迫的世界体系。在新的历史条件下，在总结新的历史经验的基础上，列宁发展马克思主义关于民族问题的理论为民族殖民地理论，把争取社会主义的革命斗争同民族问题联系起来，指明了殖民地民族解放运动是世界无产阶级革命的一部分，指出："弱小民族是反帝斗争中的一个独立因素，是帮助反帝的真正力量即社会主义无产阶级登上舞台的一种酵母、霉菌。"[②]在列宁的支持下，第三国际把马克思、恩格斯提出的"全世界无产者联合起来"的口号发展成为"全世界无产者和被压迫民族联合起来"。

（一）高举反帝旗帜

按照列宁主义建党思想成立的中国共产党，从一开始就将实现民族独立作为自身职责与使命，为之不懈奋斗。

① 《马克思恩格斯选集》第4卷，人民出版社1972年版，第427—428页。
② 《列宁全集》第22卷，人民出版社1958年版，第352页。

1921年7月23日，中国共产党第一次全国代表大会在上海召开，宣告了中国共产党的成立。这是中国历史上开天辟地的大事件，标志着中国民族独立运动开启了新纪元，中国出现了完全新式的、以马克思列宁主义为行动指南的、以实现社会主义和共产主义为奋斗目标的统一的无产阶级政党。

中国共产党成立之时，西方对中国的干涉依然没有放松。1921年底，在美国召开的华盛顿会议上，与会九国签订《九国公约》，确认美国提出的“各国在华机会均等”和“中国门户开放”的原则，以遏制日本独霸中国的势头，把中国置于几个列强共同控制的地位。随后，列强极力扩大在华势力范围，加强在经济上政治上对中国的掠夺和控制。中国的民族工业深受挤压，中国社会经济进一步半殖民地化；北京政府和地方军阀日益成为列强操纵中国的工具，各派军阀间连年混战，造成民生凋敝。尖锐复杂的斗争形势和严酷的现实，迫切要求中国共产党指明中国的出路。

中国共产党成立后不久，就高高举起了反对帝国主义的旗帜。

1922年5月，第一次全国劳动大会召开。大会宣言第一次明确指出了国际帝国主义“是我们的敌人”①。6月15日，中共中央发表《对于时局的主张》，这是中国共产党成立后发布的第一份重要政治声明。声明分析了中国社会目前现状，指出了帝国主义的侵略和军阀政治是中国内忧外患的根源，也是人民受痛苦的根源，提出反帝反封建、建立民主主义联合阵线等11项奋斗目标，明确“取消列强在华各种治外特权”等废约主张②。

同年7月16日至23日，中国共产党在上海召开第二次全国代表大会。大会分析了国际形势、中国社会政治经济状况以及社会各阶级的经济地位和政治态度，发表了《中国共产党第二次全国代表大会宣言》。宣言阐明了中

① 《建党以来重要文献选编（1921—1949）》第1册，中央文献出版社2011年版，第66页。
② 《建党以来重要文献选编（1921—1949）》第1册，中央文献出版社2011年版，第88—98页。

国的社会性质、革命性质、革命对象、革命动力和前途，指出在国际帝国主义压迫下的中国是半殖民地半封建社会国家，而给中国人民带来最大痛苦的是资本帝国主义和军阀官僚的封建势力，因此，中国革命的敌人是帝国主义和封建军阀，革命性质是民主主义的革命。在此基础上，宣言提出了党的最高纲领和最低纲领，指出中国共产党的目的，是要“组织无产阶级，用阶级斗争的手段，足立劳农专政的政治，铲除私有财产制度，渐次达到一个共产主义社会”。这是党的最高纲领。最低纲领即反帝反封建的民主革命纲领，其目标是：（一）消除内乱，打倒军阀，建设国内和平；（二）推翻国际帝国主义的压迫，达到中华民族完全独立；（三）统一中国本部（东三省在内）为真正民主共和国。①大会通过了《关于“世界大势与中国共产党”的议决案》《关于“民主的联合战线”的议决案》《中国共产党加入第三国际决议案》《关于共产党的组织章程决议案》等；决定出版党的中央机关刊物《向导》，由蔡和森任主编。中国共产党第二次全国代表大会第一次旗帜鲜明地提出了反帝反封建的民主革命纲领，明确区分了民主革命和社会主义革命，初步指明了中国民主革命的性质、对象、动力和前途，成为动员、组织和鼓舞中国人民争取解放的一面战斗旗帜。这些具有革命性质的民主革命纲领正是民族独立纲领确定的重要表现。

1923年召开的中国共产党第三次全国代表大会专门就“帝国主义与中国旧经济”进行了系统阐述，指出：“帝国主义的列强在中国既已取得了治外法权、协定关税等等优越的权利，他们便支配了中国重要的经济生活和政治生活”，中国“在帝国主义及军阀统治之下，永无独立及充分发展之可能”，明确提出目前党的第一项任务就是“取消帝国主义的列强与中国所订一切不平等的条约”②，并强调中国共产党“不和任何帝国主义者任何军

① 《建党以来重要文献选编（1921—1949）》第1册，中央文献出版社2011年版，第133页。
② 《建党以来重要文献选编（1921—1949）》第1册，中央文献出版社2011年版，第253页。

阀妥协”[①]。随后，陈独秀进一步阐发了反对帝国主义的重要性，指出：“半殖民地的经济权大部分操诸外人之手，政治权形式上大部分尚操诸本国贵族军阀之手，全国资产阶级无产阶级都在外国帝国主义者及本国贵族军阀压迫之下，有产无产两阶级共同起来，对外谋经济的独立，对内谋政治的自由，这是半殖民地国民革命的特有性质”[②]“中国社会各阶级都处在国际资本帝国主义及本国军阀两层严酷的压迫之下”[③]。

此时，“打倒军阀的口号已得到中国社会上大多数人的响应，而打倒帝国主义的口号还没有产生很大的影响”[④]。为完成民族独立的历史任务，中国共产党承担反对帝国主义的重任，努力推动社会各界共同为之奋斗。

为推动国民党开展维护民族权益的反帝斗争，中国共产党针对其“希望帝国主义的列强援助中国国民革命”的错误观念，明确指出：“这种求救于敌的办法，不但失了国民革命领袖的面目，而且引导国民依赖外力，减杀国民独立自信之精神。”[⑤]中国共产党认为，国民党应“根据三民主义中之民族主义，促其做反帝国主义的宣传及行动。反帝国主义的运动，在中国国民运动中，比反军阀运动更为切要，在军阀与帝国主义者有冲突时，吾人得助军阀以抗外人，断不可借外力以倒军阀”[⑥]。在中国共产党的积极推动下，1924年1月，国民党一大召开，实现了国共合作，开启了国民革命的浪潮。在“宣言”中，明确提出“一切不平等条约”“皆当取消，重订双方平等，互尊主权之条约”[⑦]。

对于社会大众，中国共产党站在中华民族总体利益的角度，从不同阶级、阶层、群体的特点出发，分别提出反帝斗争的方略。对于工人阶级，指

① 《建党以来重要文献选编（1921—1949）》第1册，中央文献出版社2011年版，第259页。
② 《建党以来重要文献选编（1921—1949）》第1册，中央文献出版社2011年版，第357页。
③ 《建党以来重要文献选编（1921—1949）》第1册，中央文献出版社2011年版，第366页。
④ 《建党以来重要文献选编（1921—1949）》第1册，中央文献出版社2011年版，第244页。
⑤ 《建党以来重要文献选编（1921—1949）》第1册，中央文献出版社2011年版，第276—277页。
⑥ 《建党以来重要文献选编（1921—1949）》第1册，中央文献出版社2011年版，第348页。
⑦ 《孙中山全集》第5卷，中华书局1986年版，第122页。

出其“争斗之对象，不是帝国主义的外国便是军阀，所以经济争斗稍稍剧烈一点，便是一个政治争斗”[①]；对于农民，要求“结合小农佃户及雇工以反抗宰制中国的帝国主义者，打倒军阀及贪官污吏，反抗地痞劣绅，以保护农民之利益而促进国民革命运动之必要”[②]；对于青年，则“应从一般的学生运动引导青年学生到反对军阀反对帝国主义的国民运动”[③]；在指导妇女运动时，除已有的“全国妇女运动的大联合”“打破奴隶女子的旧礼教”等之外，加入“打倒外国帝国主义”的口号[④]。

中国共产党的努力，很快收到成效。在党内，对反对帝国主义的理解不断加深，普遍认识到：“我们之参加国民革命，因为适应中国目前实际情形之政策，同时亦含有世界革命的意义，因此我们反对帝国主义，比反对军阀还要注重，又对于军阀，不必予以同等之攻击，不可落于普遍否认的稚气，当以力求变更现状，为最近之目标。”[⑤]在社会上，据李大钊报告，“我们政治的宣传，自一九二三年起，即是打倒国际帝国主义及国内军阀两个口号。在一九二二与一九二三年间，‘反对军阀’已成了全国普遍的呼声；到一九二三与一九二四年间，列强对华进攻日急，全国知识阶级中进步分子，已采用‘反抗帝国主义’的口号；而且最近在北京、上海、汉口、广州、奉天等处，已渐渐有反帝国主义的民众运动发生”[⑥]。

1925年5月15日，上海内外棉七厂工人、共产党员顾正红被日本资本家枪杀。5月28日，党中央决定30日在租界内举行大规模的反帝示威活动。当日，上海工人和学生举行街头宣传和示威游行，租界的英国巡捕在南京路上突然开枪，打死13人，伤者不计其数。此后几天，在上海和其他地方又连续发生英、日等国军警枪杀中国人的事件。这些事件，激起全国

① 《建党以来重要文献选编（1921—1949）》第1册，中央文献出版社2011年版，第365页。
② 《建党以来重要文献选编（1921—1949）》第1册，中央文献出版社2011年版，第263页。
③ 《建党以来重要文献选编（1921—1949）》第1册，中央文献出版社2011年版，第265页。
④ 《建党以来重要文献选编（1921—1949）》第1册，中央文献出版社2011年版，第266页。
⑤ 《建党以来重要文献选编（1921—1949）》第2册，中央文献出版社2011年版，第44—45页。
⑥ 《建党以来重要文献选编（1921—1949）》第2册，中央文献出版社2011年版，第33页。

人民的极大愤怒，形成工人罢工、学生罢课、商人罢市的抗议运动。在中国共产党的指导与支持下，全国各地约有1700万人直接参加了运动，中国人民对不平等条约有了深刻的认识，从通商都市到偏僻乡镇，到处响起“打倒帝国主义”“废除不平等条约”的怒吼。纷纷要求收回租界，取消治外法权，进而废除一切不平等条约。五卅运动的爆发，将反帝浪潮推向了新的阶段。

然而，以蒋介石、汪精卫为代表的国民党右派以维护自身政治集团利益为目标，从根本上不能站在国家民族立场进行反对帝国主义的斗争。以国民党理论家自居的戴季陶对于帝国主义公然宣称，“共产主义者以为帝国主义的原因只在资本主义的发展，这是不对的；帝国主义者以为一国人口的增加必须扩张领土和对外的权力，也有几分理由，所以‘民族竞争的基本’是人口问题，中国现时反帝国主义运动也是一种民族竞争”[①]。1927年，国民党右派相继发动四一二政变和七一五政变，血洗中国共产党人，国民革命因此失败。

国民革命失败后，中国共产党人擦干血迹，继续开展反帝反封建的斗争，为中华民族的未来而不懈奋斗。1931年，中华苏维埃共和国成立，在《中华苏维埃共和国宪法大纲》第八条明确规定：“中国苏维埃政权以彻底的将中国从帝国主义榨压之下解放出来的目的。宣布中国民族的完全自主与独立，不承认帝国主义在华的政治上经济上的一切特权。宣布一切与反革命政府订立的不平等条约无效，否认反革命政府的一切外债。在苏维埃区域内，帝国主义的海陆空军决不容许驻扎，帝国主义的租界租借地无条件的收回，帝国主义手中的银行、海关、铁路、航业、矿业、工厂等一律收回国有。”[②]体现出中国共产党在维护民族独立、废除不平等条约问题上一向坚定的立场。

---

① 《建党以来重要文献选编（1921—1949）》第2册，中央文献出版社2011年版，第453—454页。

② 《建党以来重要文献选编（1921—1949）》第8册，中央文献出版社2011年版，第651页。

（二）坚决抗日的中流砥柱

1931年日本军国主义发动九一八事变，民族危机进一步加深。国难当头，中国共产党率先举起武装抗日旗帜。9月20日，党中央发表宣言，揭露日本帝国主义侵占东北的目的是“使中国完全变成它的殖民地”[①]。随后，中共中央发布一系列文告，号召全国工农武装起来，进行民族的自卫战争。党的各级组织要求每一个党员必须发挥自己全部的积极性，英勇地走上民族解放战争的战场，成为参加民族解放战争的先锋和模范。1932年一·二八事变后，国民党第十九路军奋起抗击进攻上海的日军，党中央号召各界民众组织义勇军，并发动沪西日商纱厂工人罢工，以支援十九路军的抗日作战。同年4月15日，中华苏维埃共和国临时中央政府宣布对日作战。同时，在东北组织抗日武装，中共满洲省委同以原东北军为主体的抗日义勇军进行合作，将东北各地的义勇军联合起来，组成由共产党领导的东北抗日联军。1933年5月，原西北军将领冯玉祥与中国共产党合作，在张家口成立察哈尔民众抗日同盟军。在同盟军中工作的共产党员约有300人。同年11月，与中国共产党签订《反日反蒋的初步协定》的国民党第十九路军将领蔡廷锴、蒋光鼐以及国民党内爱国人士李济深、陈铭枢等在福州发动反蒋抗日事变，即福建事变。事变失败后，共产党人同李济深、蔡廷锴等爱国人士继续保持着联系。1934年4月，由中国共产党提出，宋庆龄、何香凝、李杜等1779人领衔，以“中国民族武装自卫委员会筹备委员会”名义，发表《中国人民对日作战的基本纲领》，指出：“中国人民只有自己起来救自己！中国人民唯一自救和救国的方法，就是大家起来武装驱逐日本帝国主义，就是中华民族武装自卫——换言之，就是中国人民自动对日作战，已经成为绝大多数中国人民所公认为唯一的正当的方法。的确，这是中国人民自救救国唯一出路，这是中国人民对日本帝国主义的战争，这是正义的战争，这是进步的

① 《建党以来重要文献选编（1921—1949）》第8册，中央文献出版社2011年版，第547页。

战争，这是保障中国民族生存的战争，这是拯救四万万人民的战争，这是为保障我国国家独立自主和领土完整的战争。换言之，这是使全人类四分之一的人口不当亡国奴的神圣战争！”[①]

1935年华北事变后，中日民族矛盾进一步激化，民族矛盾上升为主要矛盾。在中国共产党关于救亡图存、全民抗战的号召和中共地下党组织的领导下，1935年12月9日，北平学生举行声势浩大的抗日游行，喊出“反对华北自治”“打倒日本帝国主义”“停止内战，一致对外”等口号，遭到国民党军警镇压。一二九运动爆发后，12月16日，北平学生和市民一万多人在天桥召开市民大会，随即举行了更大规模的示威游行。一二九运动促进了中华民族的觉醒，标志着中国人民抗日救亡运动新高潮的到来。

在全国抗日救亡运动高涨之际，中国共产党及时提出了抗日民族统一战线的新政策。1935年8月1日，中国共产党驻共产国际代表团起草了《中国苏维埃政府、中国共产党中央为抗日救国告全体同胞书》，是为“八一宣言”。同年10月1日，该宣言在法国巴黎出版的《救国报》发表。该宣言大声疾呼：“抗日则生，不抗日则死，抗日救国，已成为每个同胞的神圣天职”，号召全国各党派、各界同胞、各军队都应有“兄弟阋墙外御其侮”的真诚觉悟，捐弃前嫌，停止内战，集中一切国力，为抗日救国的神圣事业而奋斗。[②]12月，中共中央在瓦窑堡召开政治局扩大会议，从理论和政策上正式确立了中国共产党关于建立抗日民族统一战线策略的总路线，提出党的任务就是把红军的活动和全国的工人、农民、学生、小资产阶级、民族资产阶级的一切活动汇合起来，成为一个统一的民族革命战线。瓦窑堡会议后，中国共产党一方面积极促进一二九运动后全国人民中日益高涨的抗日救亡运动的浪潮，另一方面尽可能地向国民党领导人和军队将领宣传中国共产党的抗日主张。

① 《建党以来重要文献选编（1921—1949）》第11册，中央文献出版社2011年版，第367—368页。
② 《建党以来重要文献选编（1921—1949）》第12册，中央文献出版社2011年版，第262—265页。

1936年5月5日，中国共产党向国民党当局发出《停战议和一致抗日》的通电，由“抗日反蒋”转变为“逼蒋抗日”的政策。8月25日，党中央公开发表《中国共产党致中国国民党书》，再次呼吁停止内战，建立抗日民族统一战线。1936年12月12日，西安事变爆发，中国共产党迅速确定了和平解决的方针，并应张学良、杨虎城的邀请，派周恩来等赴西安谈判，迫使蒋介石接受停止内战、联共抗日等项条件，有力推动了国民党终止“攘外必先安内”政策，为两党的合作提供了有利时机。

1937年7月7日，日本侵略者制造了震惊中外的七七事变。第二天，中共中央发布通电，号召全中国军民团结起来，抵抗日本的侵略，“只有全民族实行抗战，才是我们的出路！我们要求立刻给进攻的日军以坚决的反攻，并立刻准备新的大事变。全国上下应该立刻放弃任何与日寇和平苟安的希望与估计”①。7月15日，党中央将《中国共产党为公布国共合作宣言》送交蒋介石。《宣言》提出发动全民族抗战、实行民主政治和改善人民生活三项基本要求，重申中共为实现国共合作的四项保证。8月，党中央在陕北洛川召开政治局扩大会议，通过了《抗日救国十大纲领》，提出了争取抗战胜利的全面抗战路线。在共产党的不断催促下，9月22日，国民党中央通讯社发表了《中国共产党为公布国共合作宣言》。23日，蒋介石发表谈话，实际上承认了共产党的合法地位，欢迎国共合作共赴国难。至此，抗日民族统一战线正式形成，标志国共两党实现了第二次合作。

在全民族抗日战争中，中国共产党坚持全面抗战路线，制定正确的战略策略，开辟广大敌后战场，成为坚持抗战的中坚力量。中国共产党始终坚持抗战、反对投降，坚持团结、反对分裂，坚持进步、反对倒退，同各爱国党派团体和广大人民一起，共同维护团结抗战大局，引领着夺取战争胜利的正确方向，成为夺取抗日战争胜利的民族先锋，起到了中流砥柱的作用。

---

① 《中共中央文件选集》第11册，中共中央党校出版社1991年版，第274—275页。

（三）对帝国主义进行坚决斗争

抗日战争胜利后，中国共产党和中国人民都非常希望有一个和平的环境来重建家园。但是，代表大地主大资产阶级的蒋介石政府在美国“扶蒋反共”政策的支持下，逆历史潮流而动，悍然发动全面内战，中华民族又面临着两种命运、两个前途的大决战。大量事实表明，蒋介石敢于撕毁政协协议，发动内战，是同美国政府的支持和援助有密切关系的。对美国的支持，蒋介石以出卖国家主权作为回报。1946年11月4日，由南京国民政府外交部长王世杰和美国驻华大使司徒雷登署名签订《中美友好通商航海条约》（简称《中美商约》），共30条，主要内容包括：美国国民在中国享有居住、旅行、经商，包括从事制造加工、文化教育、宗教和慈善事业的自由；享有租借、占用房屋，租赁土地，选用代理人或员工的自由权利；美国商品在中国交纳进出口关税和内地税，享有与中国商品和第三国商品同等待遇；包括军舰在内的美国船舶可以在中国开放的任何口岸、地方或领水内自由航行，必要时可开入任何不开放的口岸、地方或领水。商约在表面上双方享有对等权利，但中国生产落后，远洋运输不发达，无法实现，实际上只是美国单方面享有在中国的政治、经济、军事和思想文化的特权。商约缔结后，受到中国各界人士的强烈反对。1947年2月1日，党中央发表关于不承认国民党政府一切卖国协定的声明，指出：“中国国民党政府的这些措施，完全违背中国人民的意志，已经使并将继续使中国陷于内战、反动、丧权辱国、殖民地化、混乱与崩溃的危机之中”。①

中国共产党曾经希望战后能在平等的基础上同美国等西方国家发展关系。但是，当美国政府无视中国人民的警告，成为蒋介石内战政策的实际支持者的时候，中国共产党为了争取民族独立和人民解放，而毫不犹豫地

① 《建党以来重要文献选编（1921—1949）》第24册，中央文献出版社2011年版，第76页。

对美帝国主义进行坚决的揭露和斗争。面对强大的敌人，毛泽东指出，“帝国主义和一切反动派都是纸老虎”“看起来，反动派的样子是可怕的，但是实际上并没有什么了不起的力量。从长远的观点看问题，真正强大的力量不是属于反动派，而是属于人民。”①。在这一原则指导下，中国共产党制定了“和人民群众亲密合作，争取一切可以争取的人”的政治方针和“集中优势兵力，各个歼灭敌人”的军事原则。仅仅用了3年多的时间，就打败了美帝国主义支持的蒋介石国民党反动派，取得了新民主主义革命的伟大胜利。伴随着三大战役全部结束，人民解放战争胜局已定。在这样的时局下，中国共产党在关于和美国等帝国主义国家建交问题上，采取“另起炉灶”“打扫干净屋子再请客”的方针，在经济关系上奉行互通有无的原则。1949年4月20、21日，英国的“紫石英号”等4艘军舰侵入中国内河长江，并开炮打死打伤人民解放军200余人，企图阻止人民解放军过长江。解放军坚决反击，击伤英军的“紫石英号”军舰。此事震动了英伦三岛。英国首相艾德礼和前首相丘吉尔都发表威胁性讲话，甚至说要派航空母舰到中国来进行报复。为此，中国人民解放军总部发表声明，指出：中国的领土主权，中国人民必须保卫，决不允许外国来侵犯。声明表达了中国人民维护国家主权和民族尊严的坚强决心。它表明，自鸦片战争以来外国侵略者依靠船坚炮利在中国领土上横行不法的时代一去不复返了。中国人民从中国共产党人敢于坚决反对侵略的身上看到了中国的未来与希望。

新中国成立前夕，美国国务卿艾奇逊在给总统杜鲁门的信中无可奈何地说：“中国内战所造成之总结果，系在美国政府控制能力范围之外，此乃一不幸而不可避免之事实。”②

① 《毛泽东选集》第4卷，人民出版社1991年版，第1195页。
② 《美国与中国的关系》，中国现代史资料编辑委员会1957年编印，第8页。

二、致力人民解放

马克思第一次科学地阐明了人民群众在历史发展中的地位和作用问题，认为人民群众是人类历史活动的主体，是人类社会全部物质财富和精神财富的创造者。中国共产党是按马克思主义的原则建立起来的工人阶级政党，因而在和人民群众的关系问题上，党是人民群众全心全意的服务者，它反映人民群众的利益和意志，并且帮助人民群众组织起来，为自己的利益和意志而斗争。

（一）发动工农开展革命斗争

中国共产党成立之初便将为人民谋幸福作为自身的奋斗目标，明确“本党承认苏维埃管理制度，把工农劳动者和士兵组织起来，并承认党的根本政治目的是实行社会革命”[①]。对加强与人民群众的血肉联系，中国共产党高度重视，指出：“我们共产党，不是‘知识者所组织的马克思学会’，也不是‘少数共产主义者离开群众之空想的革命团体’，‘应当是无产阶级中最有革命精神的大群众组织起来为无产阶级之利益而奋斗的政党，为无产阶级做革命运动的急先锋’”；明确要求共产党员要“到群众中去”，要组成一个大的“群众党”，并将“党的一切运动都必须深入到广大的群众里面去”确定为中国共产党人的必须遵循的重大铁律。[②]

领导、组织、推动工农群众开展革命斗争，是中国共产党成立后的工作重点。从1922年1月香港海员罢工到1923年2月京汉铁路工人罢工，中国掀起了第一个工人运动的高潮。在13个月的时间里，全国发生了包括安源路矿工人罢工、开滦五矿工人罢工等在内的大小罢工100余次，参加者在30万

① 《建党以来重要文献选编（1921—1949）》第1册，中央文献出版社2011年版，第1页。
② 《建党以来重要文献选编（1921—1949）》第1册，中央文献出版社2011年版，第162页。

人以上。这一系列大规模的工人运动，使中国共产党得到了锻炼和考验，同时扩大了党在人民群众中的影响。1923年2月，京汉铁路工人大罢工被镇压，使中国共产党初步认识到，中国革命的敌人是异常强大的，要战胜强大的敌人，必须争取一切可能争取的同盟者，结成广泛的革命统一战线。党的三大讨论和确定了与坚持民主革命立场的孙中山为首的国民党合作，建立革命统一战线的策略方针。1924年国共两党合作的革命统一战线正式建立后，除了以服务于人民群众为宗旨，中国共产党还将唤醒、组织广大民众作为自身的职责和使命，指出："各阶级革命的民众呵！外国帝国主义及本国军阀所加于我们的痛苦，已经使我们不能再忍受下去了！我们有没有推翻他们的力量呢？确是有了，所差的只是'国民的自信力'。"①因此，将"二百万有组织的工农群众"以及商人、学生、兵士等"有组织的民众团结起来"，建立"国民的联合战线"，革命的力量就一定能够壮大②。

1924年第一次国共合作的实现，促进了工农运动进一步的发展。在工人运动方面，1924年7月，在广州沙面租界爆发数千名工人参加的政治大罢工；1925年5月，在广州举行的第二次全国劳动大会上，成立了中华全国总工会。中国共产党领导的工人斗争，显示了中国工人阶级的坚定的革命性和坚强的战斗力，扩大了中国共产党在全国的政治影响。通过领导工人的斗争，中国共产党密切了同工人阶级的联系，党的自身建设也由此得到了加强。

在集中力量领导工人运动的同时，中国共产党也开始从事发动农民的工作。1921年9月，经过共产党的努力，浙江萧山县衙前村成立了中国第一个农民协会，开启了反抗地主压迫斗争的序幕。1922年6月，彭湃来到家乡广东海丰县赤山约，经过艰苦的工作，成立了农会。次年元旦，召开海丰全县农民代表大会，海丰总农会宣告成立，全县范围的农民运动轰轰烈烈地

① 《建党以来重要文献选编（1921—1949）》第3册，中央文献出版社2011年版，第263页。
② 《建党以来重要文献选编（1921—1949）》第3册，中央文献出版社2011年版，第263页。

开展了起来。这种新式的农民运动，在中国共产党成立之前是不曾有过的。从1924年7月起，在广州开办了六届农民运动讲习所，先后由共产党人彭湃、阮啸仙、毛泽东等主持，培养了一批农民运动的骨干。

在革命潮流高涨，党员队伍迅速扩大之时，中国共产党站在人民群众的立场之上，敏锐地看到投机腐败分子也随之混入。为防止党因腐化而“为群众所厌弃”，明确要求各级党部“迅速审查所属同志，如有此类行为者，务须不容情的洗刷出党，不可令留存党中，使党腐化，且败坏党在群众中的威望”。①

在国共两党的共同努力下，国民革命的思想由南向北，在全国范围内以前所未有的规模广泛传播着。从1925年的五卅运动开始，掀起了全国范围的大革命高潮。五卅惨案的消息传到南方，形成有25万人参加的规模宏大的省港大罢工。罢工工人代表大会决定成立省港罢工委员会，由共产党员苏兆征担任委员长，处理罢工事宜，对香港实行封锁。在广州革命政府的支持下，省港大罢工坚持16个月之久，成为广州革命政府的有力支柱。中国共产党在领导五卅运动的过程中得到很大发展。到1925年底，党员人数增加到一万，一些原来没有党组织的地方建立起党的组织。

随着北伐战争的胜利进军，工农运动以空前的规模迅速高涨起来。在湖南、湖北、江西等省广大农村，到处燃起革命的烈火。农民建立自己的政权和武装，其势如暴风骤雨，迅猛异常，把统治几千年的封建特权和土豪劣绅打得落花流水，真正做到了“一切权力归农会”②，造成一个空前的农村大革命的局面。在城市，工人在工会组织的领导下，仿效省港大罢工的经验，组织武装的纠察队。一些城市相继举行罢工，大都取得胜利。1926年10月和1927年2月，上海工人两次发动的武装起义虽然失败了，但在革命群众中产生很大影响。群众性的反帝斗争蓬勃展开，推动国民政府收回了汉口、

① 《建党以来重要文献选编（1921—1949）》第3册，中央文献出版社2011年版，第348—349页。

② 《建党以来重要文献选编（1921—1949）》第4册，中央文献出版社2011年版，第109—135页。

九江的英租界。

（二）将人民群众的利益放在首位

伴随着蒋介石和汪精卫发动反革命政变，国民革命宣告失败，中国共产党受到沉重打击，革命由此陷入低潮。但是，中国共产党为人民谋解放、为人民谋幸福的初心未改。

土地革命战争时期，工农红军的生活条件非常艰苦，尽管如此，中国共产党仍然把群众的疾苦放在首要位置。毛泽东强调："我们的第一个方面的工作并不是向人民要东西，而是给人民以东西。"①遇到灾荒年月或是其他自然灾害的时候，中国共产党对农民实施"救济饥荒"的政策，并"得呈明高级苏维埃政府核准，免纳土地税"②，以减轻乡民负担，保障民生；同时还强调要"募捐救济难民"，对于家里遇到特殊困难，如"乡里火烧了房子的"，失业的工人和生病无钱就医，都要募捐救济。在对灾民、难民救济的同时，还要求"老弱残废以及孤寡，不能自己劳动，而且没有家属可依靠的人，应由苏维埃政府实行社会救济"③；为解决前线战士的后顾之忧，要求救济红军家属，为军属解决切实困难问题。

全面抗战开始后，为了保障抗日人民的基本生活，中国共产党明确提出要"救济失业，调节粮食，赈济灾荒"。在这一纲领指导之下，在陕甘宁边区开展了赈济救灾、救济失业和优待抗属等社会保障工作。一方面，边区政府直接向灾民、难民发放急赈粮款和其他生活物资，进行直接救济，以解燃眉之急。另一方面，在进行直接救济的同时，边区政府也深刻地认识到仅仅依靠直接的赈济救灾是不够的，要从根本上解决灾民、难民问题，还要不断增强生产能力，组织群众通过发展生产进行自救。为此，政府组织灾民、难民通过垦荒、兴修水利等进行生产自救。为了加强赈济工作的推行，

① 《毛泽东文集》第2卷，人民出版社1993年版，第467页。
② 《毛泽东文集》第1卷，人民出版社1993年版，第50页。
③ 《中共中央文件选集》第7册，中共中央党校出版社1991年版，第777页。

灾区各县成立了赈济委员会，并颁布了《优待难民办法》《陕甘宁边区政府关于安置难民的通令》《陕甘宁边区优待移民垦荒条例》等条例，确保赈济工作的顺利进行。解放战争时期，解放区的工人阶级已经获得了解放，在新的国家企业和合作社企业中，工人成为或部分地成为企业的主人，这为发展劳动者的劳动保护和职工福利事业提供了有力的保障。

抗日战争时期，是中国共产党在民主政治的理论和实践上所取得成果最多、最重要的时期之一。从理论成果来看，集中体现在毛泽东的《新民主主义论》《论联合政府》等经典著作，以及陕甘宁边区的三个施政纲领和其他边区的施政纲领中，而具体的实践成果则集中体现在抗日根据地建立的“三三制”政权上。

1937年6月20日，陕甘宁边区党委提出了《民主政府施政纲领》，提出要实施普选制度和议会制度（1938年11月25日改称参议会制度），保障人民言论、出版等民主自由。7月至10月，陕甘宁边区完成了乡、区、县选举，成立了边区各级抗日民主政府。对此，毛泽东指出：陕甘宁边区“把抗日战争与民主制度结合起来”，全中国都应该“把抗日战争与民主制度结合起来，以民主制度的普遍实行去争取抗日战争的胜利”“边区的作用，就在做出一个榜样给全国人民看。”①1939年1到2月，陕甘宁边区召开第一届参议会，制定了《陕甘宁边区抗战时期施政纲领》，宣布坚决扩大抗日民族统一战线，团结全边区人民与政党，动员一切人力、物力、财力、智力，为保卫边区、保卫西北、保卫中国，收复一切失地而战。1940年1月，毛泽东发表了著名的《新民主主义论》，从国体和政体两个方面明确阐述了新民主主义的政治纲领：国体——各革命阶级联合专政。政体——民主集中制。这就是新民主主义的政治，这就是新民主主义的共和国，这就是抗日统一战线的共和国，这就是三大政策的新三民主义的共和国。新民主主义的政治纲领实际上对“三三制”政权的形式予以进一步的肯定。

---

① 《毛泽东文集》第2卷，人民出版社1993年版，第130—131页。

“三三制”政权是中国共产党在民主政治建设上的一个创造。1940年3月6日，中共中央发出关于《抗日根据地的政权问题》的指示，全面阐明了根据地政权建设的政策：从政权性质来看，是抗日统一战线性质的政权，也就是“几个革命阶级联合起来对于汉奸和反动派的民主专政”①；从政权的组成来看，实行“三三制”政权制度，也就是“共产党员占三分之一，非党的左派进步分子占三分之一，不左不右的中间派占三分之一”②；从领导权来看，要保证共产党在政权中的领导地位，“必须使占三分之一的共产党员在质量上具有优越的条件”③。很显然，这一政策既充分保证了共产党在根据地政权中的领导地位，又广泛团结了广大小资产阶级群众，还努力争取了中等资产阶级和开明绅士，抗日民族统一战线进一步扩大，各方面的积极因素进一步调动，为争取抗日战争的胜利赢得了广泛的社会阶级基础。1941年5月1日，毛泽东亲自作了大部分修改并经中共中央政治局批准，又经陕甘宁边区参议会通过的《陕甘宁边区施政纲领》，是他的新民主主义政治纲领在抗日根据地的具体应用，明确规定要实现“三三制”的政权和保障人民自由。

“三三制”政权，实行了有中国特色的普遍平等的选举制度。根据规定，除汉奸、精神病患者及受刑事处分者外，公民都享有选举权和被选举权。这就扩大了抗日民主政权的阶级基础，与国统区人民毫无选举权的现实形成了鲜明的反差。1937年，陕甘宁边区进行的三次普选，均有70%以上的选民参加投票。1940年7月至10月，晋察冀边区开展了区、县和边区三级民主选举，平均参选的人数占到选民总数的80%以上。选举过程中创造了“投豆法”“画圈法”等切实可行的选举办法，真正体现了民主选举的模式。这就极大地调动了人民参与政治的热情，密切了他们与政府的关系。

① 《毛泽东选集》第2卷，人民出版社1991年版，第741页。
② 《毛泽东选集》第2卷，人民出版社1991年版，第742页。
③ 《毛泽东选集》第2卷，人民出版社1991年版，第742页。

这一时期，中国共产党在领导中国革命运动的过程中，深刻认识到人民群众不仅是中国革命的力量之源，也是中国革命的价值所在。1939年2月，毛泽东致信张闻天，首次在我们党内提出了为人民服务的概念。1942年，毛泽东《在延安文艺座谈会上的讲话》中指出，我们的文艺是为人民的，是为着人民大众的。1943年，毛泽东在党内指示中提出了为群众服务的思想。1944年9月8日，毛泽东在张思德烈士追悼会上作了《为人民服务》的讲演，第一次从理论上深刻阐明了为人民服务的思想。在党的七大开幕词中，他说：我们应该谦虚，谨慎，戒骄，戒躁，全心全意地为中国人民服务，首次使用了全心全意为人民服务的概念。党的七大把中国共产党人必须具有全心全意为中国人民服务的精神写入了党章。可以说，中国共产党特别注重将马克思主义理论与中国革命与建设的实践相结合，正确运用马克思主义唯物史观，对中国共产党同中国广大人民之间的关系，以及共产党人的价值观、行为准则和检验自己的工作标准等进行了科学地分析和概括，阐明了党同人民群众之间互相依存、不可分割的辩证关系，揭示了党的力量源泉之所在；阐明了党没有自己的特殊利益，人民的利益就是党的利益和共产党人为人民谋利益的价值取向，揭示了党的先进性、纯洁性和战斗力的关键之所在；阐明了检验党和党员的思想和工作对与错、成与败、得与失的最高标准，揭示了党自我完善发展的正确途径之所在，成为其高度重视社会建设的理论基础。

正是牢牢将人民群众的利益放在首位，得到了人民群众的衷心拥护和鼎力支持，中国共产党在强大敌人的打击与“围剿”下，虽然多次陷入险境，但总能生存并发展起来，最终通过解放战争取得民主革命的伟大胜利。

（三）中国人民站起来了

伴随着抗日战争的胜利，困扰中国百多年的民族生存问题得到解决，中国进入到人民解放、民族复兴的新时代。和平、民主成为民众共同的心声，凝聚为时代发展的大潮。

国民党统治集团逆时代潮流而动，为维护一党专政的统治，顽固坚持反共方针，且受到美国政府的支持，内战危机重重。

从抗战胜利之初国共双方实力对比看，国民党占绝对优势。当时，它占有3.39亿以上人口、730万平方公里面积的国土，控制着几乎所有的大城市和绝大部分铁路交通线；它不仅接收了100余万日军和数十万伪军的装备，而且美国还为它训练和装备了50万军队，军队的总兵力达到430万人。人民解放军的总兵力为127万人，装备基本上是缴自日军的步兵武器；解放区的人口为1.36亿，面积约230万平方公里，而且在物质上得不到任何外援。由于国共力量对比悬殊，从蒋介石到宋子文，再到国民党中宣部部长，再到领兵的国民党将领，多把中国共产党军队看成是“乌合之众”。1946年5月，四平战役国民党获胜后，蒋介石更不把中国共产党放在眼里，他对其内部人员说“中共除一部分外，本属乌合之众，经此次打击，势必瓦解无疑”“共果不就范，一年期可削平之”。①全面内战爆发后，蒋介石的参谋总长陈诚扬言：“也许三个月至多五个月便能解决。”②然而，战局的发展却走向了他们愿望的反面：人民解放军仅用了3年多的时间，就消灭了国民党的几百万军队，摧毁了它的统治。其原因既然不在双方的实力，又在哪里呢？自古有言道“失民心者失天下，得民心者得天下”。归根结底，民心向背是其根本原因。

面对内战危机，中国社会各界深感担忧，呼吁：“内战绝对打不得。”因为“打内战要死人，要烧房子，要掠夺农民嘴里的米粒；打内战使币值愈来愈贬低，工商业愈来愈萧条，一般国民的情绪愈来愈消沉；整个国家因内战而陷入于恐惧、怨愤、悲观、麻痹、苦痛、绝望的境地。这是全无意义的大

① 《台湾往事》，湖南文艺出版社2012年版，第86页。
② 《中央日报》1946年10月18日。

消耗大浪费，这是误国害国、灭国的大悲剧！”①

从顺应人民呼声、维护和平与民主大局出发，中国共产党虽然清楚地认识到“与美、蒋是一个长期的麻烦。内战的危险随着日本的垮台而增加。”②但为避免内战爆发，中国共产党明确提出“和平、民主、团结”的方针。毛泽东指出：中国今天只有一条路，就是和，和为贵，其他的一切打算都是错的。在和平、民主、团结的基础上实现统一，这个方针，符合于全国人民的要求，也符合全世界人士与同盟国政府的要求。大家一条心，不作别的打算，作长期合作的计划。③为揭穿“中国反动派的内战阴谋”，毛泽东不顾个人安危，亲赴重庆与国民党当局进行谈判。

此举在社会上激起了巨大的反响，令中国民众感到“在阴暗的天空中忽然放出来一道光明”④。政治协商会议达成五项协议后，中国共产党随即着手履行政协协议。1946年2月6日，中共中央政治局专门召开会议研究参加政府问题，决定毛泽东、林伯渠、董必武、吴玉章、周恩来、刘少奇、范明枢（如范不能去则提彭真）、张闻天参加国府委员会；周恩来、林伯渠、董必武、王若飞“分任行政院副院长、两部长及不管部”。⑤2月25日，国共美三方签署了《关于军队整编及统编中共部队为国军之基本方案》（即“整军方案”），中国共产党基本接受了马歇尔提出的按照国共军队5∶1的比例，实行先分编后统编，最后全国保留60个师，余者全部复员的整军方案，被时人公认为继停战协定和政协协议之后，中国走向“和平民主新阶段”的又一里程碑。随后，中共各大区都根据中央指示精神，召开了复员整编工作会议，颁发复员条例，组织复员委员会，进行复员工作。

然而，国民党却坚持独裁和内战的方针。日本一投降，蒋介石就疯狂抢

① 储安平：《我们对于美国的感觉》，《观察》第1卷第11期，第3—6页。

② 《毛泽东年谱（1893—1949）》中卷，人民出版社、中央文献出版社2013年版，第619页。

③ 《建党以来重要文献选编（1921—1949）》第22册，中央文献出版社2011年版，第719页。

④ 《团结在望国家之光——欣闻毛泽东先生抵达重庆》，西安《秦风日报、工商日报联合版》，1945年8月29日。

⑤ 《毛泽东年谱（1893—1949）》下卷，人民出版社、中央文献出版社1993年版，第56页。

夺抗战胜利果实。他命令自己的部队“积极推进，勿稍松懈”；命令沦陷区伪军“维持治安”；唯独命令共产党领导的第十八集团军“应就原地驻防待命”。按照蒋介石的主观愿望，他下一步的打算就是要发动内战，消灭共产党，消灭共产党领导的解放区和人民军队。为了达到消灭中国共产党、维护一党专政的目的，国民党不惜撕毁政治协商会议决议，悍然发动内战，撕碎了抗战胜利后全国人民翘首以待的和平与民主梦想，也将自己推到全国人民的对立面。

在队伍建设方面，共产党清正廉洁与国民党贪污腐化形成了鲜明对照。在中国共产党及其领导的解放区，从毛泽东到普通共产党员都能够严格要求自己，发扬艰苦奋斗的精神，努力实践全心全意为人民服务的宗旨。还在抗战时期，陕甘宁边区的“十没有”就成为美谈：一没有贪官污吏，二没有土豪劣绅，三没有赌博，四没有娼妓，五没有小老婆，六没有叫花子，七没有结党营私之徒，八没有萎靡不振之风，九没有人吃摩擦饭，十没有人发国难财。[①]这种优良作风在解放战争中继续弘扬，正如歌中所唱，“解放区的天是明朗的天，解放区的人民好喜欢”。这是对中国共产党领导的解放区的真实写照。

抗战胜利后，国民党许多党、政、军大员趁接收之机，贪污盗窃，敲诈勒索，贪赃枉法，中饱私囊。收复区的群众称其为“三洋开泰”（爱东洋、捧西洋、要现洋）、“五子登科”（竞相抢金子、房子、票子、车子、女子）。时任中国战区统帅部参谋长、驻华美军司令魏德迈在给美国政府的报告中尖锐地指出：“国民政府的胡作非为已经引起接管区当地人民的不满，此点甚至在对日战争一结束后，国民政府即严重地失去大部分人的同情”[②]。负责接收的重要人物邵毓麟不得不向蒋介石进言：“像这样下去，我们虽已收复了国土，但我们将丧失人心！”这等于“在一片胜利声中，早已埋下了一颗失败

① 《毛泽东选集》第2卷，人民出版社1991年版，第718页。
② 《中美关系资料汇编》第1辑，世界知识出版社1957年版，第192页。

的定时炸弹”[①]。此外，国民党还利用接收之便，将巨额敌伪资产转归官僚资本集团控制的部门占有，其中很大部分被官员个人侵吞。国民党内信仰危机和组织结构瘫痪，使其政治无力，行政失效，贪污腐化成风。连蒋介石都不得不承认：“自抗战胜利以来，本党在社会上的信誉，已经一落千丈。”[②]

在对待人民的态度方面，国民党坚持独裁统治，拒绝实施社会改革，对广大人民横征暴敛；中国共产党代表全国人民的利益，在解放区广泛实行民主，而且实行了轰轰烈烈的土地改革运动和其他改革。

国民党发动内战，不仅把中国重新投入战火的深渊，还导致了其财政因军费沉重而陷入危机。曾任江西省政府主席的王陵基说，他的很大任务就是征粮送东北内战战场，不问丰歉，都征到九成以上。由于征粮任务重，江西省田粮处处长被逼得在吉安跳水。国民党短期内又不能打赢内战，局势无法平稳，致使经济出现严重危机，造成恶性通货膨胀，物价狂涨，蒋介石却不在意，以为只是暂时现象。

为了支持内战，筹措军费，挽救财政危机，国民党采取了发行内外债、征收捐税和增发纸币等各种措施。单就征税来说，国民党政府不仅调整原来的征税办法，而且大量开征全国统一新税和地方性新税，导致各地税项五花八门，“漫无标准，毫无预算，官吏上下其手，层层剥削。比如专员、县长下乡之招待费，官吏用之一分，民间负担十分，怨声载道，忍痛忍受，失去民心，莫此为甚”[③]。

国民党中央财政完全被军费所绑架，为弥补高额的战争赤字，只能采取滥发钞票的办法。1947年，法币发行量达30多万亿元，为1946年的10倍，比1945年则增加25倍。到1948年第二季度，发行的法币是660万亿元，三年

① 邵毓麟：《胜利前后》，台湾传记文学出版社1967年版，第76、87页。

② 《戡乱建国干部训练班的意义和任务》（1948年1月4日），秦孝仪主编：《总统蒋公思想言论总集》第22卷，中国国民党中央委员会党史委员会1984年编印，第368页。

③ 中国第二历史档案馆编：《中华民国史档案资料汇编》第5辑第3编财政经济（1），江苏古籍出版社2000年版，第559页。

猛增1180倍。1948年8月，国民政府改组内阁，宣布停用法币，进行金圆券改革，全国物价一律冻结在8月19日水平，是为“八一九限价”。为了防止权贵和投机商人囤积居奇，扰乱改革，蒋经国亲自督阵上海，宣誓“打虎”。可是，国民党的党纪国法已经彻底败坏。11月1日，行政院公开承认经济改革失败，内阁总辞职，物价呈现报复性的上涨，经济极度混乱，国事终不可为。恶性通货膨胀和物价飞涨，使广大人民一次又一次遭到洗劫，对国民党由失望进而发展到绝望。

1948年3月，国民党为挽救统治危机召开所谓的“行宪国大”，宣称“还政于民”，企图打出最后一张王牌——“民主牌”。而结果，除了少数死心塌地追随国民党的政客外，响应者寥寥。蒋介石集团陷入空前孤立、四面楚歌的境地。傅斯年说：“古今中外有一个公例，凡是一个朝代，一个政权，要垮台，并不由于革命的势力，而由于他自己的崩溃！”①

中国共产党一切都从人民的利益出发。众所周知，农民问题是中国革命的基本问题，而农民问题，首要的是土地问题。毛泽东指出：“土地制度的彻底改革，是现阶段中国革命的一项基本任务。如果我们能够普遍地彻底地解决土地问题，我们就获得了足以战胜一切敌人的最基本的条件。”②中国共产党于1946年发布了《五四指示》，随后于1947年9月制定了《中国土地法大纲》。《中国土地法大纲》宣布，没收地主的土地财产，征收富农多余的土地财产，将之平均分配于无地少地的农民，实行“耕者有其田”的土地制度，在第十一条明确规定：“分配给人民的土地，由政府发给土地所有证，并承认其自由经营、买卖及在特定条件下出租的权利。”③亦即承认改革后的土地私有性质。在“保田参战”的口号下，成千上万的农民参军参战，组建民兵，支援前线，保卫解放区。这就使中国共产党获得了足以战胜

① 林文光编：《傅斯年文选》，四川文艺出版社2010年版，第182页。
② 《毛泽东选集》第4卷，人民出版社1991年版，第1252页。
③ 《建党以来重要文献选编（1921—1949）》第24册，中央文献出版社2011年版，第419页。

敌人的取之不尽的人力、物力资源。淮海战役胜利后，陈毅元帅曾说过：淮海战役的胜利是农民用小车推出来的。其实，何止淮海战役，离开广大农民的支援，整个解放战争的胜利都是不可想象的。

就这样，战后短短几年间，国民党政府在敌产国营化中失去了私营企业家的支持，在货币改革中失去了城市居民的支持，而在土地改革中则让共产党得到了农民的支持。此外，中国共产党在城市实行依靠工人阶级、小资产阶级和进步分子，并注意团结民族资产阶级及其他中间分子，形成反对美蒋反动派的广泛统一战线。在城市工作中，中国共产党全心全意依靠工人阶级，千方百计地解决工人的各种困难，同时坚决实行保护民族工商业的政策，使民族资本主义经济得到了较好的发展。这样中国共产党就得到了包括民族工商业者在内的广大中国人民的支持。

伴随着解放战争的胜利，1949年9月21日，中国人民政治协商会议第一届全体会议在北平正式开幕。参加会议代表共622人，分别来自中国共产党和各民主党派、各人民团体、少数民族、海外华侨等各个方面，广泛代表着各种民主力量。会议通过了《中国人民政治协商会议共同纲领》，规定：中华人民共和国是“新民主主义即人民民主主义的国家”，是中国工人阶级、农民阶级、小资产阶级、民族资产阶级及其他爱国民主分子的人民民主统一战线的政权。“实行工人阶级领导的、以工农联盟为基础的、团结各民主阶级和国内各民族的人民民主专政”。国家保障人民广大范围的民主权利，人民有思想、言论、出版、结社、通讯、人身、居住、迁徙、宗教信仰及示威游行的自由权，中华人民共和国的国家政权属于人民，人民行使国家政权的机关为各级人民代表大会和各级人民政府。各级人民代表大会由人民普选的方法产生。在人民代表大会闭会期间，各级人民政府为行使政权的机关。《共同纲领》还规定了中华人民共和国的军事制度、经济建设的根本方针及文化教育、外交、民族等各方面的基本政策。

《中国人民政治协商会议共同纲领》是中华人民共和国史上一个极其

重要的纲领性文献，它总结了中国革命的经验，确定了中华人民共和国的国体、政体以及政治、经济、文化等各方面的方针政策，在中华人民共和国宪法颁布以前，作为中央人民政府的施政方针，具有临时宪法的作用。

1949年10月1日，首都军民30万人齐集北京天安门广场举行开国大典，欢庆中华人民共和国的诞生。

中华人民共和国的成立，实现了中国从几千年封建专制制度向人民民主的伟大飞跃，宣告中国人民当家作主的时代已经到来，具有5000多年文明历史的中华民族从此进入了发展进步的历史新纪元。

三、展现中国气派

一个民族要想生存与发展，离不开精神的支撑。中华民族在5000多年文明历史的长河中，一直与其他民族不断交流、融合，创造并发展了以爱国主义为核心的团结统一、爱好和平、勤劳勇敢、自强不息的伟大精神，中华文明因此成为四大文明古国中唯一没有中断的文明。近代以来，在中华民族遭遇前所未有的生存挑战的情况下，以毛泽东为主要代表的中国共产党人，在长期革命实践中不断结合时代和社会的发展要求，将马克思列宁主义基本原理与中国革命具体实践有机地结合，形成马克思主义中国化的第一个伟大成果——毛泽东思想，不仅丰富和发展了马克思主义思想理论宝库，而且为中华民族摆脱深重的民族危机、自立于世界民族之林注入了新的生机与活力。

（一）教条主义的后果

马克思主义是科学的真理，这是近代中国先进分子经过推陈比较最终选择其为指导思想的根本原因所在。马克思主义的科学性，不仅在于它批判继承了人类历史上的优秀成果，超越了资产阶级的哲学、政治经济学和空想社会主义,“回答了人类先进思想已经提出的种种问题”①,揭示了人类社会发展的本质和规律;而且在于它具有与时俱进的理论品质,在指导着人们认识世界和改造世界的过程中,将理论与实际相结合,得到实践的检验。解放思想、实事求是、与时俱进是马克思主义活的灵魂,是中国共产党以马克思主义为指导,在将马克思主义基本原理与中国具体实际相结合的伟大实践过程中,不断坚持马克思主义,勇于创新、发展马克思主义的根本原则,也是中国革命、建设和改革开放不断取得胜利的思想指南。

中国共产党从成立起,就以马克思列宁主义作为自己的指导思想。无论是从整个世界社会历史发展趋势、中国社会实际情况,还是从自身发展规律而言,中国共产党借鉴俄国十月革命成功经验均是必然的选择。确定了“走俄国人的路”,意味着中国革命确立了马克思列宁主义的理论指导,有了前进的方向。但取得中国革命成功,还要面对如何“走俄国人的路”的问题。是照搬照抄,还是依据实际情况,走自己的路?这个看似细节的问题,实际关系到中国革命的成败。

在中国共产党的历史上,就如何“结合”的问题,长期存在着灵活运用马克思主义和奉行本本主义两种倾向的斗争。早在建党初期,一些人就已经注意到怎样把马克思主义应用于中国实际的问题。随后,在大革命时期,许多共产党领导人运用马克思主义对中国革命进行了积极可贵的理论探索,提出了一系列有关中国革命正确的或基本正确的观点。土地革命时期,毛泽东勇敢地提出了“反对本本主义”,以他为代表的许多实际斗争方面的领导者努力开拓一条具有中国特色的革命道路。但是,由于中国共产党本身缺乏经验,由于中国革命是在共产国际和苏共的直接帮助下开展起来的,而共产国际的一些领导人不了解中国国情,总是习惯于发号施令,并经常把功劳归于自己,错误推给他人,这就使许多中国共产党人产生了一种迷信,以为苏联革命经验可以无条件适用于各国,共产国际的指示不能有半

① 《列宁选集》第2卷,人民出版社2012年版,第309页。

点违逆。

不难理解，作为在十月革命影响下成立的新生事物，尚无革命经验的中国共产党在早期开展革命工作时，会更多地仿效苏俄革命模式。同时，作为共产国际的一个下属支部，中国共产党受以输出苏俄革命模式为主要任务的共产国际的领导，这就从体制上决定了中国革命将按照苏俄革命模式开展。革命实践的欠缺、革命理论的不足、共产国际的影响，诸多因素造成中国共产党曾一度将苏俄革命模式教条化、将共产国际的指示教条化，给中国革命造成巨大的损失，甚至濒临失败的边缘。

例如在工农关系问题上，中国共产党成立后，虽然多次提到工农联盟，但是受到苏俄十月革命的影响，在开展革命工作时，将工人运动摆在首位，农民运动放在次席。中共中央书记局总书记陈独秀认为，农民散漫异常，文化十分低落，教育和宣传都难以产生效果，便将全部精力放在工人运动上。国民革命失败后，瞿秋白、李立三领导的中共中央相继错误地判断中国国情与革命形势，提出了片面的“城市中心论”，力图通过工人革命，夺取大城市，实现革命成功，这种脱离客观实际的做法，虽以“左”的面貌出现，但与陈独秀的右倾机会主义思维方式如出一辙，致使中国共产党的组织受到很大破坏。特别是伴随着王明等留苏学生归国，在共产国际远东局的支持下成为中国共产党的实际领导者，教条主义开始在全党范围内滋长、蔓延。

1931年1月7日，中国共产党扩大的六届四中全会在上海召开。这次会议的主要目的是重组中共中央领导机构，贯彻共产国际路线。因共产国际远东局负责人米夫以不正常的组织手段控制了会议的进行，王明不仅得以列席会议，而且在会上发表名为《两条路线底斗争》（后更名为《为中共更加布尔塞维克化而斗争》）的长篇大论，宣称必须从思想上、政治上、组织上全面彻底地改造党。在这次会议上，王明被选为中央委员，并进入中央政治局，实际操纵了中共中央的领导权。此后，中共中央提拔了一批具有拥护国际路线的同志到中央领导岗位，并派遣许多中央代表或“新的领导干部”到全国各地去，对革命根据地和国民党统治区的地方党组织进行所谓“改造”。这样，六届四中全会就成为以王明为主要代表的“左”倾教条主义错误在中共中央占据统治地位的开端。

1931年9月18日，日本帝国主义悍然发动九一八事变，全国规模的抗日救亡运动随即兴起，中国社会的阶级关系剧烈变动。根据形势发展，以抗日战争为中心，制定出符合客观实际的战略策略，推动中国革命事业向前发展，是摆在中国共产党面前的当务之急。但是，在“左”倾教条主义的思维方式影响下，党的六届四中全会以后的临时中央依据共产国际的指示，认为资本主义世界和社会主义世界对立，是国际关系的不变法则，日本侵占东北，接下来又是华北，这是“向反苏战争又前进了一步”；强调帝国主义国家反对苏联和反对中国革命的一致性，要求中国共产党不仅要反对日本帝国主义，而且要反对一切帝国主义，提出“武装保卫苏联”口号，完全脱离中国实际。

从教条出发，对形势的曲解与误读，必然会反映在具体的政策上。在统一战线问题上，教条主义者犯了“关门主义”错误。他们看不到民族危机引发的中国社会阶级关系新变化，否认以民族资产阶级为主体的中间势力的抗日要求，否认国民党内部在抗日问题上的矛盾与分化，认为，当前形势的特点是革命与反革命的决战，中间势力帮助国民党维持它的统治，使群众不去反对与推翻国民党的统治，因而是最危险的敌人，应该以主要的力量来打击这些妥协的反革命派。在革命策略上，教条主义者犯了“冒险主义”错误。他们片面强调国民党政权与苏维埃政权的对立，认为，国民党统治的崩溃，正在加速地进行着，红军和苏维埃政权能够立刻取得决定性的胜利。他们重新提出争取“中国革命在一省数省的首先胜利”的方针，指令根据地红军采取“积极进攻的策略”，攻打中心城市；规定党在国民党统治区的第一等的任务，是用最大的力量去开展城市工人的罢工斗争。在领导城市工人运动时，他们继续采取冒险主义的方针，组织赤色工会，无条件地举行冲厂、罢工、全行业罢工等。

“冒险主义”和“关门主义”路线的推行，给国统区党的组织和工作造成巨大损害。从1931年初到1932年底，中共河北省委遭到三次大破坏，1933年更是遭到四次破坏。从1931年4月到1933年7月，中共山东省委遭到五次大破坏，并与中共中央失去联系。从1934年3月到1935年2月，负责领导党在国统区工作、同共产国际联系的临时中央派出机关——上海中央局，遭到六次大破坏，陷入瘫痪状态，并不得不在7月后停止活动。

中央政治局被迫由上海迁到瑞金后，教条主义者并没有接受城市革命失败的教训。特别是在第五次反“围剿”战争中，博古、李德等过高地估计了红军的实力，照搬军事教科书的做法，采取“御敌于国门之外”的错误战略，以及“短促出击”的错误战术，和十倍于己的敌人硬拼，造成红军大量伤亡，无法继续在中央根据地立足，被迫放弃苦心建设数年的革命根据地，进行战略转移。在遵义会议的正确路线指引下，方才保留住革命的星星之火。

历史经验证明，不顾中国国情，理论脱离实际，照搬照抄外国经验的教条主义是错误的。中国共产党必须把马克思列宁主义基本原理同中国革命的具体实践相结合，坚持实事求是的思想路线，才能领导中国革命走向胜利。

（二）革命新道路的探索

早在中国共产党成立之初，中国共产党人就开始思考马克思主义与中国国情“相结合”的问题。李大钊于1923年在《社会主义与社会运动》一文中指出：社会主义“因各地、各时之情形不同，务求其适合者行之，遂发生共性与特性结合的一种新制度，故中国将来发生之时，必与英、德、俄……有异”[①]。张太雷提出了“把国际无产阶级政党的纲领和方法正确地运用

① 《李大钊全集》第4卷，人民出版社2006年版，第197页。

于各国具体特点的基础之上”的主张[①]。瞿秋白也指出：“革命的理论永不能和革命的实践相离，应用马克思主义于中国国情的工作，断不可一日或缓。”[②]显然，中国的早期马克思主义者已经意识到应该将马克思主义与中国的具体国情相结合。

当然，在中国共产党内，成功地转向革命新道路，提出农村包围城市、武装夺取政权道路的主要代表，是毛泽东。在这一过程中，以毛泽东同志为代表的中国共产党人，顶住了来自革命阵营内外的压力，终于使井冈山革命根据地站稳了脚跟，在连续粉碎敌人的数次“围剿”后，巩固了井冈山根据地，从而为全党寻找革命新道路提供了经验，奠定了良好的基础。

毛泽东为什么能率先找到革命新道路呢？

第一，毛泽东对农民问题有深刻的认识。早在大革命时期，毛泽东就是党内为数不多的肯于精心研究、亲身领导和热情支持农民运动的代表人物。他把马列主义关于农民问题的理论与中国的基本国情以及农民运动的具体实践相结合，把党内对农民问题的认识大大地向前推进了一步。1925年底，他发表了《中国农民中各阶级的分析及其对革命的态度》和《中国社会各阶级的分析》。1926年五六月间，给广州农民运动讲习所第六期学员专门讲授“中国农民问题”。1926年9月，写了《国民革命与农民运动》一文。1927年3月，发表了《湖南农民运动考察报告》。

毛泽东对农民问题的深刻认识主要表现在：

首先，毛泽东不是一般地承认农民运动和工农联盟在中国革命中的重要性，而是认为，农民问题是中国革命的中心问题。在此基础上，他深刻阐述了在民主革命的过程中，无产阶级领导农民斗争的极端重要性。同时，毛泽东不是蹲在城市里空谈农民问题的重要性，而是身体力行，深入农村，发

① 《张太雷文集》续编，江苏人民出版社1992年版，第32页。

② 《瞿秋白文集》第四卷，人民出版社2013年版，第408页。

动和组织农民投入到反帝反封建的革命斗争中。

其次，毛泽东运用马克思主义的阶级分析方法，对农民各个阶层的经济地位和政治态度作了具体分析后，明确地指出，贫农不仅是无产阶级的可靠同盟军，而且是农村的“革命先锋”“中坚”，是成就革命事业的“元勋”。中农也可以参加革命。从而为科学地确定无产阶级在农村的阶级路线奠定了基础。

最后，毛泽东阐明了无产阶级领导农民推翻地主豪绅政权、建立农民政权的重要性，从而为无产阶级如何领导农民斗争指明了方向。

当然，毛泽东在大革命时期就指出无产阶级领导农民斗争的极端重要性，并不是说他当时就主张把党的工作重心从城市转到农村。但是，毋庸置疑，正因为毛泽东那时已经认识到农民斗争的极端重要性，因此，在大革命失败后，他才能在新的革命实践中最早实行了工作重心的转移，开辟了党在农村的第一块革命根据地。

第二，毛泽东实事求是地分析了当时中国革命的状况，充分认识到了“上山”的必要性。

大革命时期，毛泽东就已经明确指出了无产阶级领导农民斗争的极端重要性。大革命失败前夕，在中共中央政治局常委举行的扩大会议上，当讨论湖南农民协会和农民自卫武装应当如何对付敌人的搜捕和屠杀时，陈独秀提出，国民党各军招兵时，农会会员和自卫武装可应招加入。毛泽东却指出，不保存武力则将来一到事变时我们即无办法。他主张“上山”，并预料上山可造成军事势力的基础。

在“上山”之前，毛泽东反复考虑的是，如何将党的最主要的任务放在农村方面，并准备在农村做三项工作：一是集中主要精力注意军事问题，组织革命军队，发动农民举行秋收起义；二是在秋收暴动中，革命军队必须同当地的农民运动相结合，发动农民开展土地革命，摧毁反动政权，建立革命政权，占据几个县，创立一个“政治基础”和“军事基础”，而决不应当脱离当地的农民群众，随南昌起义的部队到广东去夺取海口城市，依赖外援；三是武装起义应当如全党所希望的那样争取胜利、争取占领城市，但在敌强我弱的形势下，武装起义可能失败，可能占领不了城市。失败了怎么办？失败了就"上山"。

可见，毛泽东当时已经认识到，应该将党的"最主要的任务"，即党的工作重心，从敌人统治力量较强的城市，转移到敌人统治力量较薄弱、群众基础较好的山区去。在那里，以武装斗争为主，将武装斗争与土地革命结合起来，打碎当地的反动政权，建立红色政权，建立农村革命根据地。正因为毛泽东反复考虑了上述问题，所以，当秋收起义的部队受挫后，他才能及时果断地放弃攻打长沙的计划，率领起义部队上了井冈山。

上述情况说明，大革命失败后，毛泽东率先将工作重心由城市转向农村不是偶然的，而是基于对中国社会和中国革命实际情况的深刻了解，从中国的实际出发做出抉择。

井冈山革命根据地的建立，在实践上开辟了一条中国革命发展的正确道路。但是，这条道路能不能走得通？中国革命该如何继续进行？对此，中国共产党内存在不同的回答。有"左"倾思想的人仍然照搬俄国十月革命的经验，坚持城市中心论，不认识或拒绝承认建立农村革命根据地的战略意义。在红军和根据地内也有一部分人，在强敌"会剿"、斗争异常艰苦的条件下，产生了消极悲观情绪，对前途感到渺茫，对根据地的存在和发展持怀疑态度，提出了"红旗到底打得多久"的疑问，主张以"流动游击"的方式去扩大政治影响，先争取群众后建立政权。因此，红色政权能否存在和发展，怎样才能坚持和发展，就成为中国革命所面临的一个最基本的和必须回答的问题。

为了从理论上阐明中国革命发展的正确道路，以指导革命根据地斗争的发展，1928年10月，毛泽东为湘赣边界党的第二次代表大会写了题为《政治问题和边界党的任务》的决议（《中国的红色政权为什么能够存在？》是这个决议中的一部分）。11月，毛泽东又给中共中央写了《井冈山的斗争》的报告。在这两篇文章中，毛泽东总结了井冈山斗争和当时各地建立红色政权的经验教训，论述了中国小块红色政权能够存在和发展的历史条件，第一次把武装斗争、建立政权和深入开展土地革命密切结合在一起，提出了“工农武装割据”的思想。

革命的理论来源于革命的实践，同时又随着革命实践的发展而丰富和发展。1929年1月，毛泽东、朱德、陈毅率领红四军主力离开井冈山，挺进赣南闽西，开辟了赣南、闽西两块新的根据地。与此同时，赣东北、湘鄂西、鄂豫皖等根据地也有了较快的发展。随着多块红色区域的建立和发展，中国共产党人愈加认识到红色政权在中国革命中的地位和作用。1929年9月，周恩来在为中共中央起草的指示信中指出：“先有农村红军，后有城市政权，这是中国革命的特征，这是中国经济基础的产物。”①

1930年1月，毛泽东写了《星星之火，可以燎原》②的党内通信，标志着毛泽东关于农村包围城市、武装夺取政权道路理论的基本形成。

第一，提出了以农村为共产党的工作重心的问题。毛泽东首先着重批评了那种不重视农村，不重视建立和发展农村革命根据地，只主张用流动游击战争来扩大政治影响，等到全国各地争取群众的工作做好了，然后再来一个全国的武装起义以取得革命胜利的理论。他认为，这种全国范围的、包括一切地方的、先争取群众后建立政权的理论，是与中国的实情不适合的。他进而说明，这种理论的来源，主要是没有把中国是一个许多帝国主义国家相互争夺的半殖民地这件事认清楚，完全脱离了中国的实际情况。而当时的实际情况是，到1930年前后，农村革命根据地和红军游击战争已经广泛地发展起来，并充分显示出其在中国革命中的特殊重要地位。党在城市中的工作虽有某些发展，但由于白色恐怖严重，处境十分困难，其发展也

① 《建党以来重要文献选编（1921—1949）》第6册，中央文献出版社2011年版，第512页。
② 《建党以来重要文献选编（1921—1949）》第7册，中央文献出版社2011年版，第1—10页。

是有限的。革命斗争的实践说明，中国革命要走上胜利发展的道路，必须把共产党的工作重心放在农村。

第二，明确了建立小块红色政权是将来夺取全国政权的必要条件和必经之路。毛泽东深刻地指出：红军、游击队和红色区域的建立和发展，是半殖民地中国在无产阶级领导之下的农民斗争的最高形式，和半殖民地农民斗争发展的必然结果；并且无疑义地是促进全国革命高潮的重要因素。这就在实际上否定了照搬外国经验的“城市中心论”，把根据地工作与探索中国革命道路联系在一起。

第三，在城市斗争和农村斗争的关系上，毛泽东强调：抛弃城市斗争，是错误的，但畏惧农民势力的发展，以为将来超过工人的势力而不利于革命也是错误的。在中国，只有农民斗争得不到工人领导而失败，没有农民斗争的发展超过工人的势力而不利于革命本身的。

第四，提出农民革命斗争的发展应沿着朱德式、毛泽东式、方志敏式的有根据地的、有计划地建设政权的、深入土地革命的、扩大人民武装的路线以及为实现这一路线的各项政策和办法而进行。

至此，中国共产党首先在农村建立和发展红色政权，逐步积聚革命力量，扩大农村革命根据地，创造条件夺取中心城市，最后夺取全国政权的中国革命道路的理论，已基本形成。周恩来在抗日战争时期对于毛泽东的这篇通信曾作过这样的评论，他说：1928年中共六大的时候，“关于把工作中心放在乡村，共产党代表无产阶级来领导农民游击战争，我认为当时毛泽东同志也还没有这些思想，他也还是认为要以城市工作为中心的”“到给林彪的信中才明确指出要创造红色区域，实行武装割据，认为这是促进全国革命高潮的最重要因素，也就是要以乡村为中心”。①

同年5月，毛泽东又写下了他在几十年后仍然感到自豪的文章——《反

① 《建党以来重要文献选编（1921—1949）》第21册，中央文献出版社2011年版，第78页。

对本本主义》①。在这篇文章中，毛泽东进一步阐明了坚持唯物主义思想路线、坚持理论与实际相结合原则的重要性。他以革命家的远见卓识，旗帜鲜明地提出反对本本主义即教条主义的口号，指出“中国革命斗争的胜利要靠中国同志了解中国情况”“没有调查，没有发言权”“我们的斗争需要马克思主义”“但是必须同我国的实际情况相结合”。告诉人们，“离开实际调查就要产生唯心的阶级估量和唯心的工作指导，那么，它的结果，不是机会主义，便是盲动主义”。因此，《调查工作》从哲学高度揭示了中国革命新道路理论形成的原因，从而使这一理论建立在坚实的马克思主义认识论基础之上，标志着毛泽东思想的形成。

1936年底到1937年夏，毛泽东先后写出《中国革命战争的战略问题》《实践论》《矛盾论》，并就其内容在红军大学（1937年1月改称抗日军事政治大学）作了一系列演讲，从思想路线的高度总结党的历史经验，力求在全党范围内确立实事求是的思维方式和行动准则。

《中国革命战争的战略问题》通过总结土地革命战争时期的斗争经验，系统阐述了中国无产阶级领导的农民战争的战略思想。在这一著作中，毛泽东以辩证唯物主义和历史唯物主义的基本原理为指导，探讨了中国革命战争的规律和特点。他指出，中国是一个政治经济发展不平衡的半殖民地的大国，敌人强大，红军弱小。在此前提下，红军的战略战术原则应该是：在战略上，采取积极防御的方针；在作战上，当强大的敌人进攻时，一般应实行战略退却，保存实力，准备反攻；在战略反攻中，要慎重初战，战则必胜，并不失时机，连续再战；要集中兵力，以运动战为基本作战形式，力求打歼灭战；实行战略上的持久战与战役战斗上的速决战等。毛泽东强调：任何一个指导中国革命战争的人，必须懂得中国革命的特点和特殊的规律，懂得从这些特点产生出来的中国革命战争的战略战术。那些“左”倾教条主义者把红军对国民党军队的作战，看作与一般战争或与苏联内战相

① 《建党以来重要文献选编（1921—1949）》第7册，中央文献出版社2011年版，第235—243页。

同，机械地照搬一般战争经验和苏联军事指导原则，就不能不招致红军第五次反“围剿”的失败。[①]

《实践论》着重从辩证唯物主义的认识论方面，论证理论与实践相统一的关系，强调实践在认识运动中的重要地位与作用，彻底批判党内长期存在的以教条主义为主要表现的主观主义，揭露其对中国革命事业造成的严重危害，提出“把实践提到第一的地位”，只有人们的社会实践，才是人们对外界认识的真理性的标准，除此以外，再没有第二个标准。其结论是“主观和客观、理论和实践、知和行的具体的历史的统一，反对一切离开具体历史的‘左’的或右的错误思想”[②]。

《矛盾论》全面地论述了作为唯物辩证法最根本法则的对立统一规律。毛泽东指出，很多同志，特别是教条主义者不懂得矛盾的普遍性寓于矛盾的特殊性之中，不懂得“用不同的方法去解决不同的矛盾，这是马克思列宁主义者必须严格地遵守的一个原则”。教条主义者对具体事物不作艰苦的认真的调查研究，不懂得中国革命的特殊性，而把一般真理变成纯粹抽象的公式，到处硬套，结果就不能不摔跤。[③]

如上三部著作，既从哲学高度概括了中国革命斗争实践的经验，又对“左”倾教条主义思想进行了哲学批判，奠定了实事求是思想路线的理论基石。

（三）毛泽东思想的确立

为使全党进一步从教条主义中解放出来，1938年9月29日至11月6日，中国共产党召开了六届六中全会，毛泽东代表党中央作了《论新阶段》的政治

---

① 《建党以来重要文献选编（1921—1949）》第13册，中央文献出版社2011年版，第455—517页。

② 《建党以来重要文献选编（1921—1949）》第14册，中央文献出版社2011年版，第400—414页。

③ 《建党以来重要文献选编（1921—1949）》第14册，中央文献出版社2011年版，第442页。

报告。在报告中，毛泽东针对党内存在的“左”和右的错误，明确向全党提出了“把马克思主义中国化”的任务。他说：“马克思、恩格斯、列宁、斯大林的理论，是‘放之四海而皆准’的理论。不应当把他们的理论当作教条看待，而应当看作行动的指南。”“对于中国共产党来说，就是要学会把马克思列宁主义的理论应用于中国的具体的环境。……离开中国特点来谈马克思主义，只是抽象的空洞的马克思主义。因此，使马克思主义在中国具体化，使之在其每一表现中带着必须有的中国的特性，即是说，按照中国的特点去应用它，成为全党亟待了解并亟须解决的问题。”他并且阐明：“成为伟大中华民族的一部分而和这个民族血肉相联的共产党员，离开中国特点来谈马克思主义，只是抽象的空洞的马克思主义”，强调“洋八股必须废止，空洞抽象的调头必须少唱，教条主义必须休息”，主张作为中国人，一定要有“中国作风、中国气派”。[①]这次全会的召开，在马克思主义中国化历史上具有重大的意义：一是正式提出开始马克思主义中国化的运动；二是提出了马克思主义中国化的原则和概念；三是为延安整风彻底清算和批判王明“左”倾教条主义，扫除马克思主义中国化进程中的障碍，使全党进一步从教条主义中解放出来打下了思想基础；四是为中国化的马克思主义——毛泽东思想的确立从理论上作了论证，标志着中国共产党把马克思主义同中国实际相结合，进入更加自觉地深入了解中国国情并从事理论创造的新阶段。

为解决马克思主义中国化面临的文化认同与重构问题，以毛泽东同志为主要代表的中国共产党人把“民族特点”和“民族形式”看作是马克思主义普遍真理在中国大地上发挥作用的必经环节。在《新民主主义论》一文中，毛泽东系统阐释了创建“民族的科学的大众的文化”问题，认为：“必须将马克思主义的普遍真理和中国革命的具体实践完全地恰当地统一起来，就是说，和民族的特点相结合，经过一定的民族形式，才有用处，决不能主

① 《毛泽东选集》第2卷，人民出版社1991年版，第534页。

观地公式地应用它。……中国文化应有自己的形式，这就是民族形式。民族的形式，新民主主义的内容——这就是我们今天的新文化。”①这段话，道出了马克思主义中国化问题的实质，说明了马克思主义中国化的过程，不仅是马克思主义被中国民族文化认同和吸收的过程，而且是马克思主义在新的实践中得到创造性丰富和发展的过程，从而给马克思主义中国化作了最准确的界定。

1941年5月19日，毛泽东发表《改造我们的学习》，公开批评教条主义者把马列主义当成死的教条，“对于研究今天的中国和昨天的中国一概无兴趣，只把兴趣放在脱离实际的空洞的‘理论’研究上”“只知背马克思、恩格斯、列宁、斯大林著作中的若干词句”“只知生吞活剥地谈外国”，“无实事求是之意，有哗众取宠之心”“言必称希腊”“自以为是，老子天下第一，‘钦差大臣’满天飞”，以万古不变的教条吓唬不懂理论的工农干部和青年学生。毛泽东明确提出：“要使马克思列宁主义的理论和中国革命的实际运动结合起来，是为着解决中国革命的理论问题和策略问题而去从它找立场，找观点，找方法的。这种态度，就是有的放矢的态度。‘的’就是中国革命，‘矢’就是马克思列宁主义。我们中国共产党人所以要找这根‘矢’，就是为了要射中国革命和东方革命这个‘的’的。这种态度，就是实事求是的态度。”②

随后，中共中央向全党发出《关于调查研究的决定》，针对党内许多同志“还不了解没有调查就没有发言权这一真理”“还不了解系统的周密的社会调查，是决定政策的基础”的实际状况，明确反对“将学习马列主义原理原则与了解中国社会情况、解决中国革命问题互相脱节的恶劣现象”，提出“实事求是，理论与实际密切联系”“是一个党性坚强的党员的起码态度”，号召加强“对于历史，对于环境，对于国内外、省内外、县内外具体情

① 《毛泽东选集》第2卷，人民出版社1991年版，第707页。
② 《毛泽东选集》第3卷，人民出版社1991年版，第801—802页。

况的调查与研究”，在全党树立立足中国革命和一切从实际出发的观点。[①]依据这一决定，党中央和各中央分局及各省委先后设立了调查研究的专门机构。此后，全党从中央机关到地方组织纷纷深入实际，大搞调查研究，从根本上改变了学风，实事求是因此成为中国共产党的一个突出的优良作风。

根据毛泽东的提议，中共中央政治局思想方法学习小组成立，从1941年9月10日开始举行党风学习的专题会议。在会议上，毛泽东作主题报告，指出党在很长时期为主观主义所统治，特别是在苏维埃后期的主观主义表现更严重，形态更完备，统治时间更长久，结果更悲惨。这是因为他们自称为“国际路线”，穿上马克思主义的外衣，其实是假马克思主义。毛泽东提出，要在理论上分清创造性的马克思主义与教条式的马克思主义，用马克思主义观点研究实际问题，使中国革命丰富的实际经验马克思主义化。在毛泽东等负责人的批评教育下，博古、张闻天等教条主义代表人物逐渐认识到自身的错误，明确表示愿意接受批评。张闻天说：过去的错误，我是最主要的负责人之一。共产国际把我们这些没有做过实际工作的干部提到中央机关来，给党的事业带来很大损失。过去没有做过实际工作，现在还要补课。博古说：我是1932年至1935年错误的主要负责人。过去，只学了一些理论，拿了一套公式教条来反对人家，过去许多党的决议是照抄共产国际的。王稼祥分析，从莫斯科共产国际回来，没有实际工作经验的人，易做教条主义者。[②]博古、张闻天等领导者思维方式的改变，标志着反对教条主义思维方式取得了重大突破。

从1942年春天开始，全党进行普遍整风。毛泽东吸纳张闻天的意见，将党内长期存在的主观主义学风概括为教条主义和经验主义两种表现形式。毛泽东着重论述了什么是理论和理论家的问题。他认为，犯教条主义错

① 《毛泽东文集》第2卷，人民出版社1993年版，第360—363页。
② 胡乔木著：《胡乔木回忆毛泽东》，人民出版社1994年版，第193—196页。

误的同志有一些马克思主义的书本知识，但不能掌握马克思主义的精神实质，却以“理论家”的姿态吓唬人。毛泽东指出，不能把马克思列宁主义理论当成僵死的教条，“如果仅仅读了他们的著作，但是没有进一步地根据他们的理论来研究中国的历史实际和革命实际，没有企图在理论上来思考中国的革命实践”“就不能妄称为马克思主义的理论家”；真正的理论家“能够依据马克思列宁主义的立场、观点和方法，正确地解释历史中和革命中所发生的实际问题，能够在中国的经济、政治、军事、文化种种问题上给予科学的解释，给予理论的说明”①。毛泽东强调：“直到现在，还有不少的人，把马克思列宁主义书本上的某些个别字句看作现成的灵丹圣药，似乎只要得了它，就可以不费气力地包医百病。这是一种幼稚者的蒙昧，我们对这些人应该作启蒙运动。那些将马克思列宁主义当宗教教条看待的人，就是这种蒙昧无知的人。对于这种人，应该老实地对他说，你的教条一点什么用处也没有。马克思、恩格斯、列宁、斯大林曾经反复地讲，我们的学说不是教条而是行动的指南。这些人偏偏忘记这句最重要最重要的话。中国共产党人只有在他们善于应用马克思列宁主义的立场、观点和方法，善于应用列宁斯大林关于中国革命的学说，进一步地从中国的历史实际和革命实际的认真研究中，在各方面作出合乎中国需要的理论性的创造，才叫做理论和实际相联系。如果只是口头上讲联系，行动上又不实行联系，那末，讲一百年也还是无益的。我们反对主观地片面地看问题，必须攻破教条主义的主观性和片面性。”②

整风运动破除了中国共产党内“把马克思主义教条化，把共产国际指示和苏联经验神圣化”的错误倾向，解放了思想，在全党氛围内树立了实事求是的思想路线，为抗日战争和新民主主义革命的胜利奠定了坚实的思想基础，也在全党范围内取得了毛泽东思想为中国共产党指导思想的共识。

① 《毛泽东选集》第3卷，人民出版社1991年版，第814页。
② 《毛泽东选集》第3卷，人民出版社1991年版，第820页。

1945年3月31日，刘少奇在六届七中全会讨论七大报告时说："总纲是党的基本纲领，作为党章的前提与组成部分，可以更加促进党内的一致。党章以毛泽东思想来贯串，这是一个前所未有的历史特点"①。5月14日，刘少奇在党的七大全体会议上作《关于修改党的章程的报告》，对毛泽东思想作了科学的概括和全面的论述。他说："毛泽东思想，就是马克思列宁主义的理论与中国革命的实践之统一的思想，就是中国的共产主义，中国的马克思主义。""毛泽东思想，就是马克思主义在目前时代的殖民地、半殖民地、半封建国家民族民主革命中的继续发展，就是马克思主义民族化的优秀典型。它是从中国民族与中国人民长期革命斗争中……生长和发展起来的。它是中国的东西，又是完全马克思主义的东西。"毛泽东思想"是我们党的唯一正确的指导思想，唯一正确的总路线"。毛泽东思想"是中国人民完整的革命建国理论。这些理论，表现在毛泽东同志的各种著作以及党的许多文献上。这就是毛泽东同志关于现代世界情况及中国国情的分析，关于新民主主义的理论和政策，关于解放农民的理论与政策，关于革命统一战线的理论与政策，关于革命战争的理论与政策，关于革命根据地的理论与政策，关于建设新民主主义共和国的理论与政策，关于建设党的理论与政策，关于文化的理论与政策等。这些理论与政策，完全是马克思主义的，又完全是中国的。这是中国民族智慧的最高表现和理论上的最高概括。"刘少奇强调指出："毛泽东思想，就是这次被修改了的党章及其总纲的基础。学习毛泽东思想，宣传毛泽东思想，遵循毛泽东思想的指示去进行工作，乃是每一个党员的职责。"②6月11日，党的七大通过的党章正式规定："中国共产党，以马克思列宁主义的理论与中国革命的实践之统一的思想——毛泽东思想，作为自己一切工作的指针。"

确立毛泽东思想在全党的指导地位，其意义和影响是深远的。首先，随

① 《刘少奇年谱（1898—1969）》上卷，中央文献出版社1996年版，第463页。
② 《刘少奇选集》上卷，人民出版社1981年版，第332—337页。

着毛泽东思想指导地位的确立，中国共产党从主观主义教条主义的思维方式中解放出来，实现了思想解放和思想统一的双重任务，并在中国共产党内确立了把马克思主义的普遍真理同中国革命的具体实践相结合的发展方向。其次，毛泽东思想指导地位的确立，高度地凝聚了党心和民心，正确地指明了中国革命的斗争方向，成为中国革命从胜利走向胜利的伟大旗帜。

第四章

建设年代的文明推进

1949年中华人民共和国的成立标志着一个旧时代的结束和一个新时代的开启。面对百废待兴的局面，中国共产党人以高瞻远瞩的姿态描摹了向社会主义过渡的路线图，带领全国人民开启了独立自主地探索社会主义建设道路的伟大征程。火红的建设年代，历经磨难而愈挫愈勇的中华文明必将经历更为深刻的历史超越和伟大变革。

一、走社会主义道路

新中国成立后，中国共产党领导人民在战争遗留下的断壁残垣中迅速恢复国民经济，巩固新生政权。随着民主革命遗留任务的完成，一幅崭新的历史画卷徐徐展开。如何实现百年夙愿，带领国家告别贫穷走向富强，成为中国共产党人面临的全新历史课题。经过慎重考虑、反复推敲，中国共产党提出并制定了将社会主义工业化和社会主义改造同时并举的过渡时期总路线，并以此为指导开启了社会主义建设道路的初步探索。

（一）大踏步迈向工业文明

实现国家工业化，是近代中国无数仁人志士梦寐以求的理想。18世纪60年代，以工业革命的兴起为标志，人类文明迈向工业文明时代。新文明的破土而出，在创造出“如地下泉水般喷涌迸射”的社会生产力的同时，也给旧文明造成了巨大压力。西方工业文明的兴起与扩张，打破了中国传统社会的发展体系。1840年鸦片战争后，中国遭遇“三千年未有之大变局”，这个曾经创造出世界上最为灿烂辉煌的农耕文明的国家受到来自西方工业文明的强烈冲击，逐渐沦为半殖民地半封建社会。中国人开启了实现民族复兴的艰辛历程。面对浩浩汤汤的世界大势，工业文明作为一种更先进的文明形态，成为中华民族重续辉煌的必经之路，也似乎成为一种载体和象征，承载了无数中国人的梦想。追寻近代以来探索民族复兴之路先行者的足迹，在工业化道路上实现国家富强的目标，是他们的共同诉求。从洋务运动“师夷长技以自强”的主张到康有为“定为工国”的设想，再到20世纪初民族资产阶级“实业救国”的浪潮，近代以来，一批又一批有识之士怀着救亡图存和国富民强的梦想在通往工业文明的道路上艰辛摸索，但均以失败告终，究其原因在于“没有一个独立、自由、民主和统一的中国，不可能发展工业”，“没有独立、自由、民主和统一，不可能建设真正大规模的工业”。[①]可见，国家的独立、自由、民主和统一，是中国迈向工业文明，实现国家富强和人民富裕的基本政治前提。

1949年10月1日，中华人民共和国成立，中国历史掀开了新的篇章。经过28年艰苦卓绝的奋斗，中国共产党带领全国人民推翻三座大山的压迫，完成了争取民族独立和人民解放的历史任务。随着民主革命遗留任务的完成和国民经济的恢复，实现国家富强和人民富裕的目标被迫切地提上了日程。把中国建设成一个繁荣富强的现代化国家，是百年来几代中国人梦寐以求的理想，也是中国共产党自建立以来矢志不渝的追求和奋斗目标。而“国家的社会主义工业化，是国家独立和富强的当然要求和必要条件”[②]。然而，作为一个幅员辽阔、人口众多、经济文化十分落后的发展中国家，如何实现从落后农业国向发达工业国的转变，是中国共产党面临的崭新历史课题。为了尽快改变旧中国的落后面貌，完成社会主义工业化的历史使命，中国共产党团结和带领人民群众，总结社会主义国家革命和建设的经验教训，不断探索迈向工业文明的路径。

早在民主革命时期，中国共产党就着手筹划未来的工业化建设蓝图。1927年4月19日，毛泽东在武汉国民党中央土地委员会第一次扩大会议上就认识到了中国工业化的必要，提出解决农民土地问题的意义不仅在于废

① 《毛泽东选集》第3卷，人民出版社1991年版，第1080页。

② 《中国共产党中央委员会关于建国以来党的若干历史问题的决议》，人民出版社2009年版，第13页。

除封建制，而且在于“发展中国工业”①。这是早期共产党人对于工业化最朴素的认识。抗日战争后期，毛泽东对中国工业化的必要性和迫切性进行进一步的论述，提出“要打倒日本帝国主义，必需有工业；要中国的民族独立有巩固的保障，就必需工业化。我们共产党是要努力于中国的工业化的”②主张。1945年4月，毛泽东在七大报告中又就工业与新民主主义国家政权的关系问题讲道：“在新民主主义的政治条件获得之后，中国人民及其政府必须采取切实的步骤，在若干年内逐步地建立重工业和轻工业，使中国由农业国变为工业国。”新民主主义国家“如无大规模的在全国经济比重上占极大优势的工业以及与此相适应的交通、贸易、金融等事业做它的基础，是不能巩固的”。③1949年3月，新民主主义革命胜利在即，毛泽东在党的七届二中全会上再次强调要“解决建立独立的完整的工业体系问题”，在革命胜利以后“使中国稳步地由农业国变为工业国”。同时提出，中国工业化实现必须以“对内的节制资本和对外的统制贸易”为前提④。在同年6月发表的《论人民民主专政》一文中，毛泽东也谈到了“人民民主专政的国家，必须有步骤地解决国家工业化的问题”⑤。可见，此时的共产党人对革命胜利以后的工业化图景已经有了明确主张和构想。

1953年，经过三年的艰苦奋斗，人民民主政权得到巩固，土地改革和国民经济恢复的预期目标基本实现，特别是国营工业在国民经济中所占比重有了转折性变化。建设国家工业化的政治、经济条件已基本具备，中国开启了大踏步迈向工业文明的历史进程。这一年新年伊始，《人民日报》发表社论《迎接一九五三年的伟大任务》，其中写道：“工业化——这是我国人民百年来梦寐以求的理想，这是我国人民不再受帝国主义欺负不再过穷困生活

① 《毛泽东文集》第1卷，人民出版社1993年版，第43页。
② 《毛泽东文集》第3卷，人民出版社1993年版，第146页。
③ 《毛泽东选集》第3卷，人民出版社1991年版，第1081页。
④ 《毛泽东选集》第4卷，人民出版社1991年版，第1433—1437页。
⑤ 《毛泽东选集》第4卷，人民出版社1991年版，第1477页。

的基本保证，因此这是全国人民的最高利益。全国人民必须同心同德，为这个最高利益而积极奋斗。”[①]然而，在中国这样一个经济文化十分落后的国家，如何实现从落后农业国向发达工业国的转变，这对于当时的共产党人来说显然没有现成的答案。但当时苏联通过优先发展重工业快速实现工业化的示范效应给中国的工业化建设提供了许多经验和参考。经过反复的比较和论证，结合当时中国所处的世情、国情，最终，党的第一代领导集体确定了优先发展重工业的工业化战略。作出这一抉择的原因是多方面的，但最根本的还是在于当时中国的工业基础过于薄弱的实际国情。1952年，国民经济恢复工作完成时，全国农业总产值仍明显高于工业总产值，远远落后于苏联1928年的水平，当时的中国仍是一个落后的农业国家。据统计，当时中国“现代性工业产值在全国工农业总产值中的比重只占43.1%，而重工业在工业总产值中只占35.5%。许多重要工业产品的人均产量，不仅远远落后于工业发达国家，甚至低于印度这样的新兴独立国家”[②]。正如毛泽东在1954年形象地指出：“现在我们能造什么？能造桌子椅子，能造茶碗茶壶，能种粮食，还能磨成面粉，还能造纸，但是，一辆汽车、一架飞机、一辆坦克、一辆拖拉机都不能造。”[③]要改变这种落后面貌，就必须大力发展工业，尤其是重工业，以期尽快实现国家工业化。

为筹划进行大规模的国家工业化建设，1951年，我国着手编制国民经济第一个五年计划，并从1953年开始一面实施，一面继续修改、完善。由于当时国内多种经济成分并存，情况比较复杂，加之经验不足又缺乏相关统计材料，编制国民经济发展的五年计划的任务无比艰巨，其间历时四年，数易其稿，终于在1954年9月形成草案，在1955年7月召开的第一届全国人民代表大会第二次会议上正式审议通过，颁布实施。根据最终通过的方案，

---

① 《建国以来重要文献选编（1921—1949）》第4册，中央文献出版社2011年版，第2页。

② 《中国共产党的九十年（社会主义革命和建设时期）》，中共党史出版社、党建读物出版社2016年版，第420—421页。

③ 《毛泽东文集》第6卷，人民出版社1999年版，第329页。

“一五”计划的基本任务是，集中主要力量进行以苏联帮助我国设计的156个建设单位为中心的、由限额以上的694个建设单位组成的工业建设，建立我国的社会主义工业化的初步基础；发展部分集体所有制的农业生产合作社，并发展手工业生产合作社，建立对于农业和手工业的社会主义改造的初步基础；基本上把资本主义工商业分别地纳入各种形式的国家资本主义的轨道，建立对于私营工商业的社会主义改造的基础①。根据“一五”计划规定，五年内国家用于经济和文化教育建设的投资总额达766.4亿元，折合黄金7亿多两，其中55.8%用于国家的基本建设。这样巨大的建设投资，在中国历史上实属首次。“一五”计划较好地处理了我国经济建设的几个重大问题：一是在优先发展重工业的同时平衡农业、轻工业的发展；二是经济发展布局上，基本建设投资及限额以上的工业建设单位，有一半左右分布在内地，改变了我国历史上形成的沿海地区和内陆地区经济发展不平衡的状况；三是在经济建设的规模、速度上，充分考虑中国的实际，既积极又稳妥，与国力相适应；四是在投资上坚持“自力更生为主，争取外援为辅”的方针。争取苏联援助建设的156项重点工程，对我国的工业化进程起到了重要的推动作用。与此同时，中国共产党提出了国家建设要以国内力量为主的指导方针，生产上要自力更生，政治上要独立自主。“一五”计划期间，资金问题主要依靠内部积累，国外贷款36.35亿元，仅占总收入的2.7%；五是在积累和消费的比例上，注意将发展生产与改善人民生活恰当地结合起来，在开展大规模经济建设的同时，全国工人和农民生活水平都得到了显著提高，激发了广大人民建设社会主义的积极性，保证了工业建设的顺利进行。

在“一五”计划的激励下，一幅气势恢宏的大规模经济建设的画卷在中国大地徐徐展开。新中国向工业进军的壮阔前景，激励着无数建设者的不眠之夜。全国人民积极响应党的号召，以高度的政治觉悟和生产热情投身到建设的洪流中，迅速形成了前所未有的国家工业化建设高潮。工人阶级

① 《建国以来重要文献选编（1921—1949）》第6册，中央文献出版社2011年版，第249页。

一马当先，站在工业化建设的前列，争相开展增产节约劳动竞赛和技术革新运动，充分显示了在国家建设中的主力军作用。亿万农民用努力增加生产，积极缴纳农业税和交售粮棉的实际行动，大力支援工业建设。其中，工农业产品之间的价格剪刀差，成为当时中国积累工业化资金的主要来源，也是亿万农民在工业化初期为国家作出的重大贡献。广大知识分子特别是工程技术人员，也在工业化中大显身手，同工人一道奋战在生产第一线。“一五”期间，大大小小的建设项目不胜枚举，单是限额以上的较大项目，平均每天就有一个开工或者竣工。全国城乡呈现出一派热火朝天的建设景象。

经过全党和全国人民五年的艰苦奋斗，到1957年底，第一个五年计划的各项指标，特别是主要工业指标大幅度地超额完成。据统计，1957年工农业总产值达到1241亿元，比1952年增长率67.8%（按可比价格计算），其中工业总产值704亿元，比1952年增长128.6%，平均每年增长速度为18%。工业生产的迅速发展，使国民经济结构发生了显著变化，在工农业总产值中，工业所占比重由1952年的43.1%上升到56.7%。同时，工业总产值中轻重工业比例也发生了变化，重工业产值所占比重由1952年的35.5%上升到45%[①]。旧中国重工业发展极端落后的情况正已经开始改变。与此相适应，主要工业产品的产量也在大幅度增长。其中，1957年的钢产量达到535万吨，比1952年增长近4倍；原煤产量达1.31亿吨，比1952年增长98.5%；发电量达193亿度，比1952年增长164%，平均每年增长21%[②]。与此同时，我国的工业生产能力和技术水平也得到了显著提升。一大批旧中国所没有的现代工业骨干部门相继建立起来，例如飞机、汽车、发电设备、重型机械、新式机床、精密仪表、电解铝、无缝钢管、合金钢、塑料、无线电和有线电的制造工厂等。这些新兴工业的建立，初步改变了旧中国工业门类残缺不全、

---

① 《中国共产党历史》第2卷上册，中共党史出版社2011年版，第417页。

② 《中国工业经济统计资料（1986）》，中国统计出版社1987年版，第134、145页。

工业基础极为薄弱的局面[1]。"一五"期间，为了平衡工业地区布局，国家将基本建设投资总额的一半以上放在了内地，由于一大批工矿企业建在中西部地区，初步改善了旧中国工业主要集中在东部沿海地区的不合理布局。"一五"期间，新中国工业建设所取得的上述成就，远远超过了旧中国的100年，与同一时期世界上其他国家相比，也是极为难得和少见的。以此为起点，中国开启了迈向工业文明的新征程。

（二）明确过渡时期总路线

中国共产党人对于新中国未来图景的摹画，虽经历了从模糊到清晰，从抽象到具体的实践探索，但方向一直是明确而坚定的，那就是在中国实现社会主义，这是中国共产党自成立伊始就确立的理想目标。

在民主革命时期，毛泽东就提出了革命分两步走的思想：第一步，进行新民主主义革命，完成反帝反封建的民主革命任务，改变中国半殖民地半封建的社会性质，建立新民主主义国家，为实现中国现代化创造先决条件。第二步，使革命向前发展，进行社会主义革命，建设社会主义社会，为中国现代化开辟广阔道路。但是，对于何时、在何条件下、通过何种方式引领中国进入社会主义这个问题上的认识上，以毛泽东同志为主要代表的共产党人通过对不断变化的客观形势深入研判分析，经历了不断调整、深化的过程。新中国成立前夕，在中共中央政治局会议上，毛泽东曾指出："关于完成新民主主义到社会主义的过渡的准备，苏联是会帮助我们的，首先帮助我们发展经济。我国在经济上完成民族独立，还要一二十年时间。我们要努力发展经济，由发展新民主主义经济过渡到社会主义。"[2]可见，此时的毛泽东认为要经过一个相当长的经济建设阶段才能由新民主主义向社会主义过渡。然而，随着民主革命遗留任务的彻底完成和国民经济的恢复、

① 《中国共产党历史》第2卷上册，中共党史出版社2011年版，第418页。
② 《毛泽东文集》第5卷，人民出版社1996年版，第146页。

发展，1952年我国的国民经济内部关系发生了一些重大变化：首先是社会主义性质的国营经济的领导地位显著增强，其中国营工业在全国工业总产值中的比重由1949年的34.2%提升到52.8%，国营商业在社会商品批发总额中的比重由23.2%上升到60.5%，这一变化为中国逐步过渡到社会主义奠定了雄厚的物质基础；其次，私营工商业有相当一部分已经通过加工订货、经销代销、公私合营等多种形式被纳入国家资本主义的轨道，开始接受国营经济的领导和国家计划的约束；最后，土地改革基本完成后，农村互助合作运动在广大农村稳步推进，40%的农户加入到互助组中，初步显示了将个体农民组织起来的优越性。这些变化均表明了社会主义因素在国民经济中的不断增长。在这样的情况下，1952年9月24日召开的中共中央书记处会议上，毛泽东首次提出："我们现在就要开始用10年到15年的时间基本上完成到社会主义的过渡，而不是10年或者以后才开始过渡。"①

经过一年的慎重考虑和反复酝酿，党中央认为应调整原来的设想，现在就采取社会主义工业化和社会主义改造同时并举的方针，于1953年正式提出了党在过渡时期的总路线，即"从中华人民共和国成立，到社会主义改造基本完成，这是一个过渡时期。党在这个过渡时期的总路线和总任务，是要在一个相当长的时期内，逐步实现国家的社会主义工业化，并逐步实现国家对农业、对手工业和资本主义工商业的社会主义改造。"②党在过渡时期的总路线将社会主义工业化建设与社会主义改造同时并举，体现了解放和发展生产力与变革生产关系的有机统一。过渡时期总路线提出后，党领导全国人民编制和实施了国民经济第一个五年计划，同时对农业、手工业和资本主义工商业进行了系统的社会主义改造，开启了独立自主地探索社会主义现代化建设道路的伟大征程。

① 薄一波：《若干重大决策与事件的回顾》上卷，中共中央党校出版社1991年版，第213页。

② 《毛泽东文集》第6卷，人民出版社1999年版，第316页。

（三）社会主义改造的胜利

农业是国民经济的基础。随着土地改革在全国范围内的开展，彻底摆脱封建生产关系束缚的广大农民焕发出前所未有的生产积极性，农村生产力得到一定程度的发展。然而，这种建立在土地私有制基础上的分散的个体经济很快显现出它的局限性。一方面，由于缺少牲畜、农具和资金，使许多农民尤其是贫、下中农生产经营出现困难，难以扩大生产；另一方面，由于个体经济的不稳定性，农村开始出现贫富分化的现象。1951年9月20日至30日，在毛泽东的提议下，中央召开全国第一次农业互助合作会议，经会议研究，制定了《中共中央关于农业生产互助合作的决议（草案）》。《决议（草案）》肯定了农民在土地改革中发展出的两种生产积极性，提出“按照自愿和互利的原则，发展农民劳动互助的积极性”。这种建立在个体经济基础上的劳动互助“其发展前途就是农业集体化或社会主义化”①。同时，根据各地的情况和条件，要求在全国大量发展临时劳动互助组，在有一定劳动互助基础的地区逐步推广常年劳动互助组，在条件成熟的地区，有重点地发展土地入股的初级农业生产合作社。《决议（草案）》下发试行后，各地的农村互助合作稳步推进。

1953年，伴随着全国社会主义工业化建设的全面启动以及由此带来的城镇人口急剧增加，农村落后的个体经济发展情况已难以满足城市和工业对粮食和农产品不断增长的需要，加之部分农户待价惜售和私商抢购囤积等因素，全国粮食严重紧缺，这一严峻的情况引起党中央的重视。1953年10月2日，在中央政治局扩大会议上，陈云提出在农村试行粮食征购，在城市试行粮食配售，严格管理私商的建议。毛泽东表示赞成，认为“粮食征购、整顿私商、统一管理这三个问题，势在必行”，同时指出：“我国经济的主体是国营经济，它有两个翅膀即两翼，一翼是国家资本主义（对私人资本主

---

① 《建国以来重要文献选编（1921—1949）》第2册，中央文献出版社2011年版，第452页。

义的改造），一翼是互助合作、粮食征购（对农民的改造）。”①10月10日，党中央召开全国粮食会议研究讨论，确定将粮食征购定名为“计划收购”，粮食配售定名为“计划供应”，简称“统购统销”。1953年11月，政务院下达关于实行粮食“统购统销”的命令，随后，党中央根据由计划经济建设的需要，又在全国实行了油料的统购和食油的统销；棉花的统购和棉布的统购统销。粮食和主要农产品的“统购统销”暂时缓解了当时严峻的粮食供求矛盾，稳定了市场物价，为当时正处于初创阶段的工业化建设提供了保障。然而，统购统销的政策虽能解燃眉之急，却不能从根本上改变由于农村生产力落后导致的粮食紧张问题。要从根本上解决粮食的供求矛盾只有增加粮食生产。在当时的情况下，小农经济增产潜力小，现实的出路只有将分散的农户组织起来，走农业合作化道路，才能有效提高粮食产量。同时，在当时实行统购统销，意味着国家要面对上亿个分散的个体农户，工作异常烦琐，客观上也要求“把太多的小辫子梳成较少的大辫子”，把单门独户的农民组织到合作社内。基于以上考虑，党中央把农业合作化和统购统销一同作为改造个体农业的两大重要措施，这对加快实现农业合作化起到了直接推动作用。

1953年12月，党中央通过《中共中央关于发展农业生产合作社的决议》，决议强调：孤立的、分散的、守旧的、落后的个体经济与社会主义工业化之间日益暴露出很大的矛盾。为进一步提高农业生产力，党的农村工作中最根本的任务就是“用明白易懂而为农民能够接受的道理和方法去教育和促进农民群众逐步联合组织起来，逐步实行农业的社会主义改造”；决议还总结了互助合作运动开展的经验，确定了农业互助合作的基本原则和标准，概括出党探索出的对农业逐步实现社会主义改造的道路就是“由具有社会主义萌芽、到具有更多社会主义因素、到完全的社会主义的合作化

① 《毛泽东文集》第6卷，人民出版社1999年版，第297、295页。

的发展道路。”①在《决议》的指导下，农业生产合作化在各地快速发展起来。到1955年春，全国初级农业生产合作社已经发展到67万个，成果喜人。然而，在农业合作化迅猛发展的同时，由于发展过快，一些地区对政策把握不稳，工作难免粗糙，加之1954年多省遭受特大水灾，全国粮食生产计划没有完成，但粮食收购不减反增，引起农民的不满。一些地方出现滥宰耕畜、不热心积肥和备耕等现象。党中央认真分析产生问题的原因，决定对农业生产合作社进行一次整顿，区别不同地区的情况，或者暂时停止发展，或者适当收缩，或者在巩固中继续发展，概括为“停、缩、发”方针。同时，中央决定削减1955年和1956年的粮食征购指标，严格落实粮食定产、定购、定销的“三定”原则。经过初步整顿，全国合作社数量减少了2万个，巩固保留了65万个，农民的积极性得到恢复，农业合作社运动基本保持了平稳、健康的发展势头。

1955年夏，由于对农业合作化发展形势的看法不同，在党中央内部引发了一场关于农业合作化速度问题的争论，全国农业合作化进程大大加快。原本，按照中央农村工作部报批中共中央的计划，1955年春至1956年春，全国农业合作社由现有的65万个发展到100万个。毛泽东根据从南方视察了解到的新情况，对农业合作化发展形势作出了新的判断，认为步伐应该加快，主张在原有基础上翻一番，即到1956年春全国农业合作社争取发展到130万个。对此，中央农村部部长邓子恢认为农业合作化运动应该与工业化的速度相适应，不宜过快发展，主张先巩固现有的合作社，为下一步发展打下良好基础。在这个问题上双方分歧较大，毛泽东主张召集一次会议来解决思想问题。7月31日，中共中央召开省、市、自治区党委书记会议，毛泽东在会上作《关于农业合作化问题》的报告。报告中对于我国农业合作化的历史、指导合作化运动的方针等问题作了正确的总结和系统的阐述，集中论述了我国农业合作化的必要性和紧迫性，指出社会主义工业化不能离开

① 《建国以来重要文献选编（1921—1949）》第4册，中央文献出版社2011年版，第570页。

农业合作化而去孤立地进行，只有农业合作化才能解决“年年增长的商品粮食和工业原料的需要同现时主要农作物一般产量很低之间的矛盾”。[①] 同时，在报告中，毛泽东着重批评了农业合作化中的“右倾保守思想”，认为“农村中不久就将出现一个全国性的社会主义改造的高潮”，而某些同志像“小脚女人”走路，有“无穷的顾虑，数不尽的清规和戒律”[②]。10月4日至11日，党的七届六中全会（扩大）上，根据毛泽东《关于农业合作化问题》的报告，讨论通过了《关于农业合作化问题的决议》，决议批判邓子恢和中央农村工作部在农业合作化上犯了“右倾机会主义错误”，强调“只有彻底地批判了这种右倾机会主义，才能促进党的农村工作的根本转变”[③]。这种批判把本来属于党内正常的工作方针上的不同意见上纲为“两条路线的分歧”是不恰当的，后来历史发展证明，邓子恢关于农业合作化要稳步前进的建议是符合我国农村当时的实际情况的。然而，当毛泽东的报告和七届六中全会决议经过层层传达，在日渐升温的批判“右倾”的推动下，一场急剧发展的农业合作化热潮席卷了中国农村地区，至1956年底，全国有96.3%的农户加入合作社，其中加入高级社的农户占87.8%，这也意味着，预计18年完成的农业合作化，提前11年基本达到了目标。

在农业合作化运动如火如荼地开展的同时，对个体手工业的社会主义改造也在稳步推进。我国工业基础薄弱，手工业在国民经济中占重要位置，而且几乎涵盖人民日常所需生活资料的各方面。据统计，1952年全国城乡手工业工人和手工独立劳动者达1930万余人，手工业产值73.12亿元，占工业总产值的20.6%。然而，分散的个体手工业规模小，生产落后，难以应用新技术，抵御风险能力差。“如果听其自然的发展，也会走资本主义的道路，就是少数人发财，大多数破产的痛苦的道路。因此，必须对个体手工业进

① 《毛泽东文集》第6卷，人民出版社1999年版，第438页。

② 《毛泽东文集》第6卷，人民出版社1999年版，第418页。

③ 《建国以来重要文献选编（1921—1949）》第7册，中央文献出版社2011年版，第243页。

行社会主义改造，引导手工业劳动者走社会主义的道路。”[①]1953年11月至12月，中华全国合作社联合总社召开第三次全国手工业生产合作会议，经过讨论，确定了手工业社会主义改造的方针和政策，即：“在方针上，应当是积极领导，稳步前进；在组织形式上，应当是由手工业生产小组、手工业供销生产合作社到手工业生产合作社；在方法上，应当是从供销入手，实行生产改造；在步骤上，应当是由小到大，由低级到高级。”[②]1954年6月，经中共中央批准，此次会议精神在全国各地传达、贯彻，有力地推动了全国手工业合作化的快速发展。到1955年上半年，全国手工业合作组织达到近5万个，社（组）员近150万人，均有大幅增加。这一阶段的手工业合作化总体来说稳步、健康发展，社（组）员生产积极性高，发挥了组织起来的优越性。然而，1955年下半年，受到农业合作化运动批判“右倾保守”思想的影响，手工业的社会主义改造也随之骤然加速。在这样的形势下，第五次全国手工业生产合作会议研究制定了“一五”计划期间基本完成手工业社会主义改造的全面规划。1956年1月，北京市率先宣布手工业全部实现合作化，全国各大城市纷纷效法北京经验，改变了过去按行业分期分批分片改造的办法，采取全市按行业全部组织起来的方式，大大加快了手工业改造的步伐，到1956年底，全国手工业合作组（社）发展到10.4万余个，社（组）员603.9万余人，占全部从业人员的91.7%，合作化手工业产值达到手工业总产值的92.9%，至此，全国基本完成了个体手工业向集体经济的转变。

资本主义工商业的社会主义改造是过渡时期总路线的重要一翼。为实现资本主义工商业向社会主义的过渡，党在实践中创造了加工订货、统购包销、经销代销、公私合营等一系列由低级到高级的国家资本主义形式。1953年春，为深入考察私营工商业的具体情况，李维汉带领中央统战部调查组前往上海、武汉等民族资本主义比较集中的城市进行调研，并向中央

① 《建国以来重要文献选编（1921—1949）》第4册，中央文献出版社2011年版，第620页。
② 《中国共产党历史》第2卷上册，中共党史出版社2011年版，第235—236页。

报送了《资本主义工业中的公私关系问题》的调查报告。报告中指出：经过建国后三年的努力，国家资本主义已经有了很大发展，经验指出，国家资本主义“是我们利用和限制工业资本主义的主要方式，是我们将资本主义工业逐步纳入国家计划轨道的主要形式，是资本主义工业向社会主义过渡的主要形式”[①]。经过深入讨论，中央确定了经过国家资本主义改造资本主义工商业的方针。9月，在同民主党派和部分工商界代表谈话时，毛泽东明确指出：“有了三年多的经验，已经可以肯定：经过国家资本主义完成对私营工商业的社会主义改造，是较健全的方针和办法。”[②]资本主义工商业的社会主义改造的基本政策和理论被逐步勾画出来。此后，国家进一步扩大加工订货、统购包销的范围，重点发展以加工订货为主的初级和中级国家资本主义形式，到1953年底，初级形式的国家资本主义在工业总产值中的比重达到53.6%。

随着国民经济第一个五年计划的实施，工业化建设迫切地需要资本主义工商业公私合营的进程向前更进一步。1954年1月，中央财经委员会提出《关于有步骤地将有十个工人以上的资本主义工业基本上改造为公私合营企业的意见》，确定了要有步骤地将私营企业改造为高级国家资本主义形式的公私合营企业。与初级国家资本主义形式中国家和资本家在外部合作的方式不同，公私合营，是社会主义成分同资本主义成分在企业内部的合作。公方私方共同经营企业，其中公方代表居于领导地位。企业的利润实行“四马分肥”，即分为国家所得税、企业公积金、工人福利费和资方红利四个部分，企业利润大部分归国家和工人所有，换言之，这些企业具有更多的社会主义性质。9月，政务院公布了《公私合营工业企业暂行条例》，对公私合营企业的性质、任务、公私关系、劳资关系、盈余分配等问题作了具体的规定。公私合营企业由于在生产条件和经营管理等方面均得到国家支

① 《建国以来重要文献选编（1921—1949）》第4册，中央文献出版社2011年版，第194—195页。
② 《建国以来重要文献选编（1921—1949）》第4册，中央文献出版社2011年版，第298页。

持，生产迅速发展，劳动生产率大大提高。按可比产值计算，1954年较1953年增长25.5%，充分显示了公私合营的优越性，进一步提高了私营企业实行公私合营的积极性。为进一步加快对资本主义工业的改造，1954年12月至1955年1月召开的第二次全国扩展公私合营工业计划会议确定了“统筹兼顾、归口安排、按行业改造”的方针。在党和国家政策的指导下，全国各地资本主义工业的改造工作进展顺利。到1955年，全国近一半私营工业实现了公私合营。

随着全国农业化合作高潮的到来，1955年10月，毛泽东在扩大的七届六中全会中指出，资本主义工商业的社会主义改造也应当适当加快，以适应农业发展的需要。11月16日至24日，中共中央政治局召开关于资本主义工商业社会主义改造问题的会议。会议通过了由毛泽东亲自主持制定的《中共中央关于资本主义工商业改造问题的决议（草案）》，认为在新形势下，资本主义工商业的改造工作应推进到一个新的阶段，计划用两年时间分批完成全行业的公私合营。同时，《决议（草案）》系统阐述了中国共产党对资产阶级的政策：“第一是用赎买和国家资本主义的方法，有偿地而不是无偿地，逐步地而不是突然地改变资产阶级的所有制；第二是在改造他们的同时，给予他们以必要的工作安排；第三是不剥夺资产阶级的选举权，并且对他们中间积极拥护社会主义改造的代表人物给以适当的政治安排。”[①]在中央政策的全面指导下，全国出现了全行业公私合营的高潮。1956年1月，北京市率先宣布实现私营工商业全行业公私合营，不久，全行业公私合营的浪潮以蓬勃之势席卷全国，50多个资本主义工商业比较集中的城市纷纷宣布全行业公私合营。到1956年底，全国私营工业99%实现了所有制的改造，私营商业82.2%被分别纳入公私合营或合作商业的轨道。资本主义工商业的社会主义改造由此提前完成。

1956年底，随着我国对农业、手工业和资本主义工商业社会主义改造

① 《中国共产党历史》第2卷上册，中共党史出版社2011年版，第352页。

的基本完成，再加上新中国成立以来国营经济的不断发展和壮大，使我国的社会经济结构发生了根本变化，全民所有制和劳动群众集体所有制的社会主义公有制经济，在国民经济中已经占据绝对优势地位，成为我国社会的经济基础，社会主义在中国由理想变成了现实。尽管在改造过程中有粗糙化和急于求成的问题，但在中国这个拥有几亿人口的古老东方大国通过和平的方式实现了如此复杂、困难又伟大、深刻的社会变革，确立起了社会主义制度，无疑是一次伟大的胜利。

二、建立人民当家作主的新中国

在中国人民政治协商会议第一届全体会议开幕式上，毛泽东振聋发聩的宣告声犹在耳：“占人类总数四分之一的中国人从此站起来了”[①]。近百年来经历过无数苦难和屈辱的中国人民最懂它沉甸甸的分量。在过去两千多年的封建统治中，中国最广大的劳动人民一直被压迫在社会最底层，生活困苦，社会地位低下，更无平等的地位和政治权利可言。直到1949年新中国的成立，开辟了人民当家作主的新时代，中国共产党带领人民开展了一系列移风易俗、除旧布新的伟大社会变革，并初步建立起一套人民当家作主的新型民主政治制度框架，人民真正成为了新国家、新社会的主人。

（一）社会风气的改变

新中国的成立改变了人民的悲苦命运。然而，卖淫嫖娼、贩毒吸毒、设庄赌博、包办婚姻等旧社会的遗风陋俗还在毒化着社会环境，危害着人民身心。最重要的解放是人的解放，荡涤旧社会残留的污泥浊水，将人民群众从旧社会的剥削制度和腐朽、愚昧的落后观念中解放出来，建设一个文明、健康、平等、和谐的新社会，是人民的共同愿景，也是共产党人的艰巨

① 《毛泽东文集》第5卷，人民出版社1996年版，第343页。

使命。

旧社会遗留下的娼妓制度，有着深刻的社会历史根源，不仅摧残妇女身心，而且危害社会稳定，败坏社会风气，是横行数千年的社会顽疾。据统计，新中国成立前，全国妓院约有近万家。1949年11月21日，北京市第二届各界人民代表会议通过了封闭妓院的决议。随后，市公安局出动2400余名干警，在民政局、妇联、卫生局等部门的配合下一举封闭了分布在全市的224家妓院，对424名老鸨、领家按罪行轻重依法惩处；收容妓女1268名，并且成立了专门的妇女生产教养院，对妓女进行收容改造。继北京之后，上海、天津、武汉、南京等大中城市也均采取了行之有效的措施，仅仅3年多的时间，先后查封了8400余所妓院，一大批被逼良为娼的妓女重获新生①。各地人民政府积极帮助这些饱受摧残的妇女医治身心疾病，进行耐心细致的思想工作，不仅治愈了她们的病痛，还解救了她们的灵魂，她们中的绝大多数通过劳动教育学习文化和生产技术，成为了社会主义新中国自食其力的劳动妇女，洗去昔日耻辱，重拾人格尊严。

自近代西方列强以坚船利炮打开中国国门，鸦片烟毒便在中国的大地上不断泛滥、蔓延，长期戕害人民生命，危害社会稳定，耗损民族精神。新中国成立初，全国吸食烟毒的情况更是触目惊心，其中“全国以制贩毒品为业的有数十万人，吸食鸦片烟毒者达千万之众”②。不禁鸦片，人民将继续受其奴役和毒害。为保护人民健康，整顿社会风气，党中央和中央人民政府下定决心根除烟毒祸患。1950年2月24日，政务院发布严禁鸦片烟毒的通令，对禁绝烟土毒品的种植、制造、贩运、销售、吸食均作出具体的安排和部署。在通令的指导下，全国范围内大规模的禁烟禁毒运动有步骤地开展起来。为保证禁毒工作的顺利开展，1952年4月15日，中共中央发出《关于肃清毒品流行的指示》，要求针对制毒贩毒问题“在全国范围内有重点地

① 诸羽主编：《割除毒瘤——共和国首次禁毒禁娼述实》，中央文献出版社1999年版，第26页。
② 《中国共产党历史》第2卷上册，中共党史出版社2011年版，第109页。

大张旗鼓地发动一次群众性运动，来一次集中的彻底的扫除”[①]。根据指示，全国各地通过充分发动群众和集中破案，共查处制造、贩卖、运送毒品的毒贩36.9万余人，逮捕8.2万余人，共缴获毒品399.6万余两，制毒机器235部，各种贩、运、藏毒工具26万余件，用于毒品走私的发报机6部和大量武器弹药[②]。切实达到了打击毒贩、教育群众、肃清毒害的预期效果。禁毒运动得到了群众们的热烈拥护，群众们普遍反映“百年未能解决的问题，毛主席解决了”[③]。到1952年底，在旧中国肆虐的种植、制造、贩卖、吸食烟毒活动被基本禁绝，帝国主义和反动统治阶级百余年强加于人民身上的镣铐被彻底粉碎。在封闭妓院、禁绝毒品的同时，各地政府还充分发动人民群众对禁绝赌博活动开展了斗争，在全社会的动员和配合下，一个个赌博窝点被捣毁，在旧社会屡禁不止的赌博陋习也被基本扫除。短短三年时间，在中国共产党领导和全国人民的共同努力下，旧中国被视为不治之症的娼、毒、赌等社会顽疾终于被扫进历史的垃圾桶。

建立在父权基础上的封建包办买卖婚姻制度流毒甚广，影响极深。千百年来，一夫多妻、包办买卖、男尊女卑等畸形的婚姻制度和习俗束缚和摧残人性，压迫和禁锢妇女争取自由和平等权利，不知酿成多少人间悲剧。中国共产党一贯主张男女平等、婚姻自由、妇女解放，在民主革命时期就积极领导妇女运动，带领广大人民同封建礼教和封建婚姻制度作斗争。中华人民共和国成立后，随着剥削阶级和剥削制度的消灭，封建婚姻制度赖以生存的经济基础消失了。在此基础上，中国共产党和人民政府积极开展了有领导、有步骤的婚姻制度改革。为了有准备地废除封建的婚姻制度，早在1948年冬，中共中央妇女运动委员会和中共中央法律委员会即着手进行新婚姻法的起草工作，后经过多次研究、讨论和修改，在1950年4月

① 诸羽主编：《割除毒瘤——共和国首次禁毒禁娼述实》，中央文献出版社1999年版，第42页。
② 诸羽主编：《割除毒瘤——共和国首次禁毒禁娼述实》，中央文献出版社1999年版，第49页。
③ 诸羽主编：《割除毒瘤——共和国首次禁毒禁娼述实》，中央文献出版社1999年版，第50页。

13日，中央人民政府委员会第七次会议审议通过了《中华人民共和国婚姻法（草案）》。5月1日，《中华人民共和国婚姻法》正式颁布实施，这也是新中国成立后制定的第一部基本法律。《婚姻法》明确规定："废除包办强迫、男尊女卑、漠视子女利益的封建主义婚姻制度。实行男女婚姻自由、一夫一妻、男女权利平等、保护妇女和子女合法利益的新民主主义婚姻制度。禁止重婚、纳妾，禁止童养媳，禁止干涉寡妇婚姻自由，禁止任何人借婚姻关系问题索取财物"①。彻底废除了几千年不平等的封建婚姻制度，给了广大妇女追求平等权利和婚姻自由的勇气，为广大妇女从旧社会婚姻制度的禁锢中解放出来积极投身社会主义建设提供了法律的保障。然而，社会习俗和思想观念的更新远比法律制度的变革更为困难。在贯彻执行的过程中，有些干部对《婚姻法》缺乏正确的认识和理解，没有很好地贯彻执行；有些干部封建宗法思想根深蒂固，对于《婚姻法》抱持怀疑或漠视的态度。在基层社会，干涉婚姻自由、虐待妇女的情况仍时有发生。为了保证《婚姻法》的正确贯彻和执行，1951年至1952年间，中央人民政府政务院等部门多次发出检查《婚姻法》执行情况和宣传贯彻《婚姻法》的指示，对改革婚姻制度的斗争进行具体指导。1952年11月和1953年2月，中共中央、中央人民政府政务院先后发出指示，确定将1953年3月定为"贯彻婚姻法运动月"，要求"在全国范围内（除少数民族和土地改革尚未完成地区外）开展一个大规模的宣传《婚姻法》和检查《婚姻法》执行情况的群众运动"②。1953年3月，宣传贯彻《婚姻法》运动月活动在全国各地广泛开展，通过进行典型试验，颁发宣传提纲，利用报纸、刊物、广播、戏剧等丰富的形式向广大群众进行普及宣传，使《婚姻法》家喻户晓、深入人心，取得了巨大的成绩。1953年至1955年间，全国各地出现离婚的高潮，大批妇女从包办婚姻的樊笼中解脱出来，在国家的倡导和法律的保护下，积极投身社会工作。

① 《建国以来重要文献选编（1921—1949）》第1册，中央文献出版社2011年版，第148页。
② 《当代中国的民政》（下），当代中国出版社2009年版，第290页。

据统计，1957年“全国工业和其他建设部门的女职工已有3286万多人，比一九四九年增加了5倍以上。各地农村妇女参加生产的人数，约占当地妇女总数的60%—80%”①。广大妇女参加到社会生产和社会生活中，有了自己的劳动收入，在家庭和社会中拥有了同男性一样平等的地位和权利。同时，婚姻制度的改革从根本上动摇了封建婚姻制度和旧有家庭关系的根基，也从根本上触动了传统思想观念和伦理道德，推动了新型家庭关系的发展，也极大地促进了社会风气的改变。

一系列移风易俗、破旧立新的变革使中国的社会生活、社会面貌发生了翻天覆地的变化。劳动人民被欺压、被奴役的历史一去不复返。新社会砸碎了套在底层劳动人民身上的沉重枷锁，扫除了一切不平等。“革命分工各有不同，职业没有尊卑之分”的平等观念，和“劳动光荣”“爱护集体”等思想开始广植人心。平等融洽，互帮互助的人际关系与社会氛围使人民的精神面貌焕然一新。人民当家作主的新中国，开始形成崇尚文明、人人平等、爱护集体、劳动光荣的社会新风尚。与此同时，中国民主政治发展史揭开崭新一页，更深领域的制度变革在同步进行，为实现人民当家作主开辟了广阔前景。

（二）对中国制度文明的重塑

制度对于一个国家的发展具有根本性、全局性的作用。自秦统一六国建立大一统的帝国，中国社会长期处在中央集权的封建君主专制制度统治下，皇权居于至高无上的支配地位，是国家权力的绝对核心。封建统治阶级——地主、贵族和皇帝拥有大部分的土地，依靠剥削农民过活。广大人民被束缚在封建专制制度下，没有人身自由，更无政治权利可言。近代以来，伴随着西方列强的侵略和由此带来的政治危机，统治中国长达2000余年的封建君主专制制度在风雨飘摇中摇摇欲坠，封建专制主义的落后、僵化、

① 《当代中国的民政》（下），当代中国出版社2009年版，第291页。

保守成为了阻碍中国社会发展进步的沉重桎梏。因此，变革旧的社会制度，建立新的社会制度就成为鸦片战争以来探索国家出路，实现民族独立和人民解放的重要任务。在欧风美雨的洗礼下，先进的中国人从救亡图存出发，围绕中国建立什么样的政治制度进行了艰辛的探索和激烈的斗争，进行了种种尝试，但都无一例外失败了。事实证明："照搬西方政治制度模式的各种方案，都不能完成中华民族救亡图存和反帝反封建的历史任务，都不能让中国的政局和社会稳定下来，也都谈不上为中国实现国家富强、人民幸福提供制度保障"①。

1949年9月21日，中国人民政治协商会议第一届全体会议在北平开幕，历史翻开了新的一页。出席大会的有来自中国共产党和各民主党派、各人民团体、各区域、人民解放军、少数民族、海外华侨等各个方面的正式代表、候补代表和特邀代表共计662名，充分体现了各民主力量的广泛团结。在会议的开幕词中，毛泽东宣告："现在的中国人民政治协商会议是在完全新的基础之上召开的，它具有代表全国人民的性质，它获得全国人民的信任和拥护。因此，中国人民政治协商会议宣布自己执行全国人民代表大会的职权。"②经过与会代表的深入讨论和协商，大会通过了作为中华人民共和国临时宪法的《中国人民政治协商会议共同纲领》以及《中国人民政治协商会议组织法》和《中华人民共和国中央人民政府组织法》；选举产生了中国人民政治协商会议第一届全国委员。从此，新兴的人民民主专政的政治制度体系在中国大地上诞生了。中国共产党在总结民主革命时期根据地政权建设经验的基础上带领人民初步构建起符合中国国情的社会主义民主政治制度的基本框架。

人民代表大会制度是在总结了中国共产党在民主革命各个时期的根据

① 习近平：《在庆祝全国人民代表大会成立60周年大会上的讲话》，《人民日报》2014年9月6日。

② 《毛泽东文集》第5卷，人民出版社1996年版，第343页。

地政权建设经验的基础上建立和发展起来的。从大革命时期的罢工工人代表大会和农民协会，到土地革命战争时期的工农兵代表大会、中华苏维埃，都以人民权利为基础，具有人民代议制民主的特征。抗日战争时期，基于抗日革命根据地和边区参议会建设经验，逐步形成了建立人民代表大会制度的初步构想。1940年，在《新民主主义论》中，毛泽东在分析中国未来前途时初步构想了中国革命胜利后的政权组织形式，提出，按照民主集中制的原则建立“全国人民代表大会、省人民代表大会、县人民代表大会、区人民代表大会直到乡人民代表大会的系统，并由各级代表大会选举政府”①。解放战争时期，中国共产党在新老解放区相继召开了各级人民代表会议，产生了各级人民政府。这些不同革命历史时期出现的各种政权组织形式，为人民代表大会制度的建立和发展奠定了坚实的理论基础，提供了丰富的实践经验。

作为中华人民共和国的临时宪法的《中国人民政治协商会议共同纲领》首次以国家根本法的形式，确定了人民代表大会制的基本政治制度，明确规定：“中华人民共和国的国家属于人民，人民行使国家政权的机关为各级人民代表大会和各级人民政府，各级人民代表大会由人民用普选方法产生”②。但此时，由于民主革命遗留任务仍未完成、经济尚未恢复等原因还不具备在全国范围内进行普选，召集各级人民代表大会的条件，因此采取过渡的办法：在中央由中国人民政治协商会议代行全国人民代表大会的职权；在地方由地方各级人民代表会议逐步代行地方各级人民代表大会的职权。1952年下半年，经过三年的努力，国家的各项工作逐步步入正轨，基本具备了在普选的基础上召开各级人民代表大会的条件。1953年1月，中央人民政府委员会通过了《关于召开全国人民代表大会及地方各级人民代表大会的决议》，决定“由人民用普选的方法产生的乡、县、省（市）各级人民代

① 《毛泽东选集》第2卷，人民出版社1991年版，第677页。

② 《建国以来重要文献选编（1921—1949）》第1册，中央文献出版社2011年版，第3页。

表大会，并在此基础上接着召开全国人民代表大会”[①]。3月1日，《中华人民共和国全国人民代表大会及地方各级人民代表大会选举法》公布施行。根据《选举法》的规定，全国进行了第一次规模空前的普选，在这次普选中，“参加选举投票的有2.78亿人，占选民登记总数的85.88%。妇女参加投票的占登记的妇女选民总数的84.01%”[②]。全国人民焕发出当家作主的蓬勃热情和空前的民主意识。全国基层普选完成后，地方各级人民代表大会逐级召开，共选出全国人大代表1226名。1954年9月，第一届全国人民代表大会第一次会议在北京胜利召开，经过充分讨论，大会通过了《中华人民共和国宪法》。这是中华人民共和国第一部宪法，这部宪法明确规定：中华人民共和国的一切权力属于人民；人民行使国家权力的机关是全国人民代表大会和地方各级人民代表大会。这标志着我国人民代表大会制度以根本法的形式正式确立。人民代表大会制度作为我国的根本政治制度，代表广大人民的共同意志和根本利益，动员全体人民以主人翁的地位投身国家建设，维护国家统一和民族团结，是在国家政权中充分发扬民主、贯彻群众路线的根本途径和最高实现形式。“在中国实行人民代表大会制度，是中国人民在人类政治制度史上的伟大创造。”[③]

中国共产党领导的多党合作和政治协商制度是中华人民共和国的基本政治制度之一，是具有中国特色的新型政党制度，人民当家作主的又一重要形式。中国共产党领导的多党合作和政治协商制度是中华人民共和国的基本政治制度之一，发端于新民主主义革命时期中国共产党同各民主党派共同为争取民族独立和人民解放而形成的政治联盟。1945年抗战胜利后，中国共产党为实现中国的和平、民主、统一，同国民党签订了《国民政府与中

① 《建国以来重要文献选编（1921—1949）》第4册，中央文献出版社2011年版，第14页。

② 当代中国研究所：《中华人民共和国史稿》第1卷，人民出版社、当代中国出版社2012年版，第221页。

③ 习近平：《在庆祝全国人民代表大会成立60周年大会上的讲话》，《人民日报》2014年9月6日。

共代表会谈纪要》，并根据纪要规定于1946年1月召开了多党派代表参加的政治协商会议，最终达成五项协议。但国民党为维护其一党独大的地位，擅自撕毁政协协议，进而发动全面内战。中国共产党坚持和继承了党派协商的政协路线，于1948年发布了著名的“五一”劳动节口号，号召召开新的政治协商会议，成立民主联合政府，受到了各民主党派和无党派民主人士的拥护和响应。经过长期的斗争实践，各民主党派和无党派民主人士中的绝大多数开始认识到中国共产党主张的建立人民民主专政的国家，走向社会主义的政治主张的光明前途。1949年1月11日，各民主党派领导人和著名无党派民主人士联合发表《对时局的意见》，明确宣告“愿在中共领导下，献其绵薄，共策进行，以期中国人民民主革命之迅速成功，独立、自由、和平、幸福的新中国之早日实现”①。经过中国共产党与各民主党派和无党派民主人士的共同努力，1949年9月召开的中国人民政治协商会议第一届全体会议取得了圆满成功，成为了中国共产党领导的多党合作的一次空前的历史盛会，成功地创造出一种适合中国国情的崭新的政党制度——中国共产党领导的多党合作和政治协商制度。

此后，中国共产党领导的多党合作和政治协商制度在实践中不断发展完善。新中国成立初期，各民主党派在中国共产党的领导下积极参加各级人民政权建设，共同协商、决定和管理国家事务。在恢复国民经济、巩固新生人民政权、扩大统一战线以及推动我国由新民主主义向社会主义社会过渡的过程中发挥了重要作用。1954年9月，一届全国人大一次会议召开后，全国人民政治协商会议的职能和任务发生变化。为进一步明确人民政协的性质、职能、组织原则等基本问题，经过前期充分筹备，全国政协二届一次会议于1954年12月21日至25日在北京召开。会议通过了《中国人民政治协商会议章程》，确定了人民政协今后的任务和奋斗目标是“在中国共产党的领

① 中共中央党史研究室编：《中国共产党的九十年（新民主主义革命时期）》，中共党史出版社、党建读物出版社2016年版，第315页。

导下，将继续通过民主党派、各人民团体的团结，更广泛地团结全国各族人民，共同努力，克服困难，为建设一个伟大的社会主义国家而奋斗”。同时，明确了中国人民政治协商会议的性质是：“团结全国各民族、各民主阶级、各民主党派、各人民团体、国外华侨和其他民主爱国人士的人民民主统一战线组织”①。这就明确表明中国人民政治协商会议不是政权机关，也区别于一般团体，而是党派性质的统一战线组织，解决了与人大、政府机关的相互配合问题，体现了中国共产党领导的多党合作和政治协商制度的进一步完善和加强。1956年，随着社会主义改造的基本完成，国内阶级关系发生了根本变化，中国共产党站在全局的高度进一步明确了同各民主党派团结合作的方针政策。4月，毛泽东基于充分发扬社会主义民主，调动一切积极力量为社会主义建设服务的出发点，在《论十大关系》中将中国共产党与各民主党派、无党派民主人士的关系概括为“长期共存，互相监督”②。这一方针成为了多党合作的基本方针，使中国共产党领导的多党合作和政治协商制度得到进一步巩固和发展。中国共产党领导的多党合作和政治协商制度是中国共产党在长期的革命、建设实践中不断完善和发展起来的，这一制度的本质特征是：中国共产党领导、多党派合作、中国共产党执政、多党派参政。中国共产党和各民主党派既亲密合作又互相监督，既能实现广泛的民主参与，促进执政党和人民政府决策的科学化、民主化，又能实现集中统一，兼顾各方面群众利益。这一制度在本质上不同于西方资本主义国家的多党制和两党制，也区别于苏联等社会主义国家的一党制，既有利于避免多党倾轧造成的政局动荡，也规避了一党专制、缺乏监督的缺点，有利于国家政权稳定和社会安定团结，是一种新型的社会主义政党制度形式，具有鲜明的中国特色和优势。这一制度的形成和发展，“是中国近现代历史发展的必然选择，是马克思列宁主义与中国实际相结合的产物，是中

① 《建国以来重要文献选编（1921—1949）》第5册，中央文献出版社2011年版，第607页。
② 《毛泽东文集》第7卷，人民出版社1999年版，第34页。

国共产党和各民主党派智慧的结晶，符合中国国情和中国革命、建设、改革的实际，符合社会主义民主政治的本质要求，体现了中华民族和而不同、兼容并蓄的优秀文化传统，具有鲜明的中国特色。这项制度，既合乎时代发展潮流，又体现了中国社会发展的内在要求”。[①]是我国要长期坚持的基本政治制度之一。

民族区域自治制度是当代中国的又一项基本政治制度，是中国共产党运用马列主义关于民族问题的基本理论解决中国民族问题的伟大创举。它同中国民族的实际情况相结合，在长期的革命实践中与各族人民共同创造的独具特色的解决民族问题的基本政策。

中国自古以来就是一个统一的多民族国家，各民族在长期的交往中相互依存，共同创造了灿烂辉煌的中华文明。但由于历史和自然条件等原因，少数民族大多经济文化发展比较落后，且经常受到民族压迫和民族歧视。中国共产党自诞生之日起就十分重视民族问题，主张民族平等，倡导各民族团结起来，共同推翻帝国主义和封建主义的压迫。在长期的革命实践中，中国共产党不断深化对民族问题的思考，在民族地区开展民主建政活动的实践中逐步形成了符合我国国情的民族区域自治制度。1938年，中共六届六中全会上，毛泽东作《论新阶段》的政治报告，指出：“各民族与汉族有平等权利，在共同对日原则下，有自己管理自己事务之权，同时与汉族联合建立统一的国家”[②]，形成了民族区域自治制度的雏形。1941年5月1日，陕甘宁边区政府颁布了《陕甘宁边区纲领》，其中规定：“依据民族平等原则，实行蒙、回民族与汉族在政治经济文化上的平等权利，建立蒙、回民族的自治区，尊重蒙、回民族的宗教信仰与风俗习惯”[③]。这是中国共产党第一次在法律法规上规定要在根据地建立民族

① 中华人民共和国国务院新闻办公室：《中国的政党制度》，《人民日报》2007年11月16日。

② 郭志民、任涛主编：《毛泽东论统一战线》，中国文史出版社1988年版，第296页。

③ 魏宏运主编：《中国现代史资料选编（抗日战争时期）》，黑龙江人民出版社1981年版，第232—233页。

自治区。1945年10月23日，中央在关于内蒙古工作方针的指示中明确指出可组织地方性的自治政府，实行民族区域自治。1947年5月1日，随着内蒙古地区的解放，党领导建立了我国第一个省一级的民族自治区，为以后在其他民族地区实行民族区域自治指明了方向，积累了宝贵的经验。在1949年通过的《中国人民政治协商会议共同纲领》中明确规定："各少数民族聚居的地区，实行民族区域自治，按照民族聚居的人口多少和区域大小，分别建立各种民族自治机关"[①]。后来，民族区域自治又明确载入历次宪法，成为我国的一项重要政治制度。1950年开始，中央派出多支民族访问团，分赴各少数民族聚居地区宣传民族政策，进行深入调研。同时，中央人民政府依照内蒙古自治区的经验广泛进行试点，建立了一批民族区域自治地方，到1952年6月，全国已建立民族区域自治地方30个。为进一步推行民族区域自治制度，在总结建国以来的民族工作经验的基础上，1952年8月，中央人民政府颁布了《中华人民共和国民族区域自治实施纲要》，对民族自治地方的建立、自治机关的组成、自治机关的自治权利等重要问题作出明确规定，成为指导我国民族工作的纲领性文件。《实施纲要》颁布后，民族区域自治政策开始在全国范围内广泛实行。

民族区域自治制度"是完全适合我国国情的解决民族问题的基本制度，是我们党和各族人民的一个伟大创举"[②]。对于最大限度凝聚起各族人民的智慧和力量，促进各民族交往交流交融，同心同德为实现中华民族伟大复兴的中国梦而奋斗具有不可替代的重要作用。

人民代表大会制度、中国共产党领导的多党合作和民主协商制度、民族区域自治制度共同构成了中国特色社会主义民主政治制度的基本框架。这一制度框架不论在内容上还是在形式上都以人民当家作主作为出发点和归宿，为人民享有政治、经济和文化上的民主权利，通过各种途径管理国家

① 《建国以来重要文献选编（1921—1949）》第1册，中央文献出版社2011年版，第10页。
② 《十三大以来重要文献选编》（下），中央文献出版社2001年版，第341页。

事务提供了根本的制度保障。真正体现了人民当家作主这一核心要义，实现了对中国制度文明的重塑。

三、和平共处的外交政策

正如习近平总书记所指出："中华民族是爱好和平的民族。消除战争，实现和平，是近代以后中国人民最迫切、最深厚的愿望。"[①]近百年来，中国人民饱受战争之苦，因而愈加珍视和平。中华人民共和国成立后，取消了帝国主义国家在中国的一切特权，以崭新的姿态开辟了独立自主、和平发展的外交新纪元。随后的短短几年间，新中国便完成了恢复国民经济、维护新生政权等艰巨的任务。特别是抗美援朝胜利后，中国人民争取和维护和平的信心大大增强了。随着国民经济第一个五年计划的实施，大规模的经济建设也需要争取一个长期稳定、和平的国际环境。在这样的背景下，中国共产党人基于对国际形势的深入分析，首倡和平共处五项原则，为争取区域和世界和平作出积极努力，赢得了国际社会的认可和支持。中国和平共处的外交政策也以其蓬勃的生命力，为新型国际关系确立了基本行为准则，

（一）和平共处外交政策的提出

第二次世界大战后，刚刚经历过战争伤痛的各国人民呼唤和平的声浪此起彼伏。然而，以美苏为首的资本主义和社会主义两大阵营激烈对峙，冷战的阴影笼罩在世界的上空。与此同时，一大批殖民地、半殖民地国家纷纷通过民主革命走向独立，建立起新政权，但仍然面对来自于帝国主义的战争威胁和控制。巩固来之不易的政权，捍卫民族独立与民族主权，为经济和政治的发展争取稳定和平的外部环境是这些国家最急迫的任务。概而言之，在当时的世界，和平关系到每个国家的切身利益和发展，也是世界各国

① 《习近平谈治国理政》，外文出版社2014年版，第247页。

人民的共同愿景。

1949年中华人民共和国成立后，面对美国的政治孤立、经济封锁和军事威胁，刚刚诞生的新中国坚持独立自主、自力更生，迅速完成了巩固人民政权和恢复国民经济的艰巨任务，取得了抗美援朝战争的胜利，使中国的国际威望空前提高。然而，由于意识形态的差异和缺少交往，当时中国周边的一些国家对这个社会主义大国仍抱有疑虑甚至恐惧的心理，特别是许多国家同中国还存在边界纠纷、华侨双重国籍等悬而未决的历史问题。如何消除误解，积极改善同周边新兴民族独立国家的关系，为国内大规模经济建设提供稳定的外部环境是当时中国外交工作的重中之重。正是在这样的历史背景下，中国提出并首倡和平共处五项原则，内容包括：互相尊重主权和领土完整、互不侵犯、互不干涉内政、平等互利、和平共处。这一原则的提出立即获得许多国家的支持和响应。

在新中国成立前后，当和平共处五项原则还未作为一个完整的概念被正式提出时，其各项原则就已初具雏形。1949年6月，在政治协商会议筹备会上，毛泽东就提出："任何外国政府，只要它愿意断绝对于中国反动派的关系，不再勾结或援助中国反动派，并向人民的中国采取真正的而不是虚伪的友好态度，我们就愿意同它在平等、互利和互相尊重领土主权的原则的基础之上，谈判建立外交关系的问题。"①中国人民政治协商第一届全体会议通过的具有临时宪法性质的《中国人民政治协商会议共同纲领》中将新中国的对外政策概括为："中华人民共和国联合世界上一切爱好和平、自由的国家和人民，首先是联合苏联、各人民民主国家和被压迫民族，站在国际和平民主阵营方面，共同反对帝国主义侵略，以保障世界的持久和平。"②1949年10月1日，在开国大典上，毛泽东向世界庄严宣告："凡愿遵守平等、互利及互相尊重领土主权等项原则的任何外国政府，本政府均愿与之建立外交关

① 《毛泽东选集》第4卷，人民出版社1991年版，第1466页。
② 《建国以来重要文献选编（1921—1949）》第1册，中央文献出版社2011年版，第3页。

系。”[①]1950年2月14日，又将“平等互利、互相尊重国家主权和领土完整及不干涉内政”的原则写入《中苏友好同盟互助条约》。可以说，以上论述都是和平共处五项原则的先声。在这些原则的指导下，自1949年至1953年，新诞生的中华人民共和国先后与19个国家建立外交关系，其中7个是邻国。

1953年12月31日，在中国政府代表团与印度政府代表团就印度与中国西藏地方关系中存在的问题进行谈判时，周恩来第一次完整地提出了和平共处五项原则，他指出：“新中国成立后就确立了处理中印两国关系的原则，那就是互相尊重领土主权、互不侵犯、互不干涉内政、平等互惠和和平共处的原则”[②]。这一原则被写入中印双方签署的《中印关于中国西藏地方和印度之间的通商和交通协定》的序言中，这是和平共处五项原则首次被正式写入国际条约。同年6月，周恩来应邀访问印度、缅甸，分别与印度总理尼赫鲁和缅甸总理吴努签署发表了《中印两国总理联合声明》和《中缅两国总理联合声明》。《声明》中均明确载入和平共处五项原则，并将“平等互惠”改为“平等互利”。同时，将这一原则确定为指导中印、中缅两国关系的准则。在后来1955年亚非会议（万隆会议）期间，周恩来又将“互相尊重领土和主权”的表述改为“互相尊重领土和主权完整”，至此，和平共处五项原则的完整表述正式被确定下来。

因正值日内瓦会议讨论的关键阶段，这两项声明一经发表便迅速引起了国际社会的广泛关注和热烈反响。一些刚刚从殖民地、半殖民地走向独立的新兴民族国家一直以来强烈要求改变旧有的建立在殖民主义基础上的不平等的国际关系。和平共处五项原则的提出大大地增强了他们反对霸权主义和殖民主义，维护民族独立的信心，给构建平等和平的国际新秩序提供了范本和基本准则。声明发表后，越南、柬埔寨、老挝、朝鲜等一大批国家相继明确表示支持，并提出应将和平共处五项原则作为国与国关系的一

① 《毛泽东文集》第6卷，人民出版社1999年版，第2页。
② 《周恩来外交文选》，中央文献出版社1990年版，第63页。

般准则。

中国是和平共处五项原则的首倡者，更是积极践行者。在日内瓦会议和亚非会议的外交实践中，生动地体现了新中国所倡导的和平共处外交政策的鲜明特点。中国所倡导的和平共处五项原则在两次会议中大放异彩，为推动会议取得成功作出了重要贡献。和平共处五项原则的基本精神和内涵也逐步被国际社会所认知和认可。

1954年4月26日，为寻求朝鲜问题和印度支那问题和平解决而召开的国际会议在瑞士日内瓦正式开幕，这是新中国第一次以五大国之一的地位参加讨论重大国际问题的会议。在会议第一阶段重点讨论朝鲜和平统一问题的过程中，由于美国的不断阻挠，与会者之间出现原则上的重大分歧，讨论举步维艰，陷入僵局，直至6月15日会议结束，仍未达成任何协议。但在讨论过程中，以周恩来为代表的中国代表团为朝鲜和平统一作出不懈努力，始终坚持“朝鲜的问题应由朝鲜人民自己解决的”原则立场，这与和平共处五项原则的宗旨完全一致。中国代表团为朝鲜和平统一所作出的不懈努力以及在这一过程中体现的协商精神和求同存异的宽阔胸襟，给与会代表留下了深刻印象。5月8日，会议进入第二阶段，开始讨论印度支那恢复和平的问题。在美国的不断阻挠下，双方针对法、越双方部队如何划分集结区和如何对待老挝和柬埔寨的问题上各执一词，会议再次陷入僵局。面对当时错综复杂的情况，中国比较准确地把握住美国同英、法等国间的矛盾与分歧是解决问题的突破点，认为需要造成一个国际统一战线，联合法国，联合英国，联合东南亚国家，联合印度支那成员国，达成印度支那的和平①。按照这一思路，中国以和平共处五项原则为指导，协调各方立场和利益诉求，开展了大量卓有成效的工作。7月21日，在最后一次全体会议上，周恩来在发言中再次重申了和平共处五项原则主要内容，并强调：“世界上赞成和平共处的国家越来越多。任何制造分裂、组织对立的军事集团的政策，是

① 《中国共产党历史》第2卷上册，中共党史出版社2011年版，第315页。

不得人心的。亚洲人民所要求的绝不是分裂和对立，而是和平和合作。”①终于，经过不懈努力，除美国外的相关各方达成了恢复印度支那和平的协议和三个停战协定，并发表了最后的宣言，持续九年的印度支那战争终以法国承认印度支那三国的民主权利为结局告终。而这次会议也是中国遵照和平共处五项原则争取和平解决国际事端的第一次成功尝试。经过此次会议，世界各国愈益看到中国维护地区稳定和世界和平的决心和作出的不懈努力。

在日内瓦会议结束一年后，由印度尼西亚、巴基斯坦、锡兰（斯里兰卡）、印度和缅甸联合发起的亚非会议于1955年4月在印度尼西亚万隆举行。此次会议上，中国进一步实践并丰富了和平共处五项原则，使其在国际上被更多国家所认可、接受。亚非会议是第一次由曾经遭受帝国主义侵略和奴役的亚、非国家发起和召开的、没有帝国主义国家参加的大型国际会议。这次会议的宗旨是促进亚非各国间的亲善交流与合作，探讨发展政治、经济、文化和维护国家主权争取和平等共同关切的重大问题，反映了亚非各国人民反对殖民主义、争取民族独立和和平环境的共同愿景。对于此次会议的宗旨和主题，中国一直抱持支持和赞同的积极态度，毛泽东更是在同缅甸总理吴努会谈时明确表示：“我们支持这个会议。如果各国同意，我们希望参加这个会议。”②但当时中国参会的形势十分复杂和严峻：一方面，与会的各个国家社会制度、意识形态和宗教信仰存在巨大差异，且大多未与中国建立外交关系，一些国家受美国蛊惑将社会主义的中国视为重大威胁；另一方面，美国此时正加紧进行其全球扩张计划，对于亚非会议的召开深感不安，使用种种手段破坏会议的进行，企图将会议主题引向“反苏、反共”的方向，会场气氛一度陷入冰点。在会议可能走上歧路时，周恩来在4月19日的大会发言中，开门见山地指出：“中国代表团是来求团结而

① 《中华人民共和国对外关系文件集（1954—1955）》第3集，世界知识出版社1958年版，第78页。

② 《毛泽东外交文选》，中央文献出版社1994年版，第183页。

不是来吵架的。我们共产党人从不讳言我们相信共产主义和认为社会主义制度是好的。但是，在这个会议上用不着来宣传个人的思想意识和各国的政治制度，虽然这种不同在我们中间显然是存在的。中国代表团是来求同而不是来立异的。”①周恩来在这里说提出的“求同存异”原则，进一步丰富了和平共处外交政策的内容，为和平共处五项原则的落地实践提供了途径，搭建了桥梁。同时，在发言中他还再次重申中国将坚持和平共处五项原则，作为与各国建立友好合作和亲善睦邻关系的基础。周恩来的这篇临时“赶写”的发言在关键时刻打破僵局，使会议重回正确的轨道。中国代表团的不懈努力，为亚非会议的成功作出了重要贡献。经过历时一周的激烈讨论，4月24日下午，会议一致通过了《亚非会议最后公报》。《公报》吸收了中国代表团的建议，形成了以和平共处五项原则为基础的和平共处、友好合作的十项原则，中国的和平共处外交政策的国际影响进一步扩大了。亚非会议后，中国同亚非拉国家友好关系进一步发展，同其他国家的外交工作也通过多种方式打开新的局面。与此同时，和平共处五项原则得到了越来越多国家的认可，逐渐成为国际关系的一般准则。

（二）产生深远世界影响

和平共处五项原则一经问世，便显示出极强的生命力，不仅成为中国日后外交政策的基石，而且受到国际社会的广泛认可，逐步成为举世公认的处理国家关系的基本准则，并多次在国际文件和国际法中得到引用和重申。其基本内涵反映了新型国际关系的本质特征，极大地丰富了现代国际关系的原则，对世界和平和发展具有重大理论和实践意义。

和平共处五项原则最初是为了更好地处理同亚洲民族独立国家的关系而提出的，但在实践中其适用范围不断拓展，逐步发展成为处理各国之间关系的一般准则。早在1954年6月中印双方发表的《中印两国总理联合声

① 《周恩来外交文选》，中央文献出版社1990年版，第121页。

明》中就明确指出和平共处五项原则适用于一般国际关系中，“在亚洲及世界各地存在着不同的社会制度和政治制度。然而，如果接受上述各项原则并按照这些原则办事……这些国家就能和平共处并相互友好”[①]。在随后中缅两国总理签署的《中缅两国总理联合声明》中又进一步阐明：“如果这些原则能为一切国家所遵守，则社会制度不同的国家的和平共处就有了保证。”[②]同年7月7日召开的中央政治局扩大会议中，毛泽东提出“要对许多国家，比如英国、法国、加拿大这一类国家，比如印度、缅甸这一类国家，凡是有可能的，都要进行工作”[③]。在这一方针的指导下，日内瓦会议后，英国工党领袖艾德礼、印度总统尼赫鲁和缅甸总理吴努相继访华，毛泽东在同他们的谈话中再次重申：“五项原则是一个长期方针，不是为了临时应付的”[④]“应当把五项原则推广到所有国家的关系中去”[⑤]。同时，毛泽东还明确表示中国以和平共处五项原则为基础的外交政策不拒斥任何国家，包括西方资本主义国家甚至美国在内，中国认为不同制度、不同意识形态的国家也是可以和平共处的，“只需要一个条件，就是双方愿意共处”，希望“美国也采取和平共处的政策”。[⑥]同年9月，一届全国人大一次会议上，周恩来在政府工作报告中明确提出和平共处五项原则应该适用于一般国际关系之中。1956年波匈事件发生后，中国政府立即发表声明，指出社会主义国家之间的关系更应该建立在和平共处五项原则之上。和平共处五项原则的适用范围进一步扩大。在这样的方针指导下，中国不仅同其他社会主义国家的政治经济关系有了重大发展，同主要资本主义国家的关系也逐步“破冰”。中英两国建立起代办级外交关系，而中日两国不断扩大民间交往，通过民间外交在各个领域加强友好往来，为两国关系正常化创造了

① 《中华人民共和国对外关系文件集（1954—1955）》第3集，世界知识出版社1958年版，第114页。
② 《中华人民共和国对外关系文件集（1954—1955）》第3集，世界知识出版社1958年版，第116页。
③ 《毛泽东文集》第6卷，人民出版社1999年版，第334页。
④ 《毛泽东文集》第6卷，人民出版社1999年版，第374页。
⑤ 《毛泽东文集》第6卷，人民出版社1999年版，第362页。
⑥ 《毛泽东文集》第6卷，人民出版社1999年版，第339、341页。

条件。

新中国和平共处外交政策在广泛的实践中不断取得丰硕成果，日益为更多国家所以承认和接受，焕发出蓬勃而恒久的生命力。在中印、中缅联合发表声明后，中国同印度尼西亚、尼泊尔、锡兰（斯里兰卡）、也门王国、阿富汗、蒙古人民共和国、刚果共和国、日本等国家的双边文件中均载明了或重申了和平共处五项原则的主要内容，在中国同160个国家的建交公报中，均明确体现了和平共处五项原则的精神。此外，在一系列国际文献和国际会议决议中，和平共处五项原则的内容也不断被引用和重申。1955年亚非会议通过的《亚非会议最后公报》中十项原则“是和平共处五项原则的引申和发展。这十项原则又一次替愿意和平相处的国家指出了努力的方向”[①]。这是和平共处五项原则的精神最早见诸国际会议的文件当中，对其传播和推广起到了重要作用。此后，在1957年召开的第十二届联合国大会上通过的《各国和平睦邻关系》的决议完全反映了和平共处五项原则的精神内涵和基本内容，这也是其首次以联合国大会决议的方式得到世界范围内的承认。1970年第二十五届联合国大会上通过了《国际法原则宣言》，其所载的基本原则也与和平共处五项原则存在某种渊源和一致性，该宣言作为《联合国宪章》的补充被认为是现代国际法最重要的文件之一。除此之外，联合国通过的其他文件如1960年的《关于给予殖民地国家和人民独立的宣言》，1974年通过的《各国经济权利和义务宪章》等都在不同程度上引用、重申了和平共处五项原则的精神和内容。由此可见，和平共处五项原则不仅作为新型国际关系的一般准则被广大国家所接受，经过一系列国际文件、条约的反复确认，已经成为一项公认的国际法准则，为当代国际关系理论的发展作出重要贡献。

同时，作为一种普遍适用于各国发展和平外交的基本准则，和平共处

---

① 《中华人民共和国对外关系文件集（1954—1955）》第3集，世界知识出版社1958年版，第269页。

五项原则为解决国际争端、维护世界和平提供了现实途径。对此，邓小平给予了中肯的评价，他指出："处理国与国之间的关系，和平共处五项原则是最好的方式。其他方式，如'大家庭'方式，'集团政治'方式，'势力范围'方式，都会带来矛盾，激化国际局势。总结国际关系的实践，最具有强大生命力的就是和平共处五项原则。"①和平共处五项原则承认各国间在政治、经济、文化等方面存在着差异和矛盾，但其牢牢抓住国家主权这一现代国际关系中最重要的核心和基石，主张以"求同存异"的态度，去面对差异，找寻共同点；在出现争端时，遵循"互相尊重主权和领土完整、互不侵犯、互不干涉内政、平等互利、和平共处"的具体原则去解决矛盾，而不至于发展到对抗冲突，影响和平稳定的局面。正因为和平共处五项原则在解决国际冲突、维护和平发展的重要实际价值，许多国家在解决彼此争端时也将其作为行动指针并写入最终决议当中。1962年7月，在日内瓦签署的关于老挝中立的宣言就明确规定，老挝在对外关系中坚持奉行和平共处五项原则的各项内容；1973年1月，越南和美国签署的《关于在越南结束战争、恢复和平的决议》也吸纳了和平共处五项原则的精髓。

历史见证，和平共处五项原则超越了意识形态和社会制度，不仅反映了刚刚脱离殖民统治的新兴民族国家的共同愿景，也体现了人类和合共生的美好愿望，适合现代国际关系发展的需要，对建设新型国际关系，维护世界和平稳定具有巨大的理论和实践贡献。经过半个多世纪的实践检验，仍以其蓬勃而恒久的生命力，对当代国际关系产生广泛而深远的影响。

四、探索中的经验与教训

新中国成立以后，中国共产党领导人民完成了社会主义改造，确立了社会主义制度，实现了中国历史上最伟大的社会变革，开启了全面建设社会主

① 《邓小平文选》第3卷，人民出版社1993年版，第96页。

义的伟大实践。建设新世界远比打破旧世界更为复杂和困难。在没有任何现成先例和成熟经验可循的情况下，党带领人民对适合中国国情的社会主义建设道路进行艰辛探索，取得了辉煌成就，也经历了严重曲折。在此期间积累的正反两方面经验，既是宝贵财富，也是前进方向，引领着中国共产党人和中国人民走向更广阔的未来。

（一）取得巨大成就

刚刚成立的新中国百废待兴，党带领人民迅速医治战争创伤，巩固人民政权，恢复国民经济，并在此基础上不失时机地提出过渡时期的总路线，创造性地完成了新民主主义向社会主义的过渡，开始了建设社会主义现代化国家的伟大征程。如何在中国这样一个经济文化落后和地区发展很不平衡的大国建设社会主义，对于刚刚从革命战争硝烟中走过来的中国共产党来说是一个全新的历史课题。在缺乏现成经验的情况下，党对社会主义建设规律的认识几乎是与实践同步进行的。这一时期的艰辛探索，尽管经历了严重的曲折，但也取得重大而显著的成就，积累了宝贵经验，形成了独创性理论成果，这一切“为新的历史时期开创中国特色社会主义提供了宝贵经验、理论准备、物质基础”①。

这一时期取得的巨大成就，主要体现在以下几个方面：

第一，全面确立了社会主义基本制度，实现了中国历史上最伟大的社会变革。在政治上，初步构建了具有中国特色的社会主义政治制度体系，即人民民主专政、人民代表大会制度、共产党领导下的多党合作制度以及民族区域自治制度。为中国人民通过多种途径参与管理国家事务，管理经济、文化、社会事务提供了制度保障，使人民真正成为了国家、社会和自己命运的主人。在经济上，对农业、手工业、资本主义工商业进行了系统的社会主义改造，确立了以公有制为基础的社会主义经济制度，实现了从新

① 《十八大以来重要文献选编》（上），中央文献出版社2014年版，第8页。

民主主义到社会主义的过渡。社会主义基本制度的全面确立，是中国历史的巨大进步和飞跃，为中国以后的一切发展、进步奠定了政治前提和制度基础。

第二，基本建成独立的、比较完整的工业体系和国民经济体系，为中国以后的发展奠定了牢固的物质技术基础。从“一五”计划的正式实施开始，国家以苏联援建的156项重点工程、694个大中型建设项目为中心，累计投资达4956.43亿元，开展大规模经济建设和国防科技建设，在一穷二白的基础上逐步建成了一批门类比较齐全的基础工业项目，涉及煤炭、冶金、机械、石油、电力、通信、国防等多个领域，为国民经济的进一步发展打下了坚实的基础。新中国成立之初“一辆汽车、一架飞机、一辆坦克、一辆拖拉机都不能造”的状况被彻底改变，经过四个五年计划的艰辛努力，我国不仅可以独立设计和批量生产一部分现代化大型设备，而且电子、原子能、航天等新兴工业也逐步发展起来，成功地爆炸了原子弹、氢弹，试制并成功发射了中远程导弹和人造卫星。特别是1971年9月，我国第一艘核潜艇下水，意味着我们拥有了进行第二次核还击的能力，这成为制约霸权主义和强权政治最有力的“撒手锏”。与此同时，在交通运输和农业水利等基础设施方面，也发展迅速，许多项目至今仍在国民经济和社会生活中发挥着重要作用。经过几个五年计划的建设，到1978年，我国国民生产总值和财政收入分别比新中国成立初期有了几倍、十几倍的增长。这些成就标志着中国在赢得政治上的独立后赢得了经济上的独立，为中国的进一步发展奠定了牢固的物质技术基础，也为中国同包括西方发达国家在内的世界各国在平等互利原则下发展对外贸易和经济往来创造了基本前提。

第三，高度重视人民生活水平的提高和文化、医疗、科技等各项事业的发展，并在短时期内取得了前所未有的成就。在开展大规模经济建设的同时，中国共产党坚持以马克思主义为指导，荡涤旧社会遗留的污泥浊水，大力发展社会主义文化，推进教育、文化、医疗卫生等事业的发展。成人文盲率由1949年的80%，急剧下降至1982年的22.8%；全国人口死亡率从1949年的20‰，下降到1976年的7.5‰；人均预期寿命从1949年的35岁，提高到1975年的男性65.34岁、女性67.08岁。随着教育的不断普及和医疗卫生事业的蓬勃发展，人民的思想道德素质、科学文化素质和身心健康水平显著提高。良好的社会风气和健康文明的新道德逐步形成。

第四，坚持独立自主、维护世界和平、促进人类进步事业的目标，努力改善国际环境，不断提高国际地位，为社会主义建设创造了良好的外部条件。中华人民共和国的成立彻底结束了近代以来丧权辱国的外交历史，开始以独立自主的崭新姿态步入世界舞台。新中国自成立之日起，就把捍卫民族独立、国家主权和领土完整，维护世界和平，促进人类进步事业，作为对外工作的目标，始终不渝地奉行独立自主的外交政策，提出并倡导和平共处五项原则，为维护世界稳定，促进世界和平作出了杰出贡献，赢得了国际社会特别是广大发展中国家的尊重和赞誉，也为国内社会主义建设创造了良好的外部环境。在数十年坚持不懈的外交努力下，1971年10月，新中国恢复了在联合国的合法席位。在同一时期，打开了中美关系正常化的大门，打破了西方长期以来对中国政治上孤立、经济上封锁的被动局面。到1976年，同我国建交的国家已达到113个，基本涵盖了当时世界上的绝大多数国家。这些都为后来中国逐步实行对外开放政策创造了有利条件，邓小平指出："我们能在今天的国际环境中着手进行四个现代化建设，不能不铭记毛泽东同志的功绩。"①

（二）积累了宝贵经验

党的十一届六中全会通过的《关于建国以来党的若干历史问题的决议》指出："我们现在赖以进行现代化建设的物质技术基础，很大一部分是这个期间建设起来的；全国经济文化建设等方面的骨干力量和他们的工作

① 《邓小平文选》第2卷，人民出版社1994年版，第172页。

经验，大部分也是在这个期间培养和积累起来的。这是这个期间党的工作的主导方面。”①在党领导人民探索适合我国国情的社会主义建设道路的艰辛历程中，对社会主义建设规律也经历了由浅入深、由片面到全面、由感性到理性的不断深化的认识过程。特别是以《论十大关系》《关于正确处理人民内部矛盾的问题》等为重要标志，中国共产党人对独立自主建设社会主义的诸多问题有了进一步的思考和认识。1956年4月，《论十大关系》在总结我国经济建设的经验和以苏联经验为鉴戒的基础上，阐明了要把国内外一切积极因素调动起来，为社会主义服务。同年9月召开的中共八大，正确分析了国内外形势和国内主要矛盾的变化，明确指出由于社会主义改造的完成，大规模的急风暴雨式的阶级斗争已经基本结束，国内的主要矛盾已经是人民对于建立先进的工业国的要求同落后的农业国的现实之间的矛盾，已经是人民对于经济文化迅速发展的需要同当前经济文化不能满足人民需要的状况之间的矛盾。党和人民当前的主要任务，就是要集中力量发展社会生产力，实现国家工业化，逐步满足人民日益增长的物质和文化需要。在这些正确认识的基础上，中国共产党逐步形成了社会主义建设的基本方针和若干重要原则，为党继续进行新的探索积累了宝贵经验。概括起来，这些经验主要体现在以下几方面：

一是关于社会主义的发展目标，提出要在独立自主、自力更生地建立独立的比较完整的工业体系和国民经济体系的基础上，分“两步走”实现“四个现代化”宏伟目标，即要把中国建设成为一个具有现代农业、现代工业、现代国防和现代科学技术的强国。

二是关于社会主义经济建设，提出要实行以农业为基础，以工业为主导的方针，正确处理重工业、轻工业和农业的关系，在优先发展重工业的条件下，坚持工业和农业并举、重工业和轻工业并举、中央工业和地方工业并举、大中小企业“两条腿”走路的方针；正确处理积累和消费、生产和生活

① 《关于建国以来党的若干历史问题的决议》，人民出版社2009年版，第19页。

的问题，处理好国家、集体和个人的关系，同时，提出社会主义条件下可以发展商品生产，利用价值规律。

三是关于社会主义政治建设，提出要把“造成一个又有集中又有民主，又有纪律又有自由，又有统一意志、又有个人心情舒畅、生动活泼，那样一种政治局面”作为努力的目标；要正确区分和处理两类不同性质的矛盾，将正确处理人民内部矛盾作为国家政治生活的主题，调动一切积极因素，团结一切可以团结的力量，共同建设社会主义；要保障人民当家作主的各项权利，坚持“长期共存，互相监督”的方针处理好同民主党派的关系，不断发展和巩固民族区域自治制度。

四是关于社会主义文化建设，要坚持马克思主义的指导地位，坚持为人民服务、为社会主义服务的方向，实行“百花齐放、百家争鸣”的方针；坚持思想政治工作是经济工作和一切工作的生命线，要实行政治和经济的统一、政治和技术的统一、又红又专的方针；要重视知识分子在革命和建设中的重要作用；要独立自主、自力更生、奋发图强进行科学技术现代化建设，努力赶超世界先进水平。

五是在国防建设和军队建设方面，必须加强国防、建设现代化正规化国防军和发展现代化国防技术；国防建设要服从国家经济建设的大局，同时积累军事斗争与政治斗争、外交斗争相结合的独创性经验。

六是在共产党自身建设方面，要警惕帝国主义“和平演变”的危险和党在执政以后可能产生的消极现象；要坚持民主集中制和集体领导制度，反对个人崇拜，加强党内监督，发展党内民主，加强党同人民群众的血肉联系。

这些在探索中形成的正确认识和基本经验系统地回答了在中国这样一个社会生产力十分落后、发展极度不平衡的东方大国如何进行社会主义建设的问题，为马克思主义思想宝库增添了新的财富，为党继续进行探索并系统形成中国特色社会主义理论体系提供了重要基础。

（三）出现曲折和失误的深刻教训

辩证唯物史观认为，社会的发展进步往往是波浪式前进、螺旋式上升。社会主义在我国由理想变为现实，自然也不会一帆风顺，在前进中必然要经历曲折。诚如毛泽东在1960年所指出的：“由必然王国到自由王国的飞跃，是在一个长期认识过程中逐步地完成的。对于我国的社会主义革命和建设，我们已经有了十年的经验了，已经懂得了不少的东西了。但是我们对于社会主义时期的革命和建设，还有一个很大的盲目性，还有一个很大的未被认识的必然王国，我们还不深刻地认识它。”[①]由于理论和经验的不足，以及国际形势的影响，党在独立自主地探索适合我国国情的社会主义建设道路过程中，出现了曲折和失误。

新中国成立不久，党带领人民用短短几年的时间就完成了生产资料私有制的社会主义改造，加上“一五”计划各项指标的超额完成，各项事业接连取得瞩目成就，一系列接踵而至的胜利使全党上下都难以保持冷静清醒的头脑。人们不禁以为实现国家富强的目标已经近在眼前，准备一鼓作气地由社会主义过渡到共产主义。然而，由于对社会主义建设的规律认识不足，良好的愿望脱离了基本国情，在国民经济发展的规模和速度问题上犯了急于求成的错误，使得经济建设和社会发展一度遭受重大挫折。虽然毛泽东等党和国家领导人在纠正“大跃进”和人民公社化运动中的“左”倾错误的过程中，对社会主义发展阶段问题有了更进一步的认识，其后又在社会主义的发展战略和目标上提出了通过“两步走”实现“四个现代化”的宏伟构想，但总的来看，还没有形成系统而深入的理论认识。20世纪60年代以后，国际局势复杂深刻的变化不可避免地影响到了党的领导人对于世界局势以及社会主义发展等问题的思考。面对我国社会主义建设中遇到的种种困难以及政治生活与社会关系中出现的复杂矛盾，党的领导人转而从上

① 《毛泽东文集》第8卷，人民出版社1999年版，第198页。

层建筑领域入手，希望通过“以阶级斗争为纲”“纲举目张”来坚持和巩固社会主义，结果又在认识和处理社会政治关系问题上，犯了阶级斗争严重扩大化的全局性错误，妨碍了我国社会主义事业的健康发展。

社会主义建设的事业是艰巨而复杂的，党的探索不可能沿着一条笔直的大道通往认识的自由王国。既然是探索，曲折和错误在所难免，关键是是否敢于正视和纠正自己的错误，是否能够从错误中学习，总结经验教训，以更好地把握社会发展的客观规律性。

从错误中学习，必须对失误和错误采取分析的态度，深入剖析其产生的社会根源、历史根源和思想根源。回顾这段历史，我们必须看到造成严重曲折的原因是多重复杂的。具体讲，主要有三个方面：

第一，党在全国范围内执政的时间短，缺乏治国理政和大规模开展社会主义建设的经验和思想准备。社会主义改造完成后，党和国家的工作重心由阶级斗争向经济建设转移，如何带领中国人民进行经济文化建设，推进社会主义事业向前发展是党面临的全新的历史任务。但由于在这方面缺乏充分的实践，未能深刻把握规律，导致了虽然在探索中形成了一些比较正确的认识，但不够稳定，不够成熟，因此在实践中经常出现反复。特别是党在探索社会主义建设过程中遇到新情况、新问题或思想认识上出现重大分歧时，习惯于沿用过去熟习而这时已不适用的旧方法和旧经验，使过去的经验在新的历史条件下被教条化、绝对化。概而言之，在这一时期，党对什么是社会主义，以及在中国这样一个经济文化落后、发展极度不平衡的国家怎样建设社会主义等重大理论问题缺乏正确、系统的认识和实践的经验，是导致这一时期发生指导方针“左”倾错误的一个重要根源。

第二，党内的民主制度不完善。民主集中制原则逐渐遭到破坏，党内存在着权力过分集中，家长制、干部领导职务终身制、个人专断、个人崇拜等现象。因此，在缺乏有效监督制约机制的情况下，社会主义建设的进程能否避免和及时纠正重大失误更多时候就只能取决于领导人自身的状况。

正如邓小平后来所谈道："我们过去发生的各种错误，固然与某些领导人的思想、作风有关，但是组织制度、工作制度方面的问题更重要，这些方面的制度好可以使坏人无法任意横行，制度不好可以使好人无法充分做好事，甚至会走向反面。"[①]因此，"必须使民主制度化、法律化，使这种制度和法律不因领导人的改变而改变，不因领导人的看法和注意力的改变而改变"[②]。

第三，外部不利环境造成的压力，使党一段时间对国际形势作出了不准确的判断和过度的反应。当时，西方资本主义国家对中国政治上孤立、经济上封锁、军事上威胁，使得党时刻保持高度危机感，对于快速强大起来，发展起来有着迫切的渴望。长时间的封闭状态，也使党对国际局势的严重性过分估计，从而容易接受当前国内阶级斗争日趋尖锐的错误观点，这也是后来阶级斗争扩大化的重要原因之一。

概而言之，这一时期党和人民的事业出现曲折的原因归根到底是我们党在社会主义建设道路的探索中，还没有从根本上解决什么是社会主义、怎样建设社会主义的理论和实践问题，这一时期党带领全国人民在探索中前进，在曲折中发展的实践，对中国共产党和中国人民走向未来具有深刻的启示，总结起来，主要有十个方面：一是始终坚持以经济建设为中心，大力发展生产力；二是从基本国情出发，正确判断把握我国社会所处的历史阶段，有步骤分阶段地实现社会主义现代化发展目标；三是使社会主义生产关系的变革和完善适应于生产力的状况，有利于生产的发展；四是在坚持自力更生的基础上，加强对外交流与合作；五是正确认识和处理我国社会内部大量存在的不属于阶级斗争范围的各种社会矛盾；六是按照民主和法制紧密结合的要求，发展社会主义民主政治；七是重视教育科学和文化事业，加强思想政治工作，不断提高全体社会成员的思想道德素质和科学

① 《邓小平文选》第2卷，人民出版社1994年版，第333页。
② 《邓小平文选》第2卷，人民出版社1994年版，第146页。

文化素质；八是调动一切积极因素，依靠最广大人民群众建设社会主义；九是准确把握时代特点和国际形势变化，制定和及时调整我国的外交战略，积极创造有利于我国社会主义现代化建设的外部条件；十是高度重视加强和改进党的建设，加强和改善党的领导[①]。

这十点启示，是党和人民在艰辛探索中获得的宝贵财富。坚持真理、修正错误，吸取教训，发扬经验，具有不断克服自己错误的政治勇气和宽广胸怀的中国共产党，定能带领中国人民重新奋起，开辟社会主义建设事业的新局面。

① 《中国共产党历史》第2卷下册，中共党史出版社2011年版，第1065—1068页。

第五章

改革年代的文明发展

改革开放新时期，中国共产党带领中国人民，扎根于中国大地，坚持以经济建设为中心，坚定不移解放和发展社会生产力，坚持同其他文明不断交流互鉴，积极学习先进文明成果，摸索出中国特色社会主义政治发展道路，实现中国特色社会主义物质文明、政治文明、精神文明协调发展。这一系列成就，为中华民族创造宝贵的文明财富，也为人类文明进步作出巨大贡献。

一、以经济建设为中心

改革开放新时期，头等重要问题莫过于怎样发展经济。党的十一届三中全会，作出了把党和国家工作中心转移到经济建设上来，实行改革开放的历史性决策。正是始终坚持这一决策，综合国力快速增强，中国特色社会主义物质文明大幅提升。

（一）解放和发展生产力

“文化大革命”后，全党和全国人民面对的问题颇为复杂，如何尽快结束以阶级斗争为纲的“无产阶级专政下继续革命”的错误理论和实践，如何尽快扭转社会经济发展缓慢的状态，如何尽快对经济建设的方针、规划进行调整。以邓小平为核心的党的第二代中央领导集体根据马克思主义原理进行了深入思考和回答。

经济建设是研究和解决政治问题、社会问题的前提。党的十一届三中全会召开前夕，邓小平先后与国务院政治研究室、教育部门、军事部门、部分地区省委和市委领导座谈，讨论经济建设的重要性。邓小平认为，社会主义经济落后，社会主义优越性难以体现，关系重大，必须解放思想、实事求是地去分析和研究。各部门一致认同这一观点。1978年12月，邓小平在中央工作会议上的讲话中指出，实事求是地分析和研究当前问题，就要把社会主义经济全面地转到大生产的基础上来。他强调：研究和解决新问题，尤其要注意和研究经济建设的问题。邓小平科学地预测到：经济政策的落实，将会使政治问题和社会问题得到很好地解决。“随着经济的发展，路子会越走越宽，人们会各得其所。”[①]党的十一届三中全会后，邓小平在与各省、市、自治区委员会第一书记座谈时，对经济建设作进一步阐述。他指出：政治问题、社会问题要从经济的角度来解决。“经济不发展，这些问题永远不能解决。……总之，要用经济办法解决政治问题、社会问题。”[②]

1980年1月，在中共中央召集的干部会议上，邓小平总结新中国成立以来的社会主义建设经验。“近三十年来，经过几次波折，始终没有把我们的工作着重点转到社会主义建设这方面来，所以，社会主义优越性发挥得太少，社会生产力的发展不快、不稳、不协调，人民的生活没有得到多大的改善。”[③]吃过如此大的苦头，邓小平对经济建设提出两点要求。一是在经济建设的态度上必须坚定，“现在要横下心来，除了爆发大规模战争外，就要始终如一地、贯彻始终地搞这件事，一切围绕着这件事，不受任何干扰。就是爆发大规模战争，打仗以后也要继续干，或者重新干。我们全党全民要把这个雄心壮志牢固地树立起来，扭着不放，‘顽固’一点，毫不动摇”[④]。二是经济建设的方法上必须抓住中心，“要把经济建设当作中心。离开了经济建设这个中心，就有丧失物质基础的危险。其他一切任务都要服从这个中心，围绕这个中心，决不能干扰它，冲击它”[⑤]。邓小平的重要论述，科学地回答了经济建设的地位和意义，也为经济建设指明了方向。

20世纪80年代末90年代初，由于世界形势发生新变化，尤其是东欧

① 《邓小平文选》第2卷，人民出版社1994年版，第152页。
② 《邓小平文选》第2卷，人民出版社1994年版，第195—196页。
③ 《邓小平文选》第2卷，人民出版社1994年版，第249页。
④ 《邓小平文选》第2卷，人民出版社1994年版，第249页。
⑤ 《邓小平文选》第2卷，人民出版社1994年版，第250页。

社会主义国家局势突变，国际国内一些势力企图干扰和破坏经济建设这个中心。1991年7月，江泽民在中共中央党校党建理论研究班座谈中，听到有同志主张一方面抓经济建设、一方面反“和平演变”时，他当即表示：“中心只能有一个，就是以经济建设为中心，不能搞‘多中心论’[①]。”以江泽民同志为核心的党中央坚定有力地排除了干扰，始终坚持经济建设中心不动摇，社会生产力获得进一步解放和发展，人民生活水平不断提高。

进入新世纪，以胡锦涛同志为主要代表的中国共产党人，牢牢把住经济建设这个中心，推动生产力以前所未有的速度发展起来。2011年7月1日，胡锦涛在庆祝中国共产党成立90周年大会上的讲话中全面总结改革开放30多年来经验而得出：“只有推动经济又好又快发展，才能筑牢国家发展繁荣的强大物质基础，才能筑牢全国各族人民幸福安康的强大物质基础，才能筑牢中华民族伟大复兴的强大物质基础。”在得出三个“强大物质基础”基础上，胡锦涛进一步强调：“我们坚持以经济建设为中心，推动社会生产力以前所未有的速度发展起来，这是我国综合国力、人民生活水平、国际地位大幅度提升的根本原因。今后，我们必须继续牢牢坚持发展是硬道理的战略思想，牢牢扭住经济建设这个中心，决不能有丝毫动摇。”[②]

正是因为中国共产党始终坚持以经济建设为中心不动摇原则，生产力不断获得新的解放和发展，人民的温饱问题得到很好解决，小康水平更是不断提高。国内生产总值由1978年的3679亿元增长到2012年的51.9万亿元，年平均实际增长9.8%。经济大发展、物质生活提高的同时，生动活泼、安定团结的局面不断巩固，文化事业和社会事务都实现了有计划、有秩序地推进，中国特色社会主义建设事业蓬勃发展。

① 《江泽民〈论党的建设〉学习问答》，中共中央党校出版社2001年版，第57页。
② 胡锦涛：《在庆祝中国共产党成立90周年大会上的讲话》，《人民日报》2011年7月2日。

（二）向世界学习

经济建设不能关起门来自己搞。党的十一届三中全会召开前，邓小平与党政机关、国际友人谈及中国经济建设时不断强调必须打开大门，向世界先进文明学习。1978年9月，在听取吉林省委汇报时，邓小平指出："世界天天发生变化，新的事物不断出现，新的问题不断出现，我们关起门来不行，不动脑筋永远陷于落后不行。"①在听取鞍山市委汇报时，邓小平指出："世界在发展，我们不在技术上前进，不要说超过，赶都赶不上去……我们要以世界先进的科学技术成果作为我们发展的起点。我们要有这个雄心壮志。"②一个月后，邓小平在接见德国客人时再次强调："中国在历史上对世界有过贡献，但是长期停滞，发展很慢。现在是我们向世界先进国家学习的时候了。"③他结合世界先进国家发展经验，指出：世界有了突飞猛进的发展，中国与之差距已经很大了，如果再不追赶上了，将会更难了。有了这一系列的铺垫，1978年12月，党的十一届三中全会召开，邓小平代表党中央郑重宣告：改革开放、向世界先进文明学习的历史性决策。

搞清楚为什么学习世界先进文明成果后，学习什么和如何学习就成为关键。1978年9月，邓小平听取鞍山市委汇报时指出，中国经济建设，向世界学习的是先进科学技术成果，包括：国际先进的管理方法、先进的经营方法、先进的定额等。在接见德国客人时，邓小平指出："要引进国际上的先进技术、先进装备，作为我们发展的起点。"④党的十一届三中全会报告中，邓小平明确学习的基本内容和基本要求，"我们要学会用经济方法管理经济。自己不懂就要向懂行的人学习，向外国的先进管理方法学习"。学习的主体，包括全国所有企业。"不仅新引进的企业要按照人家的先进

① 《邓小平文选》第2卷，人民出版社1994年版，第128页。
② 《邓小平文选》第2卷，人民出版社1994年版，第129页。
③ 《邓小平文选》第2卷，人民出版社1994年版，第132页。
④ 《邓小平文选》第2卷，人民出版社1994年版，第133页。

方法去办，原有企业的改造也要采用先进的方法。”与此同时，为了学得快、学得好，邓小平给出循序渐进的建议，实验一点、成功一点就推广一点。“在全国的统一方案拿出来以前，可以先从局部做起，从一个地区、一个行业做起，逐步推开。”①1979年1月，邓小平在与荣毅仁等工商界领导人座谈时表示：支持工商界积极引进和利用世界先进技术和人才，并真诚向他们发出邀请，请他们推荐有技术专长、有管理经验的人管理企业，特别是新行业的企业。无论国籍，重要的是具有先进的技术，都可以用。与此同时，邓小平强调，学习世界先进文明成果要做到两个“决不”，“我们要有计划、有选择地引进资本主义国家的先进技术和其他对我们有益的东西，但是我们决不学习和引进资本主义制度，决不学习和引进各种丑恶颓废的东西”②。1979年11月，邓小平会见美国客人时再次重申：“学习资本主义国家的某些好东西，包括经营管理方法，也不等于实行资本主义。这是社会主义利用这种方法来发展生产力。把这当作方法，不会影响整个社会主义，不会重新回到资本主义。”③两个“决不”和三个“不”，深刻揭示中国共产党继承人类文明、发展人类文明的信心与决心。

学习和引进世界先进技术、先进生产方法、先进设备及专业人才等一切文明成果，为中国经济建设插上了腾飞的翅膀。1992年10月，党的十四大高度评价了学习世界先进文明成果的实践。“我国经济建设上了一个大台阶，人民生活上了一个大台阶，综合国力上了一个大台阶。在世界风云变幻的情况下，中国的社会主义制度经受住严峻的考验，显示了强大的生命力。”④在得出三个“大台阶”的基础上，全党一致认为，改革开放、向世界学习的胆子必须更大一点，大胆吸收和借鉴世界各国包括资本主义发达国家的一切反映现代社会化生产和商品经济一般规律的先进经营方式和管

① 《邓小平文选》第2卷，人民出版社1994年版，第150页。
② 《邓小平文选》第2卷，人民出版社1994年版，第168页。
③ 《邓小平文选》第2卷，人民出版社1994年版，第236页。
④ 《十四大以来重要文献选编》（上），人民出版社2011年版，第1—2页。

理方法；国外的资金、资源、技术、人才以及作为有益补充的私营经济，都应当而且能够为社会主义所利用、发展社会主义中国。有了以上共识，以江泽民同志为主要代表的中国共产党人，开创全面改革开放新局面，对外经济、技术合作交流持续扩大，利用外资和学习世界先进文明成果的能力不断提高，整个国家焕发出了新的勃勃生机，中华大地发生了历史性的伟大变化。

党的十六大以后，以胡锦涛同志为主要代表的中国共产党人，以更加积极的姿态学习借鉴人类社会创造的一切文明成果，不断完善全方位、多层次、宽领域的对外开放格局，积极吸收外来资金和技术，努力学习和借鉴世界先进技术和管理经验，促进了中国经济实现了高水平发展，增强了中国的综合国力和国际竞争力。正如胡锦涛在纪念改革开放30周年大会上所言："我们不断扩大对外开放，把'引进来'和'走出去'紧密结合起来，认真学习借鉴人类社会创造的一切文明成果，坚持趋利避害，形成经济全球化条件下参与国际经济合作和竞争新优势，推动经济全球化朝着均衡、普惠、共赢方向发展，共同呵护人类赖以生存的地球家园，促进人类文明繁荣进步。"①

综上所述，中国共产党领导中国人民改革开放，努力学习世界先进文明成果，促进中国科学技术和生产力的快速发展，极大改善了全国人民物质文化生活，中国特色社会主义充满生机活力。

（三）建立社会主义市场经济体制

在全力发展经济同时，中国对什么是社会主义经济、怎样建设中国特色社会主义经济的认识和把握不断深化。1978年12月，党的十一届三中全会，通过深入分析经济领域存在国民经济比例失调，生产、建设、流通、分配混乱，人民生活水平低等问题，阐明了诸多问题的根源在于国家的经济管理体制权力过于集中。全会提出，应按照经济规律，积极而又量力地对经济

---

① 胡锦涛：《在纪念改革开放30周年大会上的讲话》，《十七大以来重要文献选编》（上），中央文献出版社2009年版，第805页。

管理体制和经营管理方法进行改革。1979年3月和10月，邓小平在党的理论工作务虚会上、在与省、市、自治区委员会第一书记座谈中，不断重申经济体制改革的重要性。他指出，只有认真解决经济体制问题，才能实现四个现代化，且经济体制改革必须满足两项基本要求，一要适合中国情况，二要按照经济规律办事。

发展市场经济能够满足经济体制改革的两项基本要求。1979年11月，邓小平会见美国客人时从现实和历史两个角度对市场经济进行了深入分析。从现实角度看，“说市场经济只存在于资本主义社会，只有资本主义的市场经济，这肯定是不正确的。社会主义为什么不可以搞市场经济”①。从历史角度看，“市场经济，在封建社会时期就有了萌芽。社会主义也可以搞市场经济”②。历史和现实充分证明，市场经济是客观存在的，没有专属，社会主义中国也可以搞市场经济。

接下来，社会主义中国如何搞市场经济，如何把握计划与市场的关系，成为人们普遍关心的问题。1979年3月，陈云在拟定经济体制改革的一份提纲中对问题进行了简要说明。“在今后经济的调整和体制的改革中，实际上计划与市场这两种经济的比例的调整将占很大的比重。不一定计划经济部分愈增加，市场经济部分所占绝对数额就愈缩小，可能是都相应地增加。”③同年11月，邓小平会见美国客人时阐述了中国的社会主义市场经济基本特征。“我们是计划经济为主，也结合市场经济，但这是社会主义的市场经济。”④1980年1月，在中共中央召集的干部会议上，邓小平对中国的社会主义市场经济进行了详细说明。“我们在发展经济方面，正在寻求一条合乎中国实际的，能够快一点、省一点的道路……计划调节和市场调节相结

① 《邓小平文选》第2卷，人民出版社1994年版，第236页。
② 《邓小平文选》第2卷，人民出版社1994年版，第236页。
③ 《陈云文选》第3卷，人民出版社1995年版，第247页。
④ 《邓小平文选》第2卷，人民出版社1994年版，第236页。

合。”[①]1982年9月，党的十二大召开，邓小平在开幕词中明确提出了“建设有中国特色的社会主义”的重大命题。在此基础上，他指出：中国的市场经济建设，必须从中国的实际出发。学习和借鉴资本主义经济建设经验，但不能照抄照搬别国经验、别国模式。综合相关论述，大会提出社会主义经济体制改革要注意解决集中资金进行重点建设，坚持国营经济的主导地位和发展多种经济形式，贯彻计划经济为主、市场调节为辅的原则，以及坚持自力更生为主和扩大对外经济技术交流等几个重要原则问题。大会强调：“正确贯彻计划经济为主、市场调节为辅的原则，是经济体制改革中的一个根本性问题。”[②]

在邓小平、陈云等中央领导的推动下，1984年10月，党的十二届三中全会通过《中共中央关于经济体制改革的决定》。《决定》在理论上的重大贡献是，一是突破了把计划经济同商品经济对立起来的传统观念，提出社会主义经济是公有制基础上的有计划的商品经济；二是突破了把全民所有同国家机构直接经营企业混为一谈的传统观念，提出企业的所有权同经营权可以适当分开。

根据邓小平等中央领导相关论述和《中共中央关于经济体制改革的决定》部署，经济体制改革全面展开。至1987年党的十三大召开前，全国的积累和消费、农业和工业、轻工业和重工业之间的比例关系不断调整，长期存在的积累率过高的农业、轻工业严重落后的情况有了很大的改变，国家财政金融状况也随之得到改善，物价趋于稳定，城乡居民生活出现了前所未有的活跃局面。但在改革探索中也存在问题和困难，尤其是多年积累下来的不协调、不合理问题难以在短时间内完全解决。鉴于此，1987年10月，党的十三大指出，社会主义经济体制，应该是计划与市场内在统一的体制。新的经济运行机制，总体上说应当是国家调节市场，市场引导企业。大会要

① 《邓小平文选》第2卷，人民出版社1994年版，第246—247页。
② 《十二大以来重要文献选编》（上），中央文献出版社2011年版，第19页。

求，要围绕转变企业经营机制这个中心环节，分阶段地进行计划、投资、物资、财政、金融、外贸等方面体制配套改革，逐步建立起有计划商品经济新体制的基本框架。

在落实党的十三大确定的关于社会主义经济建设政策进程中，国内外局势的不稳定性不断增加。我国经济运行中出现一系列不稳定、不协调的问题，突出表现为通货膨胀加剧，人民群众对物价的焦虑及对部分党员干部中存在腐败的不满情绪高涨。国际上东欧国家的剧变和苏联的解体，社会主义在世界范围内的实践陷入低潮。诸多因素对社会主义市场经济建设产生了一定的负面影响，有人对社会主义经济的前途缺乏信心，提出姓"社"还是姓"资"的疑问。

在这个重要历史关头，邓小平于1992年1月至2月视察武昌、深圳、珠海、上海等地，一路上结合经济建设实际对社会主义市场经济进行了深刻阐述。"计划多一点还是市场多一点，不是社会主义与资本主义的本质区别。计划经济不等于社会主义，资本主义也有计划；市场经济不等于资本主义，社会主义也有市场。计划和市场都是经济手段。社会主义的本质，是解放生产力，发展生产力，消灭剥削，消除两极分化，最终达到共同富裕。"① 邓小平这一精辟论断，科学回答了社会主义经济建设的一系列基本问题，帮助了人们全面认清计划与市场关系。同年10月召开的党的十四大，将邓小平关于经济建设系列重要论述作为建立社会主义市场经济的政策思路。大会明确提出："我国经济体制改革的目标是建立社会主义市场经济体制，以利于进一步解放和发展生产力。"具体就是，"我们要建立的社会主义市场经济体制，就是要使市场在社会主义国家宏观调控下对资源配置起基础作用，使经济活动遵循价值规律的要求，适应供求关系的变化；通过价格杠杆和竞争机制的功能，把资源配置到效益好的环节中去，并给企业以压力和动力，实现优胜劣汰；运用市场对各种经济信号反应比较灵敏的优

① 《邓小平文选》第3卷，人民出版社1993年版，第373页。

点，促进生产和需求的及时调。同时也要看到市场有其自身的弱点和消极方面，必须加强和改善国家对经济的宏观调控。我们要大力发展全国的统一市场，进一步扩大市场的作用，并依据客观规律的要求，运用好经济政策、经济法规、计划指导和必要的行政管理，引导市场健康发展”①。大会要求，围绕社会主义市场经济体制的建立，要抓紧制定总体规划，有计划、有步骤地进行相应的体制改革和政策调整。社会主义制度与市场经济的有机结合，建立和完善社会主义市场经济体制，是前无古人的伟大创举，是中国共产党人对马克思主义理论的重大发展，也是社会主义发展史上的重大突破。

按照党的十四大关于建立社会主义市场经济体制的重大决策，党中央、国务院作出一系列相应的体制改革和政策调整。1993年11月，党的十四届三中全会审议通过《中共中央关于建立社会主义市场经济体制若干问题的决定》，明确："社会主义市场经济体制是同社会主义制度结合在一起的，建立社会主义市场经济体制，就是要使市场在国家宏观调控下对资源配置起基础作用。"②该《决定》完整勾画出中国特色社会主义市场体制基本框架：在坚持以公有制为主体、多种经济成分共同发展的基础上，建立现代企业制度、全国统一开放的市场体系、完善的宏观调控体系、合理的收入分配制度和多层次的社会保障制度。经过十多年努力探索，社会主义市场经济体制初步建立，社会生产力获得极大发展。

进入新世纪，社会主义市场经济如何完善、如何成熟，成为新的任务。2000年，江泽民考察西部大开发时提出了完善社会主义市场经济的要求。他表示，要使社会主义市场经济体制比较完善、比较成熟，需要解决一系列深层次问题。主要包括三个层面：一是进一步完善公有制为主体、多种所有制经济共同发展的格局，以建立现代企业制度为重点的国有企业改

① 《十四大以来重要文献选编》（上），中央文献出版社2011年版，第16页。
② 《十四大以来重要文献选编》（上），中央文献出版社2011年版，第453页。

革；二是进一步建立和完善规范的统一的全国市场；三是进一步健全和完善适应加入世界贸易组织要求的经济技术合作和竞争机制、按劳分配和按生产要素分配相结合的分配制度、多层次的社会保障体系、政府的管理体制和运行机制以及党和国家的领导体制等。①

2002年11月，党的十六大对如上三个层面的问题进行了深入讨论。一致认为，在坚持国家所有制的前提下，充分发挥中央和地方两个积极性。在更大程度上发挥市场在资源配置中的基础性作用，健全统一、开放、竞争、有序的现代市场体系。深化分配制度改革，健全社会保障体系。坚持效率优先、兼顾公平，既要提倡奉献精神，又要落实分配政策，既要反对平均主义，又要防止收入悬殊。大会强调："本世纪头二十年经济建设和改革的主要任务是，完善社会主义市场经济体制，推动经济结构战略性调整，基本实现工业化，大力推进信息化，加快建设现代化，保持国民经济持续快速健康发展，不断提高人民生活水平。"②

为完成党的十六大提出的主要任务，2003年10月，党的十六届三中全会通过《关于完善社会主义市场经济体制若干问题的决定》。该《决定》明确指出，完成党的十六大的任务应从如下七个方面开始，即：完善公有制为主体、多种所有制经济共同发展的基本经济制度；建立有利于逐步改变城乡二元经济结构的体制；形成促进区域经济协调发展的机制；建立统一开放、竞争有序的现代市场体系；完善宏观调控体系、行政管理体制和经济法律制度；健全就业、收入分配和社会保障制度；建立促进经济社会可持续发展的制度。

在《决定》的指引下，21世纪第一个十年，我国社会主义市场经济体制改革按照部署向重点领域和关键环节稳步推进，市场在资源配置中的作用不断扩大，又好又快经济形势不断巩固，经济总量的世界排位不断提升，中

① 参见《江泽民文选》第3卷，人民出版社2006年版，第65页。
② 《十六大以来重要文献选编》（上），中央文献出版社2011年版，第16页。

国特色社会主义的物质文明不断提升。中国特色社会主义市场经济体制的完善和成熟，为中华民族伟大复兴提供了强有力支撑。

二、党的领导、人民当家作主、依法治国有机统一

党的十一届三中全会后，政治建设进入新的历史时期。党中央在认真总结和汲取以往政治生活经验教训基础上，将坚持党的领导、人民当家作主、依法治国有机统一于推进社会主义民主政治建设，努力探索中国特色社会主义政治体制和具体制度。

（一）事关全局的政治体制改革

1978年7月至9月，在国务院召开的务虚会上，与会者结合经济体制改革提议讨论了政治体制改革。李先念结合大家的讨论表示，实现四个现代化是一场根本改变中国经济和技术落后面貌的伟大革命，应随着经济体制改革的推进相应进行政治体制改革。“既然要大幅度地改变目前落后的生产力，也就必然要多方面地改变生产关系和上层建筑。”[①]同年12月，党的十一届三中全会上，对全党全国工作的重心转到实现四个现代化上来后上层建筑如何适应经济工作需要，进行了深入讨论。对政治体制存在弊端有着深刻认识的邓小平大声疾呼：政治体制改革是时候启动了。邓小平在吸取正反两方面经验基础上指出：在当前这个历史时期，特别需要强调社会主义政治建设问题。“好的意见不那么敢讲，对坏人坏事不那么敢反对，这种状况不改变，怎么能叫大家解放思想，开动脑筋？四个现代化怎么化法？”[②]针对这一连串的问题，邓小平从现代化建设成败的高度指出：要搞四个现代化，把社会主义经济全面地转到大生产的技术基础上，要切实保

① 《中国共产党的九十年（改革开放和社会主义现代化建设新时期）》，中共党史出版社，党建读物出版社2016年版，第653页。

② 《邓小平文选》第2卷，人民出版社1994年版，第144页。

障人民群众的民主权利，必须克服官僚主义。邓小平的分析获得了与会者的赞同。大家一致表示，这次会议实现的伟大历史转折，将深刻影响着生产关系和上层建筑的各个方面，也将改变着人们的活动方式和思维方式。邓小平与与会者关于政治体制改革的认识写入了全会公报。全会公报明确指出：“实现四个现代化，要大幅度地提高生产力，也就必然要求多方面地改变同生产力发展不适应的上层建筑。”①全会形成的政治体制改革的共识，为推动政治体制改革准备了充分条件。

党的十一届三中全会决策纷纷落实后，全国的经济生产形势不断向好，甚至比党中央预计的情况还要好很多，政治体制改革的必要性和重要性在经济体制改革中日益凸显。1979年3月，在党的理论工作务虚会议上，邓小平结合3个多月经济发展形势作了题为《坚持四项基本原则》的重要讲话，深刻分析了政治体制改革对经济发展的重要意义。他指出：十一届三中全会以来，经济等多方面工作基本上恢复了正常秩序，这是一个非常重大和来之不易的成就。事实证明，安定团结的政治局面，是社会主义现代化建设事业必不可少的条件和保证。为了四个现代化的实现，一定要向人民群众讲清楚政治体制改革问题。他以社会主义民主为例，指出：“什么是中国人民今天所需要的民主呢？中国人民今天所需要的民主，只能是社会主义民主或称人民民主，而不是资产阶级的个人主义的民主。”“因此，继续努力发扬民主，是我们全党今后一个长时期的坚定不移的目标。”②邓小平的深刻论述帮助全党全国认识到：只有社会主义民主，才是维护人民根本利益的最广泛、最真实、最管用的民主；只有政治体制改革，才能发展社会主义民主。

随后，中央领导人在不同场合多次阐述社会主义民主和法制的建设对经济工作的重要意义。邓小平在会见日本客人时指出：“我们将坚决

---

① 《十四大以来重要文献选编》（上），中央文献出版社2011年版，第4页。
② 《邓小平文选》第2卷，人民出版社1994年版，第175—176页。

加强社会主义民主和社会主义法制，这将有利于继续安定局势，有利于现代化。”[①]1979年10月，邓小平在给中国文学艺术工作者第四次代表大会的祝词中，将政治体制改革与经济建设有机结合起来，指出：“我们的国家已经进入社会主义现代化建设的新时期。我们要大幅度提高社会生产力的同时，改革和完善社会主义的经济制度和政治制度，发展高度的社会主义民主和完备的社会主义法制。”[②]中央纪律检查委员会第一书记陈云在讲话中多次表示：推进政治体制改革，尤其是维护党规党法、整顿党风，加强党的建设、加强党的领导，有助于形成生动活泼的政治局面。1979年1月，陈云在中央纪律检查委员会第一次全体会议上强调：“这件事是我们全党最大的事情，只有这样做，安定团结、四个现代化才能实现。”[③]

在邓小平等中央领导人的积极引导下，全党全国全社会对政治体制改革事关党和国家工作全局的认识更加清晰。1982年9月，党的十二大指出，社会主义经济建设、物质文明建设，都要靠继续发展社会主义民主和法制来保证和支持。只有健全社会主义民主和法制，整顿党的作风和组织，把党建设成为领导社会主义现代化事业的坚强核心，才能把我国建设成为高度文明、高度民主的社会主义国家。1986年9月，邓小平向世人阐明政治体制改革的目的，“进行政治体制改革的目的，总的来讲是要消除官僚主义，发展社会主义民主，调动人民和基层单位的积极性”。要实现这一目的，邓小平强调：应处理好两对关系，“处理好法治和人治关系，处理好党和政府的关系”[④]。1987年10月，党的十三大结合经济体制改革的展开和深入进一步强调：“经济体制改革的展开和深入，对政治体制改革提出了愈益紧迫的要求。发展社会主义商品经济的过程，应该是建设社会主义民主政治的过

① 《邓小平年谱（1975—1997）》（上），中央文献出版社2004年版，第525—526页。

② 《邓小平文选》第2卷，人民出版社1994年版，第208页。

③ 《陈云文选》第3卷，人民出版社1995年版，第240页。

④ 《邓小平文选》第3卷，人民出版社1993年版，第177页。

程。不进行政治体制改革，经济体制改革不可能最终取得成功。”①

有了党的十二大和十三大坚实的共识基础，以江泽民同志为主要代表的中国共产党人结合经济体制改革目标和任务，在党的十四大、十五大、十六大对政治体制改革全局性地位的认识上更加深化、把握上更加深刻。党的十四大指出：“同经济体制改革和经济发展相适应，必须按照民主化和法制化紧密结合的要求，积极推进政治体制改革。”“没有民主和法制就没有社会主义，就没有社会主义现代化。”“我们应当在发展社会主义民主、健全社会主义法制方面取得明显进展，以巩固和发展稳定的社会政治环境，保证经济建设和改革开放的顺利进行。”②党的十五大指出：“我国经济体制改革的深入和社会主义现代化建设跨世纪的发展，要求我们在坚持四项基本原则的前提下，继续推进政治体制改革，进一步扩大社会主义民主，健全社会主义法制，依法治国，建设社会主义法治国家。”“没有民主就没有社会主义，就没有社会主义现代化。”③鉴于此，党的十五大把依法治国提到党领导人民治理国家的基本方略的高度，提出在党的领导下，在人民当家作主的基础上，依法治国，发展有中国特色社会主义民主政治，建设社会主义法治国家。

进入新世纪，以胡锦涛同志为主要代表的中国共产党人将政治体制改革提升至事关社会主义现代化建设的高度，事关社会主义政治文明建设的成败。党的十六大指出：“发展社会主义民主政治，建设社会主义政治文明，是全面建设小康社会的重要目标。”④党的十七大上，中共中央从落实中国特色社会主义事业总体布局、实现全面建设小康社会奋斗目标的战略高度出发，在科学总结前人经验的基础上提出：“政治体制改革作为我国全

① 《沿着有中国特色的社会主义道路前进——在中国共产党第十三次全国代表大会上的报告》，《十三大以来重要文献选编》（上），中央文献出版社2011年版，第29页。
② 《十四大以来重要文献选编》（上），中央文献出版社2011年版，第24页。
③ 《十五大以来重要文献选编》（上），中央文献出版社2011年版，第26页。
④ 《十六大以来重要文献选编》（上），中央文献出版社2011年版，第24页。

面改革的重要组成部分，必须随着经济社会发展而不断深化，与人民政治参与积极性不断提高相适应。”[①]2008年12月，胡锦涛在纪念党的十一届三中全会召开30周年大会上的讲话中又一次强调：“没有民主就没有社会主义，就没有社会主义现代化。”“必须把推动经济基础变革同推动上层建筑改革结合起来，不断推进政治体制改革，为改革开放和社会主义现代化建设提供制度保证和法制保障。”[②]

中国共产党对政治体制改革不仅在理论上认识不断深化，而且在实践中更有新探索。中国共产党始终坚持从中国特色社会主义伟大事业全局出发，积极稳妥推进政治体制改革，坚持党的领导、人民当家作主、依法治国有机统一。在整体推进政治体制改革的同时，重点加强党的建设和完善法律体系，着力解决好官僚主义问题，党的建设虚化、弱化的问题，着力实现有法可依、有法必依、执法必严、违法必究，从而为改革开放和社会主义现代化建设提供强有力地政治领导和法律保障。一言以概之，中国共产党不断探索中国特色社会主义政治体制机制，推动政治文明建设沿着社会主义方向前进。

（二）扎实推进社会主义政治文明建设

政治体制改革拉动了社会主义政治文明建设的引擎。1979年1月，在党的十一届三中全会宣告重新成立的中央纪律检查委员会举行第一次全体会议，新任中央纪律检查委员会第一书记陈云在会上发表重要讲话中指出，党的中央纪律检查委员会的基本任务，就是要维护党规党法，整顿党风，实现生动活泼的政治局面。他强调：“我们做好这件事，对我们这样一个在九亿人口国家中的执政党，是一件重大的工作，对于国际共产主义运动也是一种重大的责任。”[③]会后，中共中央及各级党委根据指示为解决党

① 《十七大以来重要文献选编》（上），中央文献出版社2009年版，第22页。
② 《十七大以来重要文献选编》（上），中央文献出版社2009年版，第801页。
③ 《陈云文选》第3卷，人民出版社1995年版，第240页。

的建设方面的突出问题做了大量工作。各级纪律检查委员会和组织部门严格按照党规党法对一批党员违纪案件进行认真查处，彻底平反冤假错案，对于违反党纪的党员，严格按照党规党法处理，有力地打击了党内存在歪风邪气，党内政治生活恢复秩序。1979年3月和11月，党中央先后公布和印发了《关于党内政治生活的若干准则（草案）》（1982年党的十一届五中全会正式通过）《关于高级干部生活待遇的若干规定》。各级党委、纪委依照《准则》和《规定》的要求，着力完善党规党法，加强党的组织建设、作风建设，加强党的领导。与此同时，中央一级的机构改革，如党和国家领导制度改革、精简机构、增强地方权力、扩大基层民主权利等迅速展开。至1982年6月底，中央党政机关机构改革第一阶段结束，基本建成了适应改革开放和社会主义现代化建设需要的政治机构，一批优秀年轻干部充实到党政机关中，给党的领导和党的建设注入了新的生机活力。

1981年6月，党的十一届六中全会通过了《关于建国以来党的若干历史问题的决议》，对新中国成立以来政治建设经验教训进行了科学分析，统一了全党全国思想。党内政治生活实现正常化，党员的权利获得保障，实事求是、深入群众、勇于批评和自我批评、艰苦朴素等优良传统得到发扬光大，为社会主义政治文明建设顺利进行提供了重要保证。

党的建设和党的领导不断加强的同时，推进了社会主义民主法制建设。1979年6月，第五届全国人大二次会议通过了《关于修正〈中华人民共和国宪法〉若干规定的决议》《中华人民共和国地方各级人民代表大会和地方各级人民政府组织法》《中华人民共和国刑法》《中华人民共和国刑事诉讼法》《中华人民共和国法院组织法》《中华人民共和国人民检察院组织法》《中华人民共和国中外合资经营企业法》等七部重要法律。1980年9月至1981年1月，最高人民检察院和最高人民法院坚持以事实为依据，以法律为准绳，严格按照程序公审了林彪、江青两个反革命集团案主犯，形成了经得起历史和实践检验的公正的审判结果。审判过程展现在全国人民面前，显示了社会主义民主法制的威严，更堪称民主法制建设的重要组成部分。

党的十一届三中全会后的3年多时间里，党规党法的维护，党的建设和党的领导不断加强，社会主义民主和法制走上正规，解决相关历史遗留问题有步骤地进行，政治体制改革有序推进。这一系列成就，为社会主义政治文明建设铺平了道路。

首先，社会主义法制越来越健全、越来越完备。1980年9月，第五届全国人大三次会议接受中共中央建议，决定成立宪法修改委员会，主持修改宪法。1982年12月4日，第五届全国人大五次会议通过了新修改的《中华人民共和国宪法》。该宪法用根本大法的形式对我国根本政治制度和基本政治制度、国家的根本任务、公民的基本权利和义务、国家机构的设置和职责等重大问题作了明确规定，确认“任何组织或者个人都没有超越宪法和法律的特权”，以及“中华人民共和国公民在法律面前一律平等”等重要原则。该宪法在结构上还作了一个重大调整，就是把公民的基本权利和义务一章调到国家机构一章之前，体现了国家一切权力属于人民与国家尊重和保障人权。

1982年版宪法的通过和施行，丰富了改革开放新时期依法治国的战略举措，加快了社会主义法制建设步伐。之后，全国人大及其常委会坚持从实际出发，坚持科学立法、民主立法。到2010年底，中国特色社会主义法律体系已经形成；截至2011年8月底，中国已制定宪法和现行有效法律240部、行政法规706部、地方性法规8600多部。①

其次，社会主义民主政治愈加成熟。改革开放以后，在宪法及相关法律法规条例的推动下，人民政协坚持团结和民主的主题，不断拓展在协商中促进团结、推进多党合作、实践人民民主的性质和职能，将新的社会阶层等纳入中国特色社会主义事业建设行列，积极探索社会主义民主的实践形

① 《中国特色社会主义法律体系》，人民出版社2011年版，第10页。

式，形成有事多商量、遇事多商量、做事多商量、事后有监督的良好局面，极大地提高社会主义民主成效和质量。

基层民主的发展和完善，全国农村、城市及企事业单位普遍建立职工代表大会。在广大农村，1982年新宪法通过前，只有少数地方建立村民委员会。新宪法通过后，依照宪法规定，农村村民委员会如雨后春笋般涌现。到1985年底，全国共建立村民委员会94.9万余个。另根据1982年版宪法确定的村民自治原则，1987年11月，第六届全国人大常委会第二十三次会议通过《中华人民共和国村民委员会组织法（试行）》，规定：乡、民族乡、镇的人民政府对村民委员会的工作给予指导、支持和帮助；村民委员会协助乡、民族乡、镇的人民政府开展工作。1998年11月，第九届全国人大常委会将这一《组织法》由试行转为正式。在城市，1989年12月，第七届全国人大常委会第十一次会议通过了《中华人民共和国城市居民委员会组织法》，为城市居民委员会发展提供了法律保障。1999年，民政部在全国26个城市（区）进行社区建设试点，实行民主选举。通过民主决策、民主管理、民主监督，加强居委会建设。截至2011年底，全国共有村民委员会59万个，居民委员会8.9万个。亿万群众依法依规享有更多更切实的民主权利。

最后，党的领导方式和执政方式不断改进。党的十二大提出了“把党建设成为领导社会主义现代化事业的坚强领导核心”的目标及当前党的建设的任务，并据此制定了新党章。新党章对党的性质和指导思想，对现阶段社会主要矛盾和党的总任务，对党在国家生活中如何正确地发挥领导作用，都作了新规定。对党员和党的干部在思想上、政治上和组织上的要求，比过去历次党章都更加严格。

在新的思路指导下，党的中央从基本制度入手，加强和改进党的建设。党的中央先后于1989年8月印发《关于加强党的建设的通知》，1990年11月印发《关于加强党风和廉政建设意见》，1994年9月印发《关于加强党的建设几个重大问题的决定》，2001年9月印发《关于加强和改进党的作风建设的决定》，2003年12月印发《中国共产党党内监督条例（试行）》，2004年9月印发《关于加强党的执政能力建设的决定》，2006年6月印发《关于加强党员经常性教育的意见》，2009年9月印发《关于加强和改进新形势下党的建设若干重大问题的决定》，2010年1月印发《中国共产党党员领导干部廉洁从政若干准则》，2012年5月印发《中国共产党党内法规制定条例》。如上的多系列、多层次、全方位建设文件接续出台，不断在加强和改进党的建设的关键处发力、向社会主义政治文明方向迈进，使党的建设新的伟大工程得到全面推进，党领导改革开放和社会主义现代化建设的能力显著提高，中国特色社会主义事业领导核心作用不断增强。

大政方针已定，党员领导干部就是决定的因素。党的十二大以后，党中央大刀阔斧推进党的各级领导班子建设，大批有知识、懂业务、德才兼备的中青年干部被选拔到党的各级机关，极大改善了干部队伍的结构。同时，建立健全党管干部原则，不断增强选人用人科学性、准确性和公信度，真正把那些政治上靠得住、工作上有本事、作风上过硬、党和人民信得过的干部选拔上来。党员领导干部选拔重要、教育更重要。1989年，党中央提出，凡进入领导班子的成员，都要经过相应的党校学习，其他领导成员也要定期到党校接受轮训。通过教育，全党深刻理解党和国家路线方针政策，更深刻认识到：必须坚持党的领导，任何削弱党的领导，脱离党的领导，放弃党的领导，社会主义政治文明就不可能建设好。从中央到地方上数以万个单位、亿万建设大军同舟共济、团结协作，自觉服从大局，全力保证大局，形成了社会主义现代化事业建设的强大合力。

经过多年探索实践，在党中央领导下，党内民主更加广泛，社会主义民主政治充分发展，社会主义协商民主逐渐展开，人民当家作主落实在各项事业建设中，中国特色社会主义法治体系日益完善，全社会法治观念不断增强，国家政治生活既充满活力又安定有序；更重要的是，党的领导、人民当家作主、依法治国有机统一的制度建设全面加强。这一切，都推动着社会主义政治文明建设迈上新的台阶。

（三）完善和发展中国特色社会主义政治制度

社会主义中国的政治制度如何完善和发展，中国共产党一直在努力探索。1978年12月，邓小平在党的十一届三中全会主题报告提出了社会主义中国政治制度完善和发展的思路。改革开放新时期政治建设必须一切从实际出发，实事求是。报告强调："我们的制度将一天天完善起来，它将吸收我们可以从世界各国吸收的进步因素，成为世界上最好的制度。这是资本主义所绝对不可能做到的。"①

在邓小平为核心的党中央领导下，全党认真总结和汲取以往党和国家政治生活中的经验教训，以改革党和国家领导体制，使民主制度化、法律化为主要内容的政治体制改革开始起步。1980年，经党中央提议，第五届人大三次会议开始对宪法进行修改。1982年，党的十二大对建设有中国特色的社会主义政治制度进行部署。第一，中国特色社会主义政治制度，必须从中国国情出发，充分考虑国家社会历史背景、经济发展水平、文化发展水平等重要因素。第二，中国特色社会主义政治制度基本构成包括：党领导着全国政权，中国人民自己来办，建设的是高度文明、高度民主的社会主义国家。大会提出了"把党建设成为领导社会主义现代化事业的坚强核心"的目标及当前党的建设的任务，并制定了改革开放后首个新党章。按照新党章规定，党的全国代表大会每五年召开一次，实现了加强党的领导和加强党的建设、发展社会主义民主、健全社会主义法制的制度化。

20世纪80年代以后，中国特色社会主义政治体制完善和发展迈出历史性步伐。党的十三大在综合分析社会主义现代化建设基础上，提出"建设

① 《邓小平文选》第2卷，人民出版社1994年版，第337页。

有中国特色的社会主义民主政治”的目标。具体包括：近期目标和长远目标，“近期目标是建立有利于提高效率、增强活力和调动各方面的积极性的领导体制。”“长远目标是建立高度民主、法制完备、富有效率、充满活力的社会主义政治体制。”[①]党的十三大后，在党中央领导下，各级各部门结合实际，对准目标，积极推进政治体制改革，兴利除弊，中国特色社会主义政治制度充满了勃勃生机。1992年10月，党的十四大系统总结改革开放以来社会主义政治体制的成就与经验，再次强调了党的十三大提出的政治体制改革目标，并进一步提出，要积极推进政治体制改革，使社会主义民主和法制建设有一个较大的发展。党的十四大以后，中国共产党带领全国人民把对政治体制改革的认识转化为中国特色社会主义政治制度完善和发展的科学思路，转化为中国特色社会主义政治制度特点和优势。人民代表大会制度、中国共产党领导的多党合作和政治协商制度、民族区域自治制度以及基层群众自治制度在坚持中不断完善，社会主义民主政治制度化、规范化、程序化水平不断提高。

20世纪90年代，面对即将到来的新世纪，党的十五大把依法治国提到党的领导人民治理国家的基本方略的高度，提出要在党的领导下，在人民当家作主的基础上，依法治国，发展有中国特色社会主义民主政治，建设社会主义法治国家。这就形成了党的领导、人民当家作主、依法治国有机统一的中国特色社会主义政治制度模式。党的领导是人民当家作主和依法治国的根本保证，人民当家作主是社会主义民主政治的本质要求，依法治国是党领导人民治理国家的基本方略，三者统一于我国社会主义民主政治伟大实践。这一政治制度模式的提出与落实，促使我国社会主义民主政治的优势和特点得到有效发挥，也为人类政治文明发展进步作出了中国贡献。

进入21世纪，我国社会主义民主政治取得重大进步，中国特色社会主

① 《沿着有中国特色的社会主义道路前进——在中国共产党第十三次全国代表大会上的报告》，《十三大以来重要文献选编》（上），中央文献出版社2011年版，第30页。

义政治制度不断迈向成熟。2002年11月，党的十六大提出中国特色社会主义政治制度的完善和发展最根本的就是，“要把坚持党的领导、人民当家作主和依法治国有机统一起来”[①]。同时，党中央强调：中国特色社会主义政治制度完善和发展的立足点是在政治体制改革上。党的十六大以后，党和国家先后印发《中共全国人大常委会党组关于进一步发挥全国人大代表作用，加强全国人大常委会制度建设的若干意见》和《中华人民共和国各级人大代表大会常务委员会监督法》，对全国人大及常委会、地方各级人大及常委会依法行使监督权、人大代表作用等作了明确规定，进一步加强了人民代表大会制度建设。2005年和2006年，党中央又先后印发《关于进一步加强中国共产党领导的多党合作和政治协商制度建设的意见》和《关于加强人民政协工作的意见》，推动中国共产党领导的多党合作和政治协商制度进一步完善。

2007年10月，党的十七大结合全面建设小康社会的新部署，对中国特色社会主义政治制度完善和发展提出了新的要求。中国特色社会主义政治制度完善和发展，应做到三个“坚持”：“坚持中国特色社会主义发展道路；坚持党的领导、人民当家作主、依法治国有机统一；坚持和完善人民代表大会制、中国共产党领导的多党合作和政治协商制度、民族区域自治制度以及基层群众自治制度。”[②]大会强调，要以保证人民当家作主为根本，以增强党和国家活力、调动人民积极性为目标，扩大社会主义民主，建设社会主义法治国家，发展社会主义政治文明。根据大会精神，全国人大和地方各级人大按人口比例选举人大代表，进一步完善中国特色社会主义选举制度。人民政协积极拓展协商渠道和协商范围，社会主义协商民主进一步发展。

中国特色社会主义政治制度，是中国共产党带领中国人民从中国社会

① 《十六大以来重要文献选编》（上），中央文献出版社2011年版，第24页。
② 《十七大以来重要文献选编》（上），中央文献出版社2009年版，第22页。

土壤中“种”出来的伟大成果。它符合中国国情、体现中国社会主义国家性质的政治发展模式；它保证人民当家作主，有利于解放和发展社会生产力，有利于保持社会和谐稳定。因此，中国特色社会主义政治制度得到了全国人民拥护。同时，也看到，中国特色社会主义政治制度的进一步完善和发展是一个历史过程，需要在发展中国特色社会主义总进程中不断推进。中国共产党和中国人民有信心、有能力把中国特色社会主义民主政治的优势和特点充分发挥出来，为人类政治文明进步作出充满中国智慧的贡献。

三、和平发展道路的开辟

中国和平发展道路是在一个极为复杂的国际环境中开辟出来的。党的十一届三中全会后，党中央科学准确地判断国际形势，恪守维护世界和平、促进共同发展的外交政策宗旨，与世界大国在一些重大国际问题上取得共识、关系全面发展，同周边国家睦邻友好不断深化，同发展中国家传统友谊更加巩固。中国的国际地位和国际影响力显著上升，为改革开放和社会主义现代化建设争取到一个有利的国际环境和周边环境，也为世界和平与发展做了巨大贡献。

（一）和平与发展的时代潮

在粉碎“四人帮”、实现安定团结的政治局面后，积极开展对外交往，中国共产党对国际形势有了与以往不同的看法。1977年，邓小平代表中共中央会见美国、日本、德国等国的访问团，就国际形势、全球性战略性问题，阐明中国政府的立场和观点。邓小平指出：“国际形势变化很大，许多老的概念、老的公式已不能反映现实，过去老的战略规定也不符合现实了。”[①]“我们不相信有持久和平，战争不可避免，但可以推迟。”[②]同年12月，邓小平在中央军委全体会议上分析了国内形势后对国际形势进行了分析。他认为，世界战争可以延缓爆发。“国际形势也是好的。我们有可能争取多一点时间不打仗。”[③]半年后，邓小平在全军政治工作会议上再次表示，当前一个很大的变化，就是转入了和平环境。邓小平的判断，得到与会人员的认同。

党的十一届三中全会后，中国对外交往明显增加，邓小平对国际形势的科学分析，很快成为全党全国的共识。截至1979年9月底，世界上与中国建立外交关系的国家已有120个。如此频繁、广泛的出访和交流、如此规模的外交成就，中国共产党对复杂多变的国际形势有了更为全面清晰的认识，作出科学判断。1980年4月15日，邓小平会见世界银行负责人谈到国际形势时表示，世界和平是可能的。他更直言：世界和平更是现实的，且是较长一段时间，“争取二十年的和平环境是可能的。”[④]两天后，邓小平会见意大利共产党中央代表团时再次强调：“争取一个相当长时期的和平环境是可能的。”[⑤]邓小平科学判断时代特征和国际形势，纳入1982年党的十二大报告。党的十二大报告指出：维护世界和平，是今天世界人民最重要的任务。世界人民能够以坚持不懈的斗争打乱超级大国对世界大战的战略部署。换言之，和平因素的增长超过了战争因素的增长，在较长时间内不发生大规模的世界战争是有可能的，维护世界和平是有希望的。至此，世界是和平的，成为全党全国的共识。

随着改革开放的步伐加大加快，中国开始用更宽广的眼界观察世界，对时代主题作出准确判断。1984年5月，邓小平会见巴西国家领导人时对当

① 《邓小平年谱（1975—1997）》（上），中央文献出版社2004年版，第200页。
② 《邓小平年谱（1975—1997）》（上），中央文献出版社2004年版，第205页。
③ 《邓小平文选》第2卷，人民出版社1994年版，第77页。
④ 《邓小平年谱（1975—1997）》（上），中央文献出版社2004年版，第621页。
⑤ 《邓小平年谱（1975—1997）》（上），中央文献出版社2004年版，第622页。

时的国际形势进行了综合分析和判断。他指出，尽管当前世界上问题很多，但有两个比较突出，一个是和平问题，一个是南北问题。同年10月，邓小平会见缅甸国家领导人时重申了这一观点。他指出，和平问题和南北问题，非常突出。他更强调：相较于其问题而言，“这两个问题（和平问题和南北问题）关系全局，带有全球性、战略性的意义”①。1985年3月，邓小平会见日本客人时又一次概括了世界两大问题，并明确了两大问题之间的关系。“现在世界上真正大的问题，带全球性的战略问题，一个是和平问题，一个是经济问题或者说发展问题。和平问题是东西问题，发展问题是南北问题。概括起来，就是东西南北四个字。南北问题是核心问题”②。1985年6月4日，邓小平在中央军委扩大会议上系统阐述了和平与发展问题。他表示，作出世界形势是和平与发展的判断，主要基于两方面考虑：一是通过长时间观察，世界战争的危险还是存在的，但是世界和平力量的增长超过战争力量的增长。真正支持战争的没有多少，人民是要求和平、反对战争的。二是当今世界新科技革命蓬勃发展，经济、科技在世界竞争中的地位日益突出。无论是发达国家还是发展中国家都不能不认真对待。由此，邓小平得出结论：“在较长时间内不发生大规模的世界战争是有可能的，维护世界和平是有希望的。”③

20世纪80年代末，世界进入大变动、大转折的时期。其突出的表现就是，两极格局终结，各种力量重新分化组合，世界朝着多极化方向发展。面对世界动荡不安、矛盾重重的国际形势，党中央冷静观察并科学判断出和平与发展仍然是世界两大主题。正如邓小平在1990年3月与中央负责同志座谈时所言：国际形势总体还是稳定的，中国共产党对国际问题的许多提法，还是站得住的。“和平与发展两大问题，和平问题没有得到解决，发展

① 《邓小平文选》第3卷，人民出版社1993年版，第96页。
② 《邓小平文选》第3卷，人民出版社1993年版，第105页。
③ 《邓小平文选》第3卷，人民出版社1993年版，第127页。

问题更加严重。”[①]确认和平与发展的时代主题的判断后，世界多极化、经济全球化深入发展，文化多样化、社会信息化持续推进，科技革命孕育新突破，全球合作向多层次全方位拓展，新兴市场国家和发展中国家整体实力增强，国际力量对比朝着有利于维护世界和平方向发展，国际形势总体稳定具备更多有利条件。

及至新世纪，要和平不要战争，要发展不要贫穷，要合作不要对抗，推动建设持久和平、共同繁荣的和谐世界，成为世界各国人民共同愿望。一系列的新变化均证明：中国对国际形势作出和平与发展的判断，是符合实际的、科学的，经得起时代的验证。

从开启改革开放到跨入新世纪，面对国际风云变幻，中国共产党坚持辩证唯物主义和历史唯物主义世界观和方法论，在世界并不太平的表象中科学判断国际形势发展的本质属性，将时代主题概括为和平与发展。同时，中国共产党带领中国人民又通过自己的发展维护世界的和平与发展。直至21世纪头10年，尽管世界不断发生深刻复杂的变化，和平与发展仍然是时代主题，求和平、谋发展、促合作成为不可阻挡的时代潮流。

（二）中国特色外交全面推进

在科学判断和平与发展时代主题的前提下，中国坚持独立自主的和平外交政策，积极同世界各国开展友好交流，外交取得重大成就。仅在1978年，国家的副总理和副委员长以上领导人出访有20余次，访问的国家达50多个，既有发展中国家，也有资本主义国家。在出访中，最受世人瞩目的是邓小平于1978年10月对日本进行的访问。这是新中国成立后国家领导人首次访问日本。访日期间，邓小平代表中国政府出席了《中日和平友好条约》互换批准书的仪式，向日本各界反复介绍了中国的内外政策。日本各界广泛关注这次访问，关注程度和媒体报道规模，是其他国家元首访日时少见

① 《邓小平文选》第3卷，人民出版社1993年版，第353页。

的情景。1979年，备受关注的是邓小平于1月赴美国进行正式访问。这是新中国领导人第一次访美。在8天的访问中，邓小平向美国社会各界介绍了中国实行改革开放的政治经济政策，双方在一些重大问题上取得共识，还签署了一系列协定。

党际交流成为外交工作重要领域。1982年9月，党的十二大政治报告明确提出党际关系四项原则："在马克思主义基础上，按照独立自主，完全平等，互相尊重，互不干涉内部事务的原则，发展我党同各国共产党和其他工人阶级政党的关系。"[①]1987年10月，党的十三大又将党际关系四项原则扩大到适用于中共处理与各国各类政党的关系。以此为指导，改革开放以来，中国共产党同亚非拉地区的执政党、发达国家的部分中右翼政党开展党际交流，并逐步恢复了同南斯拉夫、意大利、西班牙、希腊、荷兰、瑞典、比利时、圣马力诺、墨西哥、印度等马克思主义政党的党际交流，对改善中国与这些国家的关系，促进国家间的经济、技术合作都起了积极作用。

与此同时，中国也多次邀请外国元首、政府领导人、国外各界知名人士来华访问。诸多形式的出访、交流，推动建立致力于维护世界和平、友好交流的对外关系。改革开放初期的一系列外交成就，为日后全方位外交的展开，积累了经验、奠定了基础。

20世纪80年代，为争取和平、寻求建立更均衡的对外关系，中国政府不断调整和完善对外基本政策。1982年8月，邓小平通过时任联合国秘书长向世人宣告："反对霸权主义、维护世界和平是我们真实的政策，是我们外交政策的纲领。"[②]一个月后，党的十二大报告郑重声明中国坚持独立自主的外交政策，以和平共处五项原则为指导发展同各国的关系。同时，报告总结了中国共产党与世界各国共产党交流经验，明确提出：中国共产党"坚持在马克思主义的基础上，按照独立自主、完全平等、互相尊重、互不干涉内部

① 《十二大以来重要文献选编》（上），人民出版社1986年版，第66页。

② 《邓小平文选》第2卷，人民出版社1994年版，第417页。

事务的原则，发展同各国共产党和其他工人阶级政党的关系。”[①]后来，这四项基本原则的应用范围逐步扩大，成为中国共产党同世界各国政党建立和发展党际关系的基本原则。1985年6月，邓小平在中央军委扩大会上更加清楚地阐述了中国外交方针的战略转变。他强调：“我们奉行独立自主的正确的外交路线和对外政策，高举反对霸权主义、维护世界和平的旗帜，坚定地站在和平力量一边，谁搞霸权就反对谁，谁搞战争就反对谁。”[②]1986年4月，第六届全国人大四次会议批准的国务院《关于第七个五年计划的报告》，对改革开放以来中国外交政策的调整作了归纳和总结，从十个方面全面阐述了中国独立自主和平外交政策的主要内容和基本原则。《报告》强调：上述十方面，“都是我国对外政策的基本原则。我国的内外政策，是一个有机的整体。建设与和平，改革和开放，维护中华民族的尊严和在国际事务中坚持大小国家一律平等，是统一的、不可分割的”[③]。至此，中国政府明确把反对霸权主义、维护世界和平、加强同第三世界的团结和合作，作为改革开放新时期基本的外交政策。

20世纪80年代末，国际局势日益复杂，两极格局逐渐走向终结。有鉴于此，邓小平提出了冷静观察、稳住阵脚、沉着应付、韬光养晦、善于守拙、绝不当头、有所作为等一系列指导方针。邓小平更是提醒道：“不管怎么样，我们还是友好往来。朋友还要交，但心中要有数。不要随便批评别人、指责别人，过头的话不要讲，过头的事不要做。”[④]根据邓小平的指示，中国政府继续执行改革开放以来的基本外交政策，坚持反对霸权主义和强权政治，坚持在和平共处五项原则基础上同世界上一切国家发展友好关系。经努力，中国政府不仅打破西方国家的“制裁”，也改善和发展了同周边国家的关系，同世界其他地区一些重要国家间的关系也不断巩

① 《十二大以来重要文献选编》（上），中央文献出版社2011年版，第38页。
② 《邓小平文选》第3卷，人民出版社1993年版，第128页。
③ 《十二大以来重要文献选编》（上），中央文献出版社2011年版，第399页。
④ 《邓小平文选》第3卷，人民出版社1993年版，第320页。

固发展。

在遵循上述外交方针基础上，中国特色外交全面发力、多点突破，取得许多重大成就。至20世纪90年代中后期，在打破西方国家的“制裁”后，党中央准确把握世界多极化、经济全球化趋势，积极应对国际关系新变化及科技迅猛发展的影响和挑战，坚持反对霸权主义和强权政治，维护世界和平与发展，推动建立公正合理的国际政治经济新秩序。不仅如此，中国积极致力于发展以不结盟、不对抗、不针对第三方为主要特征的新型大国关系。根据这一原则，中国分别同俄罗斯、美国、法国、英国、日本及欧盟等建立了发展面向21世纪双边关系的基本框架。与此同时，中国积极参与以联合国为中心的多边外交活动，广泛参加各种国际多边条约和国际公约。在地区事务中，中国坚定支持在平等参与、协商一致、求同存异、循序渐进原则下开展多形式、多层次、多渠道的区域性对话与合作。这对维护世界和平与发展、促进亚太等地区经济恢复和发展，对中国特色社会主义外交局面的开创，都产生了积极影响。

进入新世纪，中国与世界主要大国的关系保持稳定并有所发展，同周边国家的睦邻友好合作关系进一步扩大和深化，同发展中国家的团结合作取得重要进展。作为最大发展中国家的执政党，中国共产党以开放的姿态积极推进政党外交。至2011年，中国共产党已与160多个国家和地区的600多个政党和政治组织建立了不同形式的交流与合作，形成了全方位、多渠道、宽领域、深层次的党际交往格局。正如胡锦涛在纪念党的十一届三中全会30周年大会上所总结那样，“三十年来，我们既高度珍惜并坚定不移维护中国人民经过长期奋斗而来的独立自主权利，又坚持对外开放的基本国策，始终站在国际大局和国内大局相互联系的高度审视中国和世界的发展问题，思考和制定中国的发展战略，坚持独立自主的和平外交政策，坚持和平发展道路，坚持互利共赢的开放战略，推动建设持久和平、共同繁荣的和谐世界，为我国发展争取良好国际环境，也为世界和平与发展作出重要贡献。”[①]

在科学判断和平与发展时代主题的前提下，中国坚定不移致力于维护世界和平与发展，推动开放、合作、发展与繁荣。1982年8月，邓小平会见时任联合国秘书长表达了中国致力维护世界和平发展的责任与信心。他指出：“我们提出维护世界和平不是在讲空话，是基于我们自己的需要，当然也符合世界人民的需要，特别是第三世界人民的需要。”[②]邓小平强调：维护世界和平、开放和发展，是中国外交政策的重要内容。随后，邓小平代表中共中央在不同场合多次表达了要建设开放、合作、发展和繁荣世界的想法。“现在的世界是开放的世界。”[③]“应当把发展问题提到全人类的高度来认识，要从这个高度去观察问题和解决问题。”[④]“第三世界国家相互交流，相互学习，相互合作，可以解决许多问题，前景是很好的。发达国家应该清楚地看到，第三世界国家经济不发展，发达国家的经济也不可能得到较大的发展。”[⑤]邓小平的一系列阐述，不仅体现了中国反对霸权主义、强权政治和维护世界和平、促进共同发展的责任感和使命感，也为建设开放繁荣世界提供了基本思路。

在党中央领导下，20世纪80年代，中国与世界主要大国保持积极稳定的外交关系，经济、科技、文教交流与合作逐渐增多。1989年，中苏关系实现正常化，为建立不结盟、不对抗、不针对第三方的新型大国关系，提供了良好基础，从而为第三世界广大发展中国家应对国际形势、积极融入世界提供了参考。同时，中国尊重和顾及别国人民正当利益和关切，尤其要关注发展中国家人民利益和困难，支持发展中国家加快发展，力所能及多为发展中国家人民办好事、办实事。中国政府不参加任何集

① 《十七大以来重要文献选编》（上），中央文献出版社2009年版，第804—805页。
② 《邓小平文选》第2卷，人民出版社1993年版，第417页。
③ 《邓小平文选》第3卷，人民出版社1993年版，第64页。
④ 《邓小平文选》第3卷，人民出版社1993年版，第282页。
⑤ 《邓小平文选》第3卷，人民出版社1993年版，第56页。

团、坚持讲公道话、办公道事等一系列做法，得到世界人民的认可和高度赞扬。1986年4月，邓小平在会见当时南斯拉夫国家领导人时表示，结合世界形势和国际舆论可见，10亿人的中国坚持和平政策是对的，对人类是大贡献。

20世纪90年代，尽管地区动荡不断、局部冲突时有发生，中国政府的主张和做法，不但得到国际社会广泛认同，很多国家更是积极回应。日本等西方国家和国际组织开始反对对中国等发展中国的经济制裁，不少发达国家与发展中国家参考中国外交政策建立平等互利的外交关系。广大发展中国家在中国的支持下，增强自主发展能力、改善民生、缩小南北差距。

为巩固和平、加强合作，中国努力推动以谈判解决争端。20世纪90年代以后，中国积极倡导各国应该恪守公认的国际法和国际关系基本准则，互相尊重主权和领土完整、互不侵犯、互不干涉内政，尊重和维护各国自主选择社会制度和发展道路的权利。尤其是朝鲜半岛的和平与稳定，中国主张北南双方通过对话改善关系，积极倡导和参与有关朝鲜半岛安全机制的磋商和对话，为维护半岛及东北亚地区和平和稳定作出了积极贡献。中国政府提出和推动的以谈判解决争端的倡议，迅速成为国际社会共识，世界各国纷纷倡导遵守国际责任，承担国际义务，以和平方式解决争端，共同维护地区和全球安全。

有了推动各国和平共处、互惠互利的实践，2005年4月22日，在雅加达亚非峰会上，胡锦涛提出推动建设“和谐世界”的主张。同年9月15日，胡锦涛在联合国成立60周年首脑会议上发表题为《努力建设持久和平、共同繁荣的和谐世界》的讲话，提出了“坚持多边主义、实现共同安全”“坚持互利合作、实现共同繁荣”“坚持包容精神，共建和谐世界”“坚持积极稳妥方针，推进联合国改革”等重要观点。[①]2006年8月，党中央召开的全国外

① 《胡锦涛文选》第2卷，人民出版社2016年版，第352—355页。

事工作会议明确，推动建设和谐世界，是中国坚持走和平发展道路的必然要求，也是实现和平发展的重要条件。2007年10月，和谐世界，写入了党的十七大报告，“我们主张，各国人民携手努力，推动建设持久和平、共同繁荣的和谐世界”①。

四、形成中国特色社会主义理论体系

中国特色社会主义理论体系，形成于改革开放和社会主义现代化建设的伟大实践之中。党的十一届三中全会以后，中国共产党在中国特色社会主义成功开创的实践中，坚持马克思主义立场和观点，不断汲取其他文明养分，以理论创新回答中国特色社会主义发展进步的一系列重大理论问题和实际问题，相继创立了引导中国特色社会主义前进的邓小平理论，形成了推进中国特色社会主义完善和发展的“三个代表”重要思想，形成了发展中国特色社会主义的科学发展观。邓小平理论、“三个代表”重要思想、科学发展观，是中国特色社会主义理论体系重要组成部分，是中华文明历史进程中最宝贵的财富。

（一）邓小平理论

粉碎“四人帮”后，邓小平顺应时代要求和人民愿望，领导和支持了关于实践是检验真理唯一标准的大讨论，重新确立了解放思想、实事求是的思想路线。在正确思想路线指导下，邓小平亲自领导全党系统总结新中国成立以来的历史经验和教训，解决了科学评价毛泽东同志的历史地位和毛泽东思想的科学体系、根据新的实际和发展要求确立中国社会主义现代化建设的正确道路这样两个相互联系的重大历史课题，为党和国家发展确定了正确方向。

党的十一届三中全会以后，邓小平以巨大的政治勇气和理论勇气开启

① 《十七大以来重要文献选编》（上），中央文献出版社2009年版，第36页。

改革开放新的伟大革命，将党和国家工作的中心转移到经济建设上来。党的十二大上，邓小平第一次明确提出了中国特色社会主义科学命题，“把马克思主义的普遍真理同我国的具体实际结合起来，走自己的道路，建设有中国特色的社会主义，这就是我们总结长期历史经验得出的基本结论”①。在此基础上，邓小平同中央领导集体一起，制定了党在社会主义初级阶段的基本路线，制定了现代化建设“三步走”发展战略。随后，邓小平指导全党全国有步骤展开各方面体制改革，推动经济、政治、文化全面发展，推动国防和军队现代化建设。不仅如此，邓小平紧密联系推进改革开放和现代化建设实际，联系贯彻党的基本路线要求，加强党的领导必须改善党的领导，聚精会神抓党的建设，引领党和国家走在时代潮流前面，使社会主义事业和党的建设充满新的生机活力。这些重要思想理论是构成邓小平理论的重要组成部分，集中体现在党的十一届三中全会以后党和国家的重要文献中。

党的十三大高度评价党的十一届三中全会以来在邓小平带领下找到建设中国特色社会主义道路的伟大意义，强调：这是马克思主义与中国实践相结合的过程中，继找到中国特色的革命道路实现第一次历史性飞跃之后的第二次历史性飞跃。②1992年3月9日至10日，中共中央政治局全体会议召开，完全赞同邓小平的南方谈话。会议认为，“邓小平南方谈话不仅对当前的改革和建设，对开好党的十四大，具有十分重要的指导作用，而且对整个社会主义现代化建设事业具有重大而深远的意义”③。同年5月，中共中央宣传部印发《关于认真贯彻邓小平同志重要谈话，切实加强、改进宣传思想工作的意见》，指出：“邓小平同志重要谈话高瞻远瞩，对建设有中国特色社会主义进程中一系列重大理论与实践问题作了极其深刻、精辟的论述，丰富和发展了马克思主义，是统一全党、全国人民思想的强大思想

① 《邓小平文选》第3卷，人民出版社1993年版，第3页。

② 《沿着有中国特色的社会主义道路前进——在中国共产党第十三次全国代表大会上的报告》，《十三大以来重要文献选编》（上），中央文献出版社2011年版，第47—48页。

③ 《邓小平年谱（1975—1997）》（下），中央文献出版社2004年版，第1345页。

武器，是推动我国经济建设和改革开放的巨大动力，是马克思主义的纲领性文献。”[①]同年10月，党的十四大召开，大会确立了邓小平建设有中国特色社会主义理论在全党的指导地位。大会认为，邓小平是社会主义改革开放和现代化建设的总设计师，对建设有中国特色社会主义理论的创立作出了历史性的重大贡献。大会提出用邓小平同志建设有中国特色社会主义的理论武装全党的任务。大会指出：1992年初邓小平南方谈话，精辟地分析了当时国际国内形势，科学地总结了十一届三中全会以来党的基本实践和基本经验，明确回答了这些年来经常困扰和束缚我们思想的许多重大认识问题。[②]

1997年9月，党的十五大全面阐述邓小平理论的历史地位和指导意义。第一，邓小平理论坚持解放思想、实事求是，在新的实践基础上继承前人又突破陈规，开拓了马克思主义新境界。第二，邓小平理论坚持科学社会主义理论和实践的基本成果，抓住“什么是社会主义、怎样建设社会主义”这个根本问题，深刻地揭示社会主义的本质，把对社会主义的认识提高到新的科学水平。第三，邓小平理论坚持用马克思主义的宽广眼界观察世界，对当今时代特征和总体国际形势，对世界上其他社会主义国家的成败，发展中国家谋求发展的得失，发达国家发展的态势和矛盾，进行正确分析，作出了新的科学判断。第四，邓小平理论形成了新的建设有中国特色社会主义理论的科学体系。党的十五大进一步指出：“在当代中国，只有把马克思主义同当代中国实践和时代特征结合起来的邓小平理论，而没有别的理论能够解决社会主义的前途和命运问题。邓小平理论是当代中国的马克思主义，是马克思主义在中国发展的新阶段。”[③]邓小平理论是马克思列宁主义同中国实际相结合的第二次历史性飞跃，是党和人民实践经验和集体

① 《中国共产党宣传工作文献选编（1957—1992）》，学习出版社1996年版，第1095页。
② 《十四大以来重要文献选编》（上），中央文献出版社2011年版，第8页。
③ 《十五大以来重要文献选编》（上），中央文献出版社2011年版，第8—10页。

智慧的结晶。鉴于此，党的十五大将邓小平理论写入党章，确定为党的指导思想，并明确要求："在社会主义改革开放和现代化建设的新时期，在跨越世纪的新征途上，一定要高举邓小平理论的伟大旗帜，用邓小平理论来指导我们整个事业和各项工作。这是党从历史和现实中得出的不可动摇的结论。"①

1998年6月，党中央印发《关于在全党深入学习邓小平理论的通知》，指出：邓小平理论，从现在起到下个世纪的前10年，对实现党和国家奋斗目标至关重要。"实现跨世纪的宏伟目标，最重要的就是高举邓小平理论伟大旗帜不动摇，坚持把邓小平理论作为我们观察世界、发展自己的强大思想武器，作为统领全局、贯穿各项工作的灵魂，在建设有中国特色社会主义的伟大实践中学习和运用这一理论，丰富和发展这一理论。"②同年7月，党中央召开学习邓小平理论工作会议，江泽民在讲话中指出："邓小平理论是一个完整的科学体系，是我们认识和改造客观世界的强大思想武器，也是我们认识和改造主观世界的强大思想武器，对于我们牢固确立马克思主义的世界观、人生观、价值观，具有重要的指导意义，必须认真学习和实践。"③

随着中国特色社会主义事业不断推进、不断成功，邓小平理论的力量和光芒日益凸显。正如江泽民在纪念党的十一届三中全会召开20周年大会上所言："邓小平理论是指导中国人民胜利实现社会主义现代化的伟大理论。在当代中国，只有把马克思主义同当代中国实践和时代特征结合起来的邓小平理论，而没有别的理论能够解决社会主义的前途命运问题。"④2004年，胡锦涛在邓小平同志诞辰100周年纪念大会上对邓小平理论作这样的形容：邓小平理论，提出的创造性思想观点和方针政策，"为我

① 《十五大以来重要文献选编》（上），中央文献出版社2011年版，第7—8页。

② 《中共中央关于在全党深入学习邓小平理论的通知》，《人民日报》1998年7月1日。

③ 《学习邓小平理论工作会议召开》，《人民日报》1998年7月18日。

④ 《江泽民文选》第2卷，人民出版社2006年版，第264页。

们不断开创党和人民事业发展新局面提供了有力理论依据”“为推动我国改革和社会主义现代化建设进入新阶段作出了重大贡献”“为我们制定内外政策提供了基本依据”。[①]

（二）“三个代表”重要思想

党的十三届四中全会以后，以江泽民同志为主要代表的中国共产党人，高举邓小平理论伟大旗帜，准确把握时代特征，科学判断党所处的历史方位，集中全党智慧，回答了在社会主义现代化进程中建设什么样的党、怎样建设党的问题，提出了“三个代表”重要思想，深化了对新世纪推进中国特色社会主义事业和加强党的建设的规律的认识。

2000年2月，江泽民在广东考察工作时提出了中国共产党在新世纪的建设问题。他指出：“在对外开放和发展社会主义市场经济条件下，我们党如何始终保持工人阶级先锋队性质，更好地代表最广大人民的利益；在社会经济成分、组织形式、就业方式、利益关系和分配方式多样化的趋势进一步发展的条件下，如何始终保证全党同志按照党的奋斗目标、按照国家和人民的最高利益来行动，维护和加强党的坚强团结和高度统一，这是我们在新的历史条件下加强党的建设的重大理论问题，也是重大现实问题。只有正确回答了这些问题，党的建设才能更好地向前推进。”[②]

为了回答这些问题，江泽民系统总结党成立以来的历史经验，提出了“三个代表”重要思想。他指出：“总结我们党七十多年的历史，可以得出一个重要结论，这就是：我们党所以赢得人民的拥护，是因为我们党在革命、建设、改革的各个历史时期，总是代表着中国先进生产力的发展要求，代表着中国先进文化的前进方向，代表着中国最广大人民的根本利益，并通过制定正确的路线方针政策，为实现国家和人民的根本利益而不懈奋斗。”

① 《胡锦涛文选》第2卷，人民出版社2016年版，第208—212页。
② 《江泽民文选》第3卷，人民出版社2006年版，第1—2页。

在明确什么是“三个代表”前提下，他向全党提出了学习和践行要求：“所有共产党员和领导干部，都要深刻认识和牢牢把握‘三个代表’，用以指导自己的思想和行动。”①

2000年5月，江泽民在北京、吉林、上海、江苏等地分别召开座谈会，就“三个代表”重要思想进行深入阐述。他强调，新世纪征途上，继续推进中国特色社会主义的伟大事业，都要求中国共产党必须坚持“三个代表”重要思想，进一步提高领导水平和执政水平。之后的一年里，中共中央召开30余次党建、经济、统战、中央纪委会议，不断充实完善“三个代表”重要思想。

2001年7月1日，江泽民在庆祝中国共产党成立80周年大会重要讲话中系统阐述“三个代表”重要思想的科学内涵。他指出：“我们党要始终代表中国先进生产力的发展要求”“我们党要始终代表中国先进文化的前进方向”“我们党要始终代表中国最广大人民的根本利益”。他强调，代表中国先进生产力的发展要求，代表中国先进文化的前进方向，代表中国最广大人民的根本利益，是统一的整体，相互联系，相互促进。发展先进的生产力，是发展先进文化、实现最广大人民根本利益的基础条件。人民群众是先进生产力和先进文化的创造主体，也是实现自身利益的根本力量。不断发展先进生产力和先进文化，归根到底都是为了满足人民群众日益增长的物质文化生活需要，不断实现最广大人民的根本利益。②“三个代表”重要思想，集中体现在《江泽民文选》等重要文献中。

“三个代表”重要思想用一系列紧密联系、相互贯通的观点和论断，进一步回答了什么是社会主义、怎样建设社会主义的问题，创造性回答了在长期执政的历史条件下建设什么样的党、怎样建设党的问题，深化了对新世纪新阶段推进中国特色社会主义事业和加强党的建设的规律的认识。基于

① 《江泽民文选》第3卷，人民出版社2006年版，第2—3页。
② 《江泽民文选》第3卷，人民出版社2006年版，第272—281页。

此，2002年，党的十六大把“三个代表”重要思想同马克思列宁主义、毛泽东思想、邓小平理论一道，作为中国共产党必须长期坚持的指导思想写入党章。大会强调：“始终做到‘三个代表’重要思想，是我们党的立党之本、执政之基、力量之源。”①

（三）科学发展观

党的十六大后，中共中央组织开展了一系列学习贯彻“三个代表”重要思想活动。2003年，党中央相继发出《关于在全党兴起学习贯彻“三个代表”重要思想新高潮的通知》和《“三个代表”重要思想学习纲要》。在一系列文件推动下，“三个代表”重要思想不断深入人心。随着学习的深入，党和国家各项事业的蓬勃发展，中国特色社会主义事业焕发出新的生机活力。

新世纪新阶段，我国进入改革发展的关键期，经济体制改革深刻变革，社会结构深刻变动，利益格局深刻调整，思想观念深刻变化。诸多的变革及其带来的深刻变化，给我国发展进步带来巨大活力的同时，也带来了不少问题。主要是：经济结构不合理和粗放型经济增长方式还没有根本改变；城乡、区域、经济社会发展不够协调；人口资源环境压力加大；就业、社会保障、教育、医疗等民生问题比较突出；社会主义民主、法治建设与经济社会发展要求不完全适应；社会主义文化更加繁荣的同时，人民群众对发展社会主义先进文化提出了更高要求；社会活力增强的同时，社会建设和管理面临诸多新课题；对外开放日益扩大的同时，国际环境竞争日趋激烈，可预见和难以预见的风险增多，统筹国内发展和对外开放要求更高。

除了以上推进全面建设小康社会的迫切要求，2003年年初，一场突如其来的非典型肺炎（简称“非典”）疫情，引起党和政府对影响经济社会发

① 《十六大以来重要文献选编》（上），中央文献出版社2011年版，第9页。

展的突出矛盾和问题的深入思考。2003年3月，"非典"在广东局部流行。两个月后，波及全国26省市自治区，呈爆发状态。面对考验，中共中央、国务院坚持把人民群众身体健康和生命安全放在第一位，作出一手抓防治"非典"不放手、一手抓经济建设中心不动摇的重大决策。经过党和国家及全国人民的共同努力，2003年6月，我国有效控制住了"非典"疫情。中共中央从改革开放实践和战胜"非典"中深刻总结经验，正确判断我国发展的阶段性特征，提出要解决实现什么样的发展、怎样发展，才是中国特色社会主义现代化的关键。基于此，党中央强调要解决中国的发展问题，必须牢固树立和认真落实科学发展观。

2003年4月，胡锦涛考察广东时提出要坚持全面的发展观。8月底至9月初，胡锦涛在江西考察时明确使用了"科学发展观"这一概念，提出要牢固树立协调发展、全面发展、可持续发展的科学发展观。同年10月，胡锦涛在党的十六届三中全会第二次全体会议上讲话中详细阐述了科学发展观对全面建设小康社会、发展中国特色社会主义的重大意义。他指出："实现全面建设小康社会宏伟目标，就是要使经济更加发展、民主更加健全、科教更加进步、文化更加繁荣、社会更加和谐、人民生活更加殷实。要全面实现这个目标，必须促进社会主义物质文明、政治文明、精神文明协调发展，坚持在经济发展的基础上促进社会全面进步和人的全面发展，坚持在开发利用自然中实现人与自然的和谐相处，实现经济社会可持续发展。这样的发展观符合社会发展客观规律。"他强调："树立和落实全面发展、协调发展、可持续发展的科学发展观，对于我们更好坚持发展才是硬道理的战略思想具有重大意义。"①全会深入讨论了胡锦涛关于科学发展观的系列论述。2003年10月14日，全会通过了《关于完善社会主义市场经济体制若干问题的决定》，完整提出了科学发展观，要求"坚持以人为本，树立全面、协调、可持续的发展观"，按照五个统筹的要求，完善社会主义市场经济体制。《决定》明确提出：

① 《胡锦涛文选》第2卷，人民出版社2016年版，第104页。

"坚持以人为本，树立全面、协调、可持续的发展观，促进经济社会和人的全面发展"[①]，是深化经济体制改革的指导方针和实际工作中必须坚持的重要原则。这就将新的发展思路与中国共产党的性质和宗旨、中国共产党的执政理念和要求内在地联系在一起，体现了马克思主义的基本立场和观点。至此，科学发展观作为一个重大战略思想已经初步形成。

党的十七大在系统阐述科学发展观时代背景的基础上，集中概括了科学发展观的科学内涵、精神实质、根本要求。大会指出："科学发展观，是对党的三代中央领导集体关于发展的重要思想的继承和发展，是马克思主义关于发展的世界观和方法论的集中体现，是同马克思列宁主义、毛泽东思想、邓小平理论和'三个代表'重要思想既一脉相承又与时俱进的科学理论，是我国经济社会发展的重要指导方针，是发展中国特色社会主义必须坚持和贯彻的重大战略思想。"[②]大会明确："科学发展观，第一要义是发展，核心是以人为本，基本要求是全面协调可持续发展，根本方法是统筹兼顾。"[③]大会强调：必须坚持把发展作为党执政兴国的第一要务，必须坚持以人为本，必须坚持全面协调可持续发展，必须坚持统筹兼顾。同时，大会对深入贯彻落实科学发展观提出来了总体要求，深入贯彻落实科学发展观，要求始终坚持"一个中心、两个基本点"的基本路线，积极构建社会主义和谐社会，继续深化改革开放，切实加强和改进党的建设。[④]鉴于此，党的十七大把邓小平理论、"三个代表"重要思想和科学发展观等重大战略思想统一于中国特色社会主义理论体系，并把科学发展观写入党章。

2012年11月，党的十八大确立了科学发展观的历史地位。大会将科学发

① 《中共中央关于完善社会主义市场经济体制若干问题的决定》，《十六大以来重要文献选编》（上），中央文献出版社2011年版，第465页。
② 《十七大以来重要文献选编》（上），中央文献出版社2009年版，第10页。
③ 《十七大以来重要文献选编》（上），中央文献出版社2009年版，第11—12页。
④ 《十七大以来重要文献选编》（上），中央文献出版社2009年版，第12—14页。

展观称为“中国特色社会主义理论体系最新成果”“中国共产党集体智慧结晶”“指导党和国家全部工作的强大思想武器”。大会正式将科学发展观同马克思列宁主义、毛泽东思想、邓小平理论、“三个代表”重要思想一道确定为党必须长期坚持的指导思想。

第六章

新时代的文明复兴

进入新时代，以习近平同志为核心的党中央站在传承中华文明和续写中华文明的战略高度，系统总结先辈们铸就的辉煌成就和宝贵经验，深刻分析文明的基本特征及文明进步面临的新形势新任务，科学回答了中华文明进步的本质要求等重大问题，对中华文明在新时代发展壮大进行系统性设计，作出全方位部署。根据党中央的设计与部署，全党牢记为人民谋幸福、为中华民族谋复兴的初心和使命，一边努力进行全面深化改革，推进社会主义现代化建设；一边努力擦亮中国开放包容的标识，搭建世界不同文明平等对话交流的新平台，推动中华文明同世界其他文明平等对话和交流互鉴，推动中华文明创造性转化和创新性发展。通过有序推进，中国以比历史上任何时期都更加开放包容和一往无前的奋斗姿态，朝着中华民族伟大复兴的目标迈进。

一、实现中华民族伟大复兴

实现中华民族伟大复兴，是中华民族近代以来几代中国人的理想和夙愿。进入新时代，以习近平同志为核心的党中央牢记党和人民的信任和重托，将实现中华民族伟大复兴形象地称为中国梦，并团结带领全党全国人民统筹推进物质文明、政治文明、精神文明、社会文明、生态文明发展，为中华文明新时代复兴、人类文明进一步繁荣发展作出了重大贡献。

（一）绘制新时代宏伟画卷

中华民族在历史进程中创造出灿烂的中华文明。在近代史上，中华民族经历无数苦难，但从未放弃对美好梦想的向往和追求。2012年11月，中国共产党第十八次全国代表大会召开，提出了“两个一百年”奋斗目标。即：到2020年国内生产总值和城乡居民人均收入比2010年翻一番、全面建成小康社会，到本世纪中叶建成富强民主文明和谐的社会主义现代化国家。大会明确表示，中国共产党人将牢记人民的信任和重托，以更加坚定的信念、更加顽强的努力，继续推进中华民族再创举世闻名的中华文明。党的十八大提出的目标，反映了全体中华儿女共同的心声，大家形象地把这个目标概括为实现中华民族伟大复兴的中国梦。

全国人民热议的中华民族伟大复兴中国梦，迅速引起以习近平同志为核心的党中央的高度关注。2012年11月29日，习近平总书记率领十八届中央政治局常委在参观国家博物馆《复兴之路》基本陈列时深入分析了实现民族复兴为什么是中华民族最伟大的梦想。他指出，实现中华民族伟大复兴之所以最伟大，原因有三点：一是它凝聚了几代中国人的夙愿，二是它体现了中华民族和中国人民的整体利益，三是它是每一个中华儿女的共同期盼。基于以上三点，习近平总书记强调："实现中华民族伟大复兴，就是中华民族近代以来最伟大的梦想。"①

随后，习近平在全国人大、政协、党校、高校等党政机关的不同场合，多次围绕上述三点作进一步分析。2013年3月，在第十二届全国人大第一次会议上，习近平用两个"深深"表达了中国共产党对中华民族伟大复兴中国梦的理解和把握。他指出："实现中华民族伟大复兴的中国梦，就是要实现国家富强、民族复兴、人民幸福，既深深体现了今天中国人的理想，也深深反映了我们先人们不懈追求进步的光荣传统。"②2014年五四期间，习近平与北京大学师生座谈，从时间维度上对中国梦的伟大之处进行了深入分析。他表示，实现中华民族伟大复兴，是鸦片战争以来中国人民最伟大的梦想，是中华民族的最高利益和根本利益。同时，习近平联系当前实际进一步强调，十八大以来，13亿多中国人民奋斗归根到底都是为了实现这一伟大梦想。经习近平的阐释，实现中华民族伟大复兴中国梦更加深入人心。

自强不息的中华民族，最懂得复兴的意义，对复兴有着更深切的渴望。

---

① 《习近平谈治国理政》，外文出版社2014年版，第36页。

② 《习近平谈治国理政》，外文出版社2014年版，第39页。

2017年10月，党的十九大召开，大会以“不忘初心，牢记使命，高举中国特色社会主义伟大旗帜，决胜全面建成小康社会，夺取新时代中国特色社会主义伟大胜利，为实现中华民族伟大复兴的中国梦不懈奋斗”为主题。至此，“实现中华民族伟大复兴中国梦”正式写入了中国共产党全国代表大会的主题。不仅如此，面对人民的信任和重托，党的十九大将实现中华民族伟大复兴与中国共产党的初心和使命紧密结合起来，明确指出：“中国共产党人的初心和使命，就是为中华民族谋复兴。”[①]党的十九大对实现民族中国梦的阐述，是中国共产党对实现中华民族伟大复兴中国梦认识的进一步深化，为中华文明在新时代焕发出新的生机活力指明了方向，提供了指南。

2012年11月，党的十八大立足于社会主义初级阶段的历史方位，着眼于实现实现中华民族伟大复兴，制定了未来一个时期的基本方略和发展蓝图。其中涵盖经济、政治、文化、社会、生态五个方面，也包括很多全面深化改革、扩大开放的重要举措。党的十八大以后，习近平总书记带领全体中华儿女共同精心绘制民族复兴的宏伟画卷。2012年11月底，习近平参观《复兴之路》表示，经过鸦片战争以来170多年的持续奋斗，中华民族伟大复兴展现出光明前景。现在，中国比历史上任何时期都更接近中华民族伟大复兴的目标，比历史上任何时期都更有信心、有能力实现这个目标。在此基础上，习近平总书记进一步表示，实现中华民族伟大复兴是一项光荣而艰巨的事业，需要一代又一代中国人共同为之努力。“我们这一代共产党人一定要承前启后、继往开来，把我们党建设好，团结全体中华儿女把我们国家建设好，把我们民族发展好，继续朝着中华民族伟大复兴的目标奋勇前进。”[②]

2013年5月，习近平在接受国外媒体采访时简练概括出民族复兴的愿景。“中国梦的本质是实现国家富强、民族振兴、人民幸福。”[③]2014年6

① 《决胜全面建成小康社会 夺取新时代中国特色社会主义伟大胜利——在中国共产党第十九次全国代表大会上的报告》，《人民日报》2017年10月28日。

② 《习近平谈治国理政》，外文出版社2014年版，第36页。

③ 《习近平谈治国理政》，外文出版社2014年版，第56页。

月，习近平会见第七届世界华侨华人社团联谊大会代表指出，中国梦是和平、发展、合作、共赢的梦。2013年4月，习近平同全国劳动模范代表座谈时描述了实现复兴的画面，“不仅要在物质上强大起来，而且要在精神上强大起来”①。同年7月，习近平在致生态文明贵阳国际论坛2013年年会的贺信中进一步明确了生态文明与实现民族复兴的关系。“走向生态文明新时代，建设美丽中国，实现中华民族伟大复兴的中国梦的重要内容。”②

至2017年，五年的奋斗，党的十八大绘制的宏伟画卷逐渐化为美好现实，全体中华儿女收获了比任何时期都更多的自信和勇气。在这一年的10月，党的十九大召开，为中华民族伟大复兴的宏伟画卷涂上更绚丽的色彩。经济上，贯彻新发展理念，建设现代化经济体系；政治上，健全人民当家作主制度体系，发展社会主义民主政治；文化上，坚定文化自信，推动社会主义文化繁荣兴盛；社会上，提高保障和改善民生水平，加强和创新社会治理；生态上，加快生态文明体制改革，建设美丽中国。大会明确表示，扎扎实实落实如上各项举措，至本世纪中叶，中国将会是这样的：“我国物质文明、政治文明、精神文明、社会文明、生态文明将全面提升，实现国家治理体系和治理能力现代化，成为综合国力和国际影响力领先的国家，全体人民共同富裕基本实现，我国人民将享有更加幸福安康的生活，中华民族将以更加昂扬的姿态屹立于世界民族之林。”③

党的十九大以后，全体中华儿女更加紧密团结在以习近平同志为核心的党中央周围，以更加坚定、更加昂扬的姿态努力奋斗，用鲜活生动的生产生活实践不断将中华民族伟大复兴的宏伟画卷镌刻在中华大地上，镌刻成一个又一个新时代的闪亮印迹，进而不断积淀成中华文明新的辉煌成果。

---

① 《习近平谈治国理政》，外文出版社2014年版，第46页。

② 《习近平谈治国理政》，外文出版社2014年版，第211页。

③ 《决胜全面建成小康社会 夺取新时代中国特色社会主义伟大胜利——在中国共产党第十九次全国代表大会上的报告》，《人民日报》2017年10月28日。

（二）党和国家事业发生历史性变革

“一分部署，九分落实。”绘制了宏伟画卷，如何将其化为美好现实就成了关键。以习近平同志为核心的党中央，团结带领全党全国各族人民，按照党的十八大、十九大作出的战略部署，推动党和国家事业发生了深层次的、根本性的变革，取得了全方位的、开创性的成就，中华民族伟大复兴的宏伟画卷一步一步变为美好现实。

第一，经济发展以稳求进、以进固稳。为把中华民族长期以来对美好生活的向往变成现实，党和国家先后审议通过了《中共中央关于制定国民经济和社会发展第十三个五年规划的建议》《中共中央、国务院关于实施乡村振兴战略的意见》《中共中央、国务院关于建立更加有效的区域协调发展新机制的意见》《中华人民共和国外商投资法》《关于支持深圳建设中国特色社会主义先行示范区的意见》《中共中央关于制定国民经济和社会发展第十四个五年规划和二〇三五年远景目标的建议》等一系列重要文件。随着上述一系列重要文件落实，供给侧结构性改革、新的经济增长点、市场经济的决定性作用、开放型经济新体制等频频点亮在中华大地上。数字经济等一大批新兴产业蓬勃发展，高铁、公路、桥梁、港口、机场等基础设施建设快速推进，农业现代化稳步推进，区域发展协调性增强，“一带一路”建设、京津冀协同发展、长江经济带发展成效显著。更为耀眼的是，创新成为引领发展的第一动力、一大批创新型国家建设成果、重大科技成果相继问世，全面开放的新格局基本形成，全国经济由高速增长逐渐转向高质量发展，人民日益增长的美好生活需要得到很好的满足。

第二，民主法治建设迈出重大步伐。在党的十八大报告中，中国共产党把民主法治建设摆到更加突出的位置，强调“继续积极稳妥推进政治体制改革，发展更加广泛、更加充分、更加健全的人民民主”①。根据党的十八

① 《十八大以来重要文献选编》（上），中央文献出版社2014年版，第20页。

大精神，以习近平同志为核心的党中央，全面加强党对人大的领导，提高人大工作水平，夯实了人民当家作主的制度根基。与此同时，国家立法工作质量和效率不断提高。党的十八届三中全会通过了《中共中央关于全面推进依法治国若干重大问题的决定》。依照《决定》，党和国家在全面加强党的领导、人民当家作主、依法治国有机统一的基础上，坚持“凡属重大改革必须于法有据”，坚持人民有所呼、法治有所应，大力推进全面依法治国，努力推进立法工作与时代同步、与改革同频、与实践同发展，推进法治工作更加民主化法治化科学化，形成了有法可依和良法善治有机结合的大好局面。

第三，努力推进思想文化建设。党的十八大以后，习近平总书记在文艺界、党校、新闻舆论、网络安全和信息化、哲学社会科学、高校思想政治工作等一系列会议上发表重要讲话，系统规划思想文化工作，全面推进思想文化建设。在党中央的领导和推动下，马克思主义理论在意识形态领域的指导地位更加鲜明，中国特色社会主义和中国梦深入人心，社会主义核心价值观和中华优秀传统文化广泛弘扬。针对社会上噪音杂音、错误思潮，思想文化战线积极举旗定向、发声亮剑，与歪风邪气作坚决斗争，彻底扭转了意识形态领域一度出现的被动局面，使党的主张成为新时代的最强音，亿万人民的共同意志。在风清气正的氛围中，文化事业和文化产业蓬勃发展，彰显中华优秀传统文化的文艺作品不断推出，大幅提升了国家文化软实力和中华文化影响力。

第四，大力度推进生态文明建设。生态兴则文明兴，生态衰则文明衰。新时代的中国共产党人深刻总结人类文明发展规律，将生态文明纳入中国特色社会主义“五位一体”总体布局和“四个全面”战略布局，加快推进生态文明顶层设计和制度体系建设，建立并实施中央环境保护督察制度，大力推动绿色发展，深入实施大气、水、土壤污染防治三大行动计划，制定并实施《中国落实2030年可持续发展议程国别方案》《国家应对气候变化规划（2014—2020年）》。经全党全国人民共同努力，绿色发展理念深入人心，忽视生态环境保护的状况明显改变。全面节约资源有效推进，能源资源消耗强度大幅下降。重大生态保护和修复工程进展顺利，森林覆盖率持续提高。生态环境治理明显加强，环境状况得到改善。

第五，全面从严治党扎扎实实向前推进。党的十八大之后，中共中央先后印发了《关于加强和改进党的群团工作的意见》《关于新形势下党内政治生活的若干准则》《中共中央政治局贯彻落实中央八项规定的实施细则》等重量级文件。按照文件要求，中共中央和国家机关各级党组织坚持把党的政治建设放在首位，坚持把全面从严治党纳入“四个全面”战略布局，不仅有效刹住了形式主义、官僚主义、享乐主义和奢靡之风，更彻底改变了管党治党宽松软状况。党的十九大根据历史经验和新时代发展要求，对《中国共产党章程》进行修改，审议通过了《中国共产党章程（修正案）》。随后，全党开展尊崇党章、学习党章、对照党章党规找差距主题教育，使党的政治建设、思想建设、组织建设、作风建设、纪律建设得到全面加强，从而为进一步坚持好、发展好，完善好中国特色社会主义政党制度提供了保障。

综上所述，党的十八大以来的变革是多领域的、深层次的、根本性的，解决了许多长期想解决而没有解决的难题，办成了许多过去想办而没有办成的大事，推动党和国家事业发生历史性变革。这些历史性变革，对党和国家事业发展具有重大而深远的影响。

二、以人民为中心的发展思想与实践

一直以来，惠民利民、安民富民是中华文明鲜明的价值导向。以马克思主义为指导的中国共产党，自成立以来最鲜明品格就是人民性。中国共产党始终同人民在一起，始终从人民根本利益出发，全心全意为人民服务。党的十八大以后，以习近平同志为核心的党中央在继承创新中进一步坚持上述理念，提出了“人民对美好生活的向往，就是中国共产党的奋斗目标”，坚持把人民放在心中最高的位置，着力尊重人民群众首创精神，着力解决人民群众最关心最直接最现实的利益问题。

（一）人民主体地位的新高度

党的十八大以来，中国共产党人在坚持人民性这一鲜明品格的同时，不断深化对人民主体地位的认识。2012年11月15日，习近平带领十八届中共中央政治局常委同中外记者见面时郑重表示：“人民是历史的创造者，群众是真正的英雄。人民群众是我们力量的源泉。”[①]统计党的十八大以来中共中央印发的文件发现，“人民”出现了千余次。其中，仅在党的十九大报告中，“人民”一词就出现203次。在整个报告十三个部分中，每一部分都提及了“人民”。如：“人民是历史的创造者，是决定党和国家前途命运的根本力量”“中国人民是勤劳勇敢、自强不息的伟大人民”“人民利益是中国共产党一切工作的根本出发点和落脚点”“人民健康是民族昌盛和国家富强的重要标志”。在如此多次的论述中，与“人民”一词搭配的其他词汇都彰显着以习近平同志为核心的党中央将人民放在心中最高的位置。

在新时代的战略安排上，人民是党和国家各项事业改革和发展的主体。谋发展，最了解实际情况的，是人民。推动改革，最大依靠力量，也是人民。党中央要求中国共产党必须始终与人民在一起，扎根于人民、服务人民，以人民对美好生活的向往作为党的奋斗目标。具体就是，各级党组织坚持把人民利益摆在至高无上的位置，各项事业改革与发展，都要依靠人民、满足人民。广大党员同志坚守人民立场，树立与人民心心相印、与人民同甘共苦、与人民团结奋斗的理念，为民谋利、为民尽责。正如习近平总书记所言：“我们要坚持‘以百姓心为心’，倾听人民心声，汲取人民智慧，始

---

① 《习近平谈治国理政》，外文出版社2014年版，第5页。

终把实现好、维护好、发展好最广大人民根本利益作为一切工作的出发点和落脚点，让发展成果更多更公平惠及全体人民。”①

新时代的“大考”，党和国家各项事业发展必须以最广大人民根本利益为最高标准。习近平总书记多次向全党表示，时代是出卷人，中国共产党人是答卷人，人民是阅卷人。只有人民，才是党的工作的评判者，要真正让人民来评判。人民是党和国家各项事业改革和发展的评判者，必须贯穿始终。“检验我们一切工作的成效，最终都要看人民是否真正得到了实惠，人民生活是否真正得到了改善，人民权益是否真正得到了保障。面对人民过上更好生活的新期待，我们不能有丝毫自满和懈怠，必须再接再厉，使发展成果更多更公平惠及全体人民，朝着共同富裕方向稳步前进。”②因此，“我们一定要始终与人民心心相印、与人民同甘共苦、与人民团结奋斗，夙夜在公，勤勉工作，努力向历史、向人民交出一份合格的答卷。”③具体落实到党的各级组织，习近平要求，必须将人民主体地位落实在实际工作中。首先，中南海要始终直通人民群众。中央政治局同志必须做到以人民忧乐为忧乐、以人民甘苦为甘苦，始终怀着强烈的忧民、爱民、为民、惠民之心，察民情、接地气，倾听群众呼声，反映群众诉求。其次，党的各级组织始终坚持把人民拥护与否、赞成与否、高兴与否、答应与否作为衡量一切工作得失的根本标准，努力向人民交出新的更加优异的答卷。习近平郑重告诫全党：“我们党的宏伟奋斗目标，离开了人民支持就绝对无法实现。我们党的执政水平和执政成效都不是由自己说了算，必须而且只能由人民来评判。人民是我们党的工作的最高裁决者和最终评判者。如果自诩高明、脱离了人民，或者凌驾于人民之上，就必将被人民所抛弃。”④

新时代中国共产党人关于人民主体地位的系列论述，不仅全面揭示了

① 《十八大以来重要文献选编》（中），中央文献出版社2016年版，第81页。
② 《习近平谈治国理政》，外文出版社2014年版，第28页。
③ 《习近平谈治国理政》，外文出版社2014年版，第5页。
④ 《习近平谈治国理政》，外文出版社2014年版，第28页。

中华文明发展进步的最大优势，更集中反映了以习近平同志为核心的党中央续写中华文明的信心和决心。

（二）落实在经济社会发展各个环节

以人民为中心的发展思想的新概括新表述，不仅体现在思想理论的高度上，更落实在新时代实践的强度上。以习近平同志为核心的党中央坚持人民中心的思想，更把以人民中心思想落实在党和国家各项事业发展的部署上，落实在经济社会发展各个环节上。

第一，制定和完善全面建成小康社会政策措施，全力解决好人民群众反映强烈的民生问题。为保证全面建成小康社会目标的实现，2015年11月，中共中央审议通过了《中共中央关于制定国民经济和社会发展第十三个五年规划的建议》。该《建议》明确提出：如期实现全面建成小康社会的奋斗目标，推动经济社会持续健康发展的首要原则是坚持人民主体地位，坚持以人民为中心的发展思想。在这一前提下，《建议》强调："按照人人参与、人人尽力、人人享有的要求，坚守底线、突出重点、完善制度、引导预期，注重机会公平，保障基本民生，实现全体人民共同迈入全面小康社会。"[①]具体举措包括：增加公共服务供给、实施脱贫攻坚工程、提高教育质量、促进就业创业、缩小收入差距、建立更加公平更加可持续的社会保障制度、推进健康中国建设、促进人口均衡发展，共八大方面。

两年后，党的十九大召开，进一步细化上述要求和举措。习近平在大会报告中指出，各级党组织和全体党员既应尽力而为，又量力而行，既要一件事情接着一件事情办，又要一年接着一年干。坚持人人尽责、人人享有，坚守底线、突出重点、完善制度、引导预期，完善公共服务体系，保障群众基本生活，不断满足人民日益增长的美好生活需要，不断促进社会公平正义，

① 《中共中央关于制定国民经济和社会发展第十三个五年规划的建议》，《人民日报》2015年11月4日。

形成有效的社会治理、良好的社会秩序。在具体落实中，各级党组织和全体党员应坚持三个“必须”，一是必须全力解决人民群众反映强烈的民生问题，二是必须始终把人民利益摆在至高无上的地位，三是一切工作必须以最广大人民根本利益为最高标准。习近平总书记强调：让改革发展成果更多更公平惠及全体人民，朝着实现全体人民共同富裕不断迈进。“我们要坚持把人民群众的小事当作自己的大事，从人民群众关心的事情做起，从让人民群众满意的事情做起，带领人民不断创造美好生活！”①

2020年10月，党的十九届五中全会审议通过了《中共中央关于制定国民经济和社会发展第十四个五年规划和二〇三五年远景目标的建议》，深刻指明了未来5年乃至15年中国发展的指导方针、目标任务、战略举措，是开启全面建设社会主义现代化国家新征程、向第二个百年奋斗目标进军的纲领性文件。该《建议》将改革、开放、创新为重点，以经济发展取得新成效、改革开放迈出新步伐、社会文明程度得到新提高、生态文明建设实现新进步、民生福祉达到新水平、国家治理效能得到新提升作为“十四五”中国经济社会发展的主要目标。将如上“六个新”贯穿在一起的，是浓浓的民生情怀。该《建议》提出，“十四五”时期经济社会发展必须遵循坚持以人民为中心的原则，坚持人民主体地位，坚持共同富裕方向，始终做到发展为了人民、发展依靠人民、发展成果由人民共享，维护人民根本利益，激发全体人民积极性、主动性、创造性，促进社会公平，增进民生福祉，不断实现人民对美好生活的向往；在到2035年基本实现社会主义现代化远景目标中提出“全体人民共同富裕取得更为明显的实质性进展”，在改善人民生活品质部分突出强调了“扎实推动共同富裕”，提出了一些重要要求和重大举措。总之，从“人均国内生产总值达到中等发达国家水平，中等收入群体显著扩大”的发展目标，到“民生福祉达到新水平”的郑重承诺；从“十四五”时期

① 《决胜全面建成小康社会 夺取新时代中国特色社会主义伟大胜利——在中国共产党第十九次全国代表大会上的报告》，《人民日报》2017年10月28日。

经济社会发展主要目标，到2035年基本实现社会主义现代化远景目标，“民生”二字是贯穿该《建议》始终的一条主线。

为保证党的十九大部署和“十四五”规划有效落实，中共中央和国务院先后围绕教育事业发展、食品安全、就业创业、安全生产、医药卫生等重点民生领域作进一步详细规划。至2020年年底，全国各地结合自身特点不断健全幼有所育、学有所教、劳有所得、病有所医、老有所养、住有所居、弱有所扶等方面国家基本公共服务制度体系，不断提升广大人民群众在多领域中的获得感幸福感安全感。

第二，建立健全社会主义民主和法制，为人民中心的发展思想提供制度保障。党的十八大以后，为落实人民中心发展思想，中共中央将人民的需求和愿望上升到国家法律层面，对2004年通过的宪法进行修改。2018年3月，第十三届全国人大第一次会议通过了《中华人民共和国宪法修正案》，进一步完善各级人大组织制度和工作制度，明确各级人大及其常委会的各项职责，从而保证了人民能够通过各级人大组织充分行使当家作主的权利，实现人民权益法制化。

在《宪法》的保障下，中国人民实现了内容广泛、层次丰富的当家作主。党和国家各级机关，一手努力建设了解民情、反映民意、集中民智、珍惜民力的决策机制，增强决策透明度和公众参与度，保证了决策符合人民利益和愿望；一手积极发展广纳群贤、充满活力的选人用人机制，有效凝聚了各党派、各团体、各民族、各阶层、各界人士的智慧和力量。与此同时，中共中央建立健全多层次监督体系，完善各类公开办事制度，为人民拥有更多、更直接、更实在的获得感、幸福感和安全感提供制度保证。

第三，建设生态文明，为人民创造美好的生产生活环境。党的十八大以后，中共中央把解决突出生态环境问题摆在重要议事日程，强调：“建设生态文明，是关系人民福祉、关乎民族未来的长远大计。”[①]党的十八大就生

① 《胡锦涛文选》第3卷，人民出版社2016年版，第644页。

态文明建设提出四项重大举措：一要优化国土空间开发格局，二要全面促进资源节约，三要加大自然生态系统和环境保护力度，四要加强生态文明制度建设。会后，习近平总书记主持十八届中央政治局第六次集体学习，专门研究落实十八大提出的生态文明建设部署。习近平要求，生态建设应有序有效推进，以生态修复工程为牵引，增强生态产品生产能力。重点是着力推进重点流域和区域水污染防治，着力推进重点行业和重点区域大气污染治理。根据党中央精神，2017年至2018年，生态文明建设先后写入党章和宪法，制定和修改了环境保护法、环境保护税法以及大气、水、土壤污染防治法和核安全法等法律。在党中央推动下，全国各地将资源、环境与人民切身利益有机结合起来，将生态文明建设与产业结构、生产方式、生活方式进一步紧密起来，统筹推进山水林田湖草系统治理，努力探索绿色发展为导向的高质量发展新路子。

2017年11月，党的十九大上，中共中央在党的十八大以来五年的实践基础上再次细化生态文明建设相关部署，着力加快生态文明体制改革，建设美丽中国。一是将绿色发展、节约资源和保护环境上升为基本国策；二是着力解决突出环境问题，构建大气、蓝天、水、海岸、土壤等立体化防治修复工程；三是加大生态系统保护力度，推动生态保护和修复实现综合治理；四是改革生态环境监管体制，建立健全监管机构、管理制度、保护制度等一系列制度。根据党的十九大精神，各地一面大力倡导良好生态环境是最普惠的民生福祉，一面坚持生态惠民、生态利民、生态为民，重点解决损害群众健康的突出环境问题，从而使人民日益增长的优美生态环境需要不断获得满足。

（三）民生福祉不断提高

党的十八大以来，中国人民在以习近平同志为核心的党中央带领下，美好生活的愿望不断化为现实。据统计发现，党的十八大以后，我国创造了减贫史上的最好成绩。2012年至2017年，累计减贫6853万人，消除绝对贫困人口2/3以上，年均减少1300万以上，贫困发生率从10.2%下降至3.1%，我国脱贫攻坚取得了决定性进展。如此卓越成就，不仅说明我国居民生活稳步提升，也为顺利实现全面建成小康社会奋斗目标，进而建成富强民主文明和谐美丽的社会主义现代化强国奠定了坚实的基础。党的十九大以后，中共中央发出坚决打赢脱贫攻坚战的号召，作出了让贫困人口和贫困地区同全国一道进入全面小康社会的庄严承诺。至2019年，在全党全国全社会力量共同努力下，承诺不断兑现。全国农村贫困人口还有551万，比2018年减少1109万人，下降66.8%；贫困发生率0.6%，比2018年下降1.1个百分点。贫困地区农村居民人均可支配收入11567元，比2018年增长8.0%。

实现大规模脱贫的同时，全国人民朝着共同富裕目标不断迈出坚实步伐。据近年国家统计公报显示，2018年全国居民人均可支配收入比上年名义增长8.7%，扣除价格因素，实际增长6.5%。2019年，全国居民人均可支配收入首次突破3万元，比上年名义增长8.9%，扣除价格因素，实际增长5.8%。我国居民收入持续增长，为2020年实际收入翻番目标奠定了良好基础。在民生之利不断增长的基础上，全国各地在发展中着力补齐民生短板、促进社会公平正义，在幼有所育、学有所教、劳有所得、病有所医、老有所养、住有所居、弱有所扶上不断取得新进展。至2019年，我国建成了世界最大规模社会保障体系，基本养老、基本医疗保障以及社会救助等覆盖全社会，中国人民衣食无忧的幸福生活真正实现了。

人民群众当家作主的渠道和领域不断拓宽，共建共治共享的社会治理格局不断形成。党的十八大以来，在中共中央指导下，各级机关组织积极落实人民的政府为人民、人民的政府人民建。经全国上下共同努力，各级组织的建设不断加强，尤其是农村地区软弱涣散的村级组织获得全面整顿，基层党组织作用不断强化，厚植了乡村治理根基。与此同时，各级党组织坚持以广大城镇居民的需求为城镇规划和建设的重要依据，广大社区居民不断获得精准化精细化服务。凝聚力战斗力不断增强的基层组织，捍卫了增进的民生福祉。2013年以来，我国每10万人发生命案1.0起以下，案发率处于世界最低水平。人民群众对社会治安满意度达到95%以上。“平安中国”“幸福中国”成为新时代中国的亮丽名片。

人民群众生产生活环境不断改善。党的十八大以来，在以习近平同志为核心的党中央坚强领导下，党和国家积极回应人民群众关于环境的所想、所盼、所急，大力推进生态文明建设，不断满足人民群众日益增长的优美生态环境需要。经共同努力，14亿中国人民在生态文明建设方面迈出坚定不移的前进步伐，绿色发展深入人心。2013年至2017年间，我国人群PM2.5暴露水平从每立方米61.8微克下降到42.0微克，下降了32%。全国范围内减少二氧化硫排放1640万吨，氮氧化物排放800万吨，一次性PM2.5排放350万吨。总体挽救了30余万人过早死亡。与此同时，通过实施山水林田湖草生态保护和修护工程，关停或整治污染严重的煤矿、矿山和不达标的化工企业，生态保护红线面积不断扩大，生物物种不断多样性化，广大人民群众的家园日益美丽宜人。面对持续改善生态环境，人民群众生产生活环境越来越美好，人民群众满意度不断提升。

综上所述，民生福祉的不断增进，正是源自以习近平同志为核心的党中央牢固树立“以人民为中心”的执政理念和发展逻辑，坚持人民主体地位，把党的群众路线贯彻到治国理政全部活动之中，依靠人民创造历史伟业，推进中华民族不断发生历史性变革，迎来实现中华民族伟大复兴的光明前景。

三、构建人类命运共同体的思考与实践

和平与发展、交流与互鉴，是人类文明发展进步的本质要求。亲仁善邻、协和万邦是中华文明一贯的处世之道。中国人民是深知和平与发展之

珍贵、交流互鉴之重要的，且中国历来都是世界和平的建设者、全球发展的贡献者、交流互鉴的维护者和推动者。正如习近平所言："中华民族之所以在世界有地位、有影响，不是靠穷兵黩武，不是靠对外扩张，而是靠中华文化的强大感召力和吸引力。"①党的十八大以来，中国共产党对当今世界形势作出了"当今世界正经历百年未有之大变局"的科学判断。根据这个判断，习近平代表中国政府提出构建人类命运共同体的构想，"人类生活在同一个地球村里，生活在历史和现实交汇的同一个时空里，越来越成为你中有我、我中有你的命运共同体。"②构建人类命运共同体，为世界和平的维护、人类文明的交流互鉴提供了新智慧新方案，为世界各国的发展带来了前所未有的新机遇，更为人类文明进步指明了新方向。

（一）构建人类命运共同体思想的提出

当前，世界正处于大发展大变革大调整时期。一方面，世界多极化、经济全球化、社会信息化、文化多样化不断深入发展，各国相互关联、相互依存程度之深前所未有，和平力量的上升远超战争因素的增长，和平、发展、合作、共赢的时代潮流更加强劲。另一方面，由于某些西方大国，顽固地奉行单边主义、霸凌主义，使得全球安全和经济风险不断加剧，全球地缘政治矛盾、地区局部冲突频发，国家间或地区间兵戎相见时有发生，恐怖主义袭击层出不穷，全球气候威胁、重大传染性疾病等非传统安全威胁愈加严峻。这一系列的难题和挑战折射出，和平与发展仍然是时代主题。但人类百年来和平与发展的愿望并未实现，也说明了国际格局以西方占主导、国际的"西方中心论"已难以为继，西方的治理理念、体系和模式愈发难以适应新的国际格局和时代潮流，全球治理方案亟需创新。

面对摆在全人类面前的难题，习近平站在全人类发展进步的高度提

① 《十八大以来重要文献选编》（中），中央文献出版社2016年版，第119页。

② 《习近平谈治国理政》，外文出版社2014年版，第272页。

出，没有哪一个国家能够独自应对，也没有哪一个国家能够返回到自我封闭的孤岛，否则人类文明就将因老死不相往来而丧失生机活力。他强调：和平与发展、合作与共赢，应成为世界各国人民的共同心声。在中国政府倡导下，世界各国也普遍意识到：实行单边主义、保护主义，不符合人类社会发展规律。每个国家都有发展权利，同时都应该在更加广阔的层面考虑自身利益，不能以损害其他国家利益为代价。在认清历史与现实的基础上，顺应人类社会发展潮流的构建人类命运共同体的中国方案呼之欲出。

2012年12月5日，习近平同在华工作的外国专家代表座谈时提出人类命运共同体的理念。他表示，面对世界经济的复杂形势和全球性问题，任何国家不可能独善其身、一枝独秀。"国际社会日益成为一个你中有我、我中有你的命运共同体。"[①]此后，习近平在实践中不断丰富人类命运共同体理念。2013年至2014年间，习近平在与亚太地区、非洲地区领导人互访中，联系各地区历史文化传统，提出建立中国—东盟命运共同体、中阿利益共同体和命运共同体、中非命运共同体。2015年3月，习近平在博鳌亚洲论坛年会开幕式上讲话指出，人类只有一个地球，各国共处一个世界。面对风云变幻的国际和地区形势，亚洲各国人民应把握世界大势，跟上时代潮流，共同营造对亚洲、对世界都更为有利的地区秩序，通过迈向亚洲命运共同体，推动建设人类命运共同体。

2015年9月，习近平在第70届联合国大会一般性辩论时发表题为"携手构建合作共赢新伙伴同心打造人类命运共同体"的重要讲话。他指出：当今世界，各国相互依存、休戚与共。站在新的历史起点上，世界各国应继承和弘扬联合国宪章的宗旨和原则，"构建以合作共赢为核心的新型国际关系，打造人类命运共同体"[②]。2017年1月，在联合国日内瓦总部，习近平发表题为"构建人类命运共同体"的演讲。他表示，世界各国相互联系、相互依存的

① 《中国是合作共赢倡导者践行者》，《人民日报》2012年12月6日。
② 《习近平谈治国理政》第2卷，外文出版社2017年版，第522页。

程度空前加深，人类生活在同一个地球村里，生活在历史和现实交汇的同一个时空里，越来越成为你中有我、我中有你的命运共同体。基于此，习近平强调："让和平的薪火代代相传，让发展的动力源源不断，让文明的光芒熠熠生辉，是各国人民的期待，也是我们这一代政治家应有的担当。中国方案是：构建人类命运共同体，实现共赢共享。"①

从亚太地区到联合国纽约总部，再到联合国日内瓦总部，构建人类命运共同体，成为世界普遍共识。世界多国政要和专家对中国提出的构建人类命运共同体高度认同和赞赏。南非总统拉马福萨在金砖国家会晤上兴奋地表示，共同走向人类命运共同体更加光明的未来。柬埔寨国王西哈莫尼表示："我高度赞赏习近平主席提出的构建人类命运共同体的伟大构想。这一构想让世界各国，不论大小以及发展程度不同，都能以和为贵，同呼吸，共命运。"②联合国前秘书长潘基文盛赞习近平提出的人类命运共同体理念，认为这一方案擘画了亚洲乃至世界发展的光明未来。第71届联合国大会主席彼得·汤姆森认为，构建人类命运共同体是人类在这个星球上的唯一未来。曾现场聆听习近平演讲的联合国秘书长古特雷斯更是坚定地说："中国已成为多边主义的重要支柱，而我们践行多边主义的目的，就是要建立人类命运共同体。"③美国经济学家、诺贝尔经济学奖获得者安格斯·迪顿称赞：人类命运共同体理念是非常伟大的。

构建人类命运共同体的中国方案，不但获得世界范围的认可，更载入世界不同组织的规则体系之中。2017年2月10日，构建人类命运共同体理念写入联合国决议。同年3月17日，"构建人类命运共同体"理念正式载入联合国安理会决议。3月23日，载入联合国人权理事会决议。11月2日，"构建人类命运共同体"理念被写入第72届联大负责裁军和国际安全事务第一委

① 《习近平谈治国理政》第2卷，外文出版社2017年版，第539页。

② 《共同创造亚洲文明和世界文明的美好未来——亚洲文明对话大会开幕式侧记》，《人民日报》2019年5月16日。

③ 《命运共同体：为世界谋大同》，《人民日报（海外版）》2019年12月19日。

员会（联大一委）会议通过的“防止外空军备竞赛进一步切实措施”和“不首先在外空放置武器”两份安全决议。2018年，“确立人类命运共同体的共同理念”被写入青岛宣言，成为上海合作组织八国最重要的政治共识和努力目标。2019年，构建人类命运共同体的理念载入联合国多份不同层面决议。这些都表明，构建人类命运共同体，符合世界绝大多数国家人民的利益和意愿，得到了国际社会普遍认同，彰显了中国对全球治理的巨大贡献。

（二）全面推进中国特色大国外交

党的十八大以后，以习近平同志为核心的党中央，在构建人类命运共同体科学理念的引领下，在保持外交大政方针连续性和稳定性的基础上，中国政府高举和平、发展、合作、共赢的旗帜，恪守维护世界和平、促进共同发展的外交政策宗旨，深化外交布局，开展全方位外交，塑造新时代中国特色大国外交新形象。

第一，坚持和平发展、促进共同发展，展示为世界和平与发展而奋斗的大国形象。党的十八大以后，中国注重阐述中国梦的世界意义，丰富和平发展战略思想。习近平在不同场合多次表示，中国发展壮大，带给世界的是更多机遇而不是什么威胁。中国将同国际社会一道，推动实现持久和平、共同繁荣的世界梦想，为人类和平发展的崇高事业作出新的更大的贡献。2015年9月，中国举行纪念中国人民抗日战争暨世界反法西斯战争胜利70周年大会，习近平代表中国人民向世人郑重宣示：中国将始终坚持走和平发展道路。“中国人民将坚持同世界各国人民友好相处，坚决捍卫中国人民抗日战争和世界反法西斯战争胜利成果，努力为人类作出新的更大的贡献。”①与此同时，党和国家领导人通过访问、出席国际论坛，参加联合国大会等多重多边会议，与世界多国建立了各种形式的伙伴关系，构建起遍布全球的伙

① 习近平：《在纪念中国人民抗日战争暨世界反法西斯战争胜利70周年大会上的讲话》，《人民日报》2015年9月4日。

伴关系网络，巩固了中国与世界主要大国携手推进以协调、合作、稳定为基调的关系；同周边各国建立了伙伴与合作关系，大多数历史遗留问题得到很好解决；同发展中国家加强了团结合作，实现整体合作机制全覆盖。总体观之，中国在世界和平发展的格局中担负着更关键的作用。

第二，积极维护全人类根本利益，展示为人类前途命运负责任的大国形象。2013年秋，中国政府提出“一带一路”倡议，把中国发展和世界其他国家发展结合起来，把中国梦同沿线国家和世界其他国家人民的梦想结合起来，努力推动政策沟通、设施联通、贸易畅通、资金融通、民心相通，以实现在“一带一路”建设国际合作框架内，各方携手应对世界经济面临的挑战，开创发展新机遇，谋求发展新动力，拓展发展新空间，实现优势互补、互利共赢，不断朝着人类命运共同体方向迈进。为深化共建“一带一路”国际合作、共同构建开放型世界经济，2018年11月和2019年11月，连续举办了两届中国国际进口博览会，让更多国家、更多人群共享中国发展带来的大机遇。诚如习近平所指出的：“中国人民深知，中国发展得益于国际社会，愿意以自己的发展为国际发展作出贡献。中国对外开放，不是要一家唱独角戏，而是要欢迎各方共同参与；不是要谋求势力范围，而是要支持各国共同发展；不是要营造自己的后花园，而是要建设各国共享的百花园。”①

第三，完善和深化全方位外交，展示善于为人类文明贡献新能量的文明大国形象。党的十八大以后，中国政府努力拓展文化和文明交流互鉴的形式与内容，包括政党交流、教育文化交流、科技卫生交流等，重点推动文化多样和谐。2017年12月，中国举办中国共产党与世界政党高层对话会，习近平在讲话中明确宣示了中国共产党为人类文明作贡献的政策主张：“中国共产党将以开放的眼光、开阔的胸怀对待世界各国人民的文明创造，愿意同世界各国人民和各国政党开展对话和交流合作，支持各国人民加强人

① 习近平：《在庆祝中国共产党成立95周年大会上的讲话》，《人民日报》2016年7月2日。

文往来和民间友好。”[①]在新时代，中国共产党注重加强政党交流，推动中国政党政治走向世界，拓展同世界各国文明交流互鉴的渠道，不断完善多元互动的人文交流格局。

第四，推动教育科技文化教育，进一步展示了新时代的文明使者形象与大国气质。2014年3月，习近平在联合国教科文组织总部演讲中明确提出：“文明因交流而多彩，文明因互鉴而丰富。文明交流互鉴，是推动人类文明进步和世界和平发展的重要动力。”[②]秉承这一理念，中外文明交流互鉴频繁展开。2014年，中国与欧盟制定了“中欧合作2020战略规划”，在近百个领域提出了一系列具有雄心的合作目标。2019年5月，中国举办了亚洲文明对话大会。习近平在主旨演讲中提出了四点文明主张：“坚持相互尊重、平等相待”“坚持美人之美、美美与共”“坚持开放包容、互学互鉴”“坚持与时俱进、创新发展”。[③]以此为契机，中国进一步扩大域内外国家间人文交往，在与不同文化交流互鉴中取长补短、共同进步。

新时代中国特色大国外交，不仅开创中国特色外交新局面，也获得世界多国政要的高度赞赏。欧盟国家领导人认为，中国是经济全球化的塑造者，中国是经济全球化的重要引擎和国际贸易的稳定因素。参加过中国国际进口博览会的各国领导人一致认为，中国已成为捍卫多边主义、国际规则和自由贸易的重要力量。中国持续扩大对外开放，将为世界创造更多发展机遇。联合国教科文组织驻华代表社会和人文学科处负责人罗素·日瓦兰认为：“习近平主席创造性地提出了不同文化和不同文明之间开展对话的多种方式，这有助于解决当今世界面临的各种挑战。”[④]

① 习近平：《携手建设更加美好的世界——在中国共产党与世界政党高层对话会上的主旨讲话》，《人民日报》2017年12月2日。

② 《习近平谈治国理政》，外文出版社2014年版，第258页。

③ 《深化文明交流互鉴共建亚洲命运共同体——在亚洲文明对话大会开幕式上的主旨讲话》，《人民日报》2019年5月16日。

④ 《共同创造亚洲文明和世界文明的美好未来——亚洲文明对话大会开幕式侧记》，《人民日报》2019年5月16日。

（三）新型国际关系行稳致远

面对纷繁复杂、各种风险日益凸显的世界形势，世界各国同舟共济的需求愈发强烈，对以邻为壑、转嫁危机、损人利己的外交做法日益厌恶。2013年3月，习近平总书记在莫斯科国际关系学院演讲中指出，面对错综复杂的国际安全威胁，单打独斗不行、迷信武力更不行，合作安全、集体安全、共同安全才是解决问题的正确选择。基于此，习近平总书记首次提出"以合作共赢为核心的新型国际关系"的概念。即："各国应该共同推动建立以合作共赢为核心的新型国际关系，各国人民应该一起来维护世界和平、促进共同发展。"①同年秋，习近平总书记提出共建"一带一路"倡议，并将其与构建新型国际关系密切结合起来，形象地将其比喻成一对正飞向和平、发展、合作、共赢新型国际关系方向的翅膀。2014年11月，习近平总书记在中共中央外事工作会议上提出："我们要坚持合作共赢，推动建立以合作共赢为核心的新型国际关系，坚持互利共赢的开放战略，把合作共赢理念体现到政治、经济、安全、文化等对外合作的方方面面。"②2015年9月，习近平总书记在第70届联合国大会一般性辩论的讲话中呼吁：世界各国继承和弘扬联合国宪章的宗旨和原则，构建以合作共赢为核心的新型国际关系，打造人类命运共同体。

在人类命运共同体理念和"一带一路"倡议的引领下，中国走出一条对话而不对抗、结伴而不结盟的国与国交往新路。2013年以后，中国先后同世界上160多个国家和国际组织签署合作文件，多次成功举办多种国际合作高峰论坛、达成550多项合作成果。世界多国尤其是广大发展中国家和中小国家通过不断扩大和深化的交流合作，在国际舞台上有了一席之地，国际关系有了明显进步，构建新型国际关系的条件比以往任何时候都充分。

2017年10月，在党的十九大上，习近平总书记总结五年经验，丰富了构

① 《习近平谈治国理政》，外文出版社2014年版，第273页。

② 《习近平谈治国理政》第2卷，外文出版社2017年版，第443页。

建以合作共赢为核心的新型国际关系的内涵。在大会报告中，习近平向世人郑重宣告："中国将高举和平、发展、合作、共赢的旗帜，恪守维护世界和平、促进共同发展的外交政策宗旨，坚定不移在和平共处五项原则基础上发展同各国的友好合作，推动建设相互尊重、公平正义、合作共赢的新型国际关系。"①在这一思想指导下，中国积极发展全球伙伴关系，扩大同各国的利益交汇点，推进构建新型国际关系。

中国同世界主要大国合作的关系进一步巩固，迎来了相互尊重、合作共赢的良好局面。中美新型大国关系在曲折中不断深化，相互尊重、合作共赢依然是中美两国最好的选择。中俄双方签署了《中俄睦邻友好合作条约》，将"世代友好、永不为敌"的理念以法律形式确定下来。中俄两国关系提升为全面战略协作伙伴关系，双方坚定视彼此为本国外交优先方向，建立起完备的各领域交往机制，政治互信不断深化，务实合作成果丰硕，人文交流蓬勃开展，从而树立了相互尊重、公平正义、合作共赢的新型国际关系典范。

中国同周边国家的亲诚惠容、睦邻友好合作关系进一步扩大和深化。中国领导人将周边关系视为安身立命之所、发展繁荣之基，始终将周边至于外交全局的首要位置，视促进周边和平、稳定、发展为己任。鉴于此，中国同周边所有国家在互访和交流中深化了政治互信，务实合作成果日渐丰硕。与此同时，中国视广大发展中国家为国际事务中的真诚朋友和可靠伙伴，秉持正确义利观和真实亲诚理念加强同发展中国家团结合作。中国同广大发展中国家的团结合作不断加强，有效推动了新型国际关系的发展。

四、创立习近平新时代中国特色社会主义思想

习近平新时代中国特色社会主义思想，是中华文明在新时代创造性转

① 《决胜全面建成小康社会 夺取新时代中国特色社会主义伟大胜利——在中国共产党第十九次全国代表大会上的报告》，《人民日报》2017年10月28日。

化和创新性发展的新的辉煌成果。党的十八大以来，以习近平同志为核心的党中央，在团结带领全党全国各族人民实现中华民族伟大复兴中国梦的征程中，对中华文明优秀成果采取积极学习借鉴的态度，精准吸纳其中的有益成分，使中华文明5000多年的优秀文化基因与新时代文化相适应，与新时代社会相协调。

（一）中华文明的创造性转化

2012年11月，习近平在参观《复兴之路》展览时引用三句诗词以形容中华民族创造中华文明的历程。他认为，中华民族的昨天，是“雄关漫道真如铁”；中华民族的今天，是“人间正道是沧桑”；中华民族的明天，是“长风破浪会有时”。面对浩浩荡荡的时代潮流，习近平指出，空谈误国，实干兴邦。新时代的中国共产党带领全国人民必将实现中华民族伟大复兴的梦想。2013年3月17日，在第十二届全国人民代表大会第一次会议上，习近平在深入分析中国历史、当代国情及全国人民心声的基础上郑重宣告：“我们创造了伟大的中华文明，我们也能够继续拓展和走好适合中国国情的发展道路。”①

2014年9月24日，习近平在纪念孔子诞辰2565周年国际学术研讨会上指出：“文明特别是思想文化是一个国家、一个民族的灵魂。无论哪一个国家、哪一个民族，如果不珍惜自己的思想文化，丢掉了思想文化这个灵魂，这个国家、这个民族是立不起来的。”②鉴于此，习近平深入挖掘中华民族书写的流传千古的经典诗词中蕴含的哲学思想、人文精神、价值理念、道德规范等，以推动中华文明实现创造性转化和创新性发展。关于人民的地位和作用，习近平引用“大鹏之动，非一羽之轻也；骐骥之速，非一足之力也”“些小吾曹州县吏，一枝一叶总关情”。习近平更是亲自填词《念奴

① 《习近平谈治国理政》，外文出版社2014年版，第40页。

② 习近平：《在纪念孔子诞辰2565周年国际学术研讨会暨国际儒学联合会第五届会员大会开幕式上的讲话》，《人民日报》2014年9月25日。

娇·追思焦裕禄》："百姓谁不爱好官？把泪焦桐成雨。生也沙丘，死也沙丘，父老生死系。"关于党风廉政建设，他引用"历览前贤国与家，成由勤俭败由奢""其身正，不令而行；其身不正，虽令不从"。关于民主法制建设，他引用"公生明，廉生威""法者，治之端也""为国也，观俗立法则治，察国事本则宜。不观时俗，不察国本，则其法立而民乱，事剧而功寡"。关于人类文明进步，他引用"一花独放不是春，百花齐放春满园""和羹之美，在于合异"。关于外交，他引用"亲仁善邻、协和万邦"。关于生态建设，习近平总书记更是多次引经据典，详细介绍了中华文明丰富的生态文化。如："万物各得其和以生，各得其养以成""人法地，地法天，天法道，道法自然""顺天时，量地利，则用力少而成功多"。他还多次阐述中国历史上的虞衡制度、保护自然的律令等生态文化。习近平总书记对传颂千古的经典诗词的精妙运用，可以清楚地看到他对中华文明的高度珍视，对传承中华文明的高度自觉。

习近平从中华文明中汲取治国理政的思想精华。新时代中国共产党人传承中华民族天人合一的智慧，将生态文明建设作为"十三五"规划重要内容。习近平多次表示，中华民族总结的生态文化极为珍贵，都强调要把天地人统一起来、把自然生态同人类文明联系起来，按照大自热规律活动，取之有时，用之有度，表达了中华民族对处理人与自然关系的重要认识。

与此同时，习近平注重对国粹传承和非物质文化遗产保护的支持和扶持。他多次号召哲学社会科学界加强对中华民族文化的研究和阐释，引导中华儿女树立正确的历史观、国家观、民族观、文化观，巩固全体中华儿女对伟大祖国的认同、对中华民族的认同、对中国特色社会主义道路的认同，进而传承好和保护好中华民族精神生生不息的根脉。

习近平新时代中国特色社会主义思想，有着深远的历史渊源、深厚的文化根基，既传承着中华文明绵延不断的强大基因，又创造性转化和创新性发展了中华文化，堪称推动中华文明创造性转化和创新性发展的光辉典范。

（二）积极推动文明交流互鉴

交流互鉴是文明发展的本质要求。中华文明之所以历久弥新、举世闻名，是因为它根植于中国大地上，也是在于它是在同其他文明在不断交流互鉴中发展壮大的。中华人民共和国成立70多年来，中国共产党坚持保护和传承中华优秀传统文化，坚持维护世界文明多样性，注重中外文明交流互鉴，使中华文明始终在兼收并蓄中充满勃勃生机。新时代，以习近平同志为核心的党中央在坚持扎根中国大地、传承中华文明的同时，尊重世界其他文明，主动与世界其他文明交流对话，积极借鉴其他文明优秀成果，使中华文明充满生机、充满活力、充满魅力。

习近平在外事活动中多次引用或转述世界多国的名言和谚语。2013年3月，习近平在莫斯科国际关系学院演讲中引用俄罗斯的一句谚语："大船必能远航。"2014年4月，习近平在联合国教科文组织总部演讲中引用法国雨果的名言："世界上最宽阔的是海洋，比海洋更宽阔的是天空，比天空更宽阔的是人的胸怀。"同年5月，在亚洲相互协作与信任措施会议第四次峰会的讲话中引用哈萨克斯坦谚语："吹灭别人的灯，会烧掉自己的胡子。"同年6月，习近平在和平共处五项原则发表60周年纪念大会上引用印度谚语："水滴汇成溪，稻穗集成束。"同年8月，在蒙古国国家大呼拉尔演讲中引用蒙古国谚语："邻里心灵相通，命运与共。"2019年6月，在上海合作组织成员国元首理事会第十九次会议讲话中引用吉尔吉斯斯坦谚语："生存的力量在于团结。"习近平引用各国名言和谚语生动阐述了持久和平、开放包容、共同繁荣的美丽世界，有力地推动中华文明从不同文明中寻求智慧、汲取营养，这不仅为世界和平与发展提供强有力的精神支撑，更充实了构建新型国际关系和人类命运共同体的内涵。

习近平带领中国共产党人努力为促进世界文明平等对话、交流互鉴搭建新平台、开辟新渠道。2019年5月，由中国倡议的亚洲文明对话大会隆重召开，习近平在开幕式上的讲话中郑重宣示："未来之中国，必将以更加开放的姿态拥抱世界、以更有活力的文明成就贡献世界。"①同年8月，习近平视察敦煌研究院时再次确认与世界各国文明交流互鉴的信心与决心。他强调："要铸就中华文化新辉煌，就要以更加博大的胸怀，更加广泛地开展同各国的文化交流，更加积极主动地学习借鉴世界一切优秀文明成果。"②不仅如此，习近平更是建议将文明交流与"一带一路"紧密结合起来，加强同"一带一路"沿线国家的文化交流，增进民心相通，为构建人类命运共同体创造更多更优秀的人类文明成果。通过搭建的新平台、开辟的新渠道，跨越时空、超越国度、富有永恒魅力、具有当代价值的世界各国优秀文化、优秀文明相互尊重，实现平等交流对话。特别是通过"一带一路"，中国深化农业、卫生、减灾、水资源、影视等领域的国际合作，借鉴不同国家先进经验，缩小了同世界先进国家的发展差距。

（三）伟大的思想源自伟大的实践

党的十八大以来，习近平以"我将无我、不负人民"的情怀，坚持理论指导与实践探索相统一，在指导实践、推动实践中创立了习近平新时代中国特色社会主义思想，也在指导实践、推动实践中展现出强大真理力量和独特思想魅力。

2012年11月17日，习近平主持十八届中央政治局第一次集体学习时郑重指出："我们一定要以我国改革开放和现代化建设的实际问题、以我们正在做的事情为中心，着眼于马克思主义理论的运用，着眼于对实际问题的理论思考，着眼于新的实践和新的发展。"③根据部署，习近平立即结合实

① 习近平：《深化文明交流互鉴共建亚洲命运共同体——在亚洲文明对话大会开幕式上的主旨讲话》，《人民日报》2019年5月16日。

② 《坚定信心开拓创新真抓实干团结一心开创富民兴陇新局面》，《人民日报》2019年8月23日。

③ 《习近平谈治国理政》，外文出版社2014年版，第9页。

践进行理论思考与理论探索。他视察党的各级组织、与基层工作人员商谈政治经济社会建设，到少数民族边疆地区、与少数民族群众谈论民族民主建设，在田间地头与农民群众畅聊农业农村建设，到普通城市居民家中问寒问暖，在工厂车间与一线工人师傅们讨论中国制造与中国智造，到高校与师生共话教育大计，到祖国边疆哨卡、与基层官兵一起讨论如何强军兴军，去香港和澳门特别行政区居民家中谈论"一国两制"与特别行政区长期繁荣稳定。与此同时，习近平接见来自世界多国多地的领导人、访问世界不同地区的多个国家，与各国家元首、政府首脑及政党领导人坦诚交流全球或地区和平与发展、合作与共赢等重大问题，出席多个行业领域的重要论坛，参加联合国等世界性组织，向世界系统阐述中国主张、讲述中国故事、传播中国声音。

习近平每到一个地方、每一次讲话，始终坚持以马克思列宁主义、毛泽东思想、邓小平理论、"三个代表"重要思想、科学发展观为指导，坚持解放思想、实事求是、与时俱进、求真务实，坚持辩证唯物主义和历史唯物主义，紧密结合新的时代条件和实践要求，将马克思主义基本原理与新时代中国特色社会主义实际状况有机结合，将新中国成立以来特别是改革开放以来取得的巨大成就与当前中国发展面临的主要矛盾主要问题有机结合，将中国共产党的初心使命与人民群众对美好生活的向往有机结合，将中华民族伟大复兴的中国梦与增进世界各国人民福祉有机结合，锲而不舍推进马克思主义中国化、时代化、大众化，为习近平新时代中国特色社会主义思想的创立发挥了决定性作用、作出了决定性贡献。

2017年10月，党的十九大报告明确指出，经过长期努力，中国特色社会主义进入了新时代。这一重大政治判断，进一步揭示了习近平新时代中国特色社会主义思想的实践底色。习近平新时代中国特色社会主义思想，是不断发展的开放的理论，在指导新时代伟大社会革命和中国共产党伟大自我革命的历史进程中，必将随着中国特色社会主义伟大实践的深入推进而持续发展、不断丰富、更加完善。

党的十九大报告全面阐述习近平新时代中国特色社会主义思想的核心内容。大会报告指出，习近平新时代中国特色社会主义思想，是对马克思列宁主义、毛泽东思想、邓小平理论、“三个代表”重要思想、科学发展观的继承和发展，是马克思主义中国化最新成果，是党和人民实践经验和集体智慧的结晶，是中国特色社会主义理论体系的重要组成部分，是全党全国人民为实现中华民族伟大复兴而奋斗的行动指南，必须长期坚持并不断发展。①这一伟大思想的核心内容是“八个明确”和“十四个坚持”。

“八个明确”，第一，明确坚持和发展中国特色社会主义，总任务是实现社会主义现代化和中华民族伟大复兴，在全面建成小康社会的基础上，分两步走在本世纪中叶建成富强民主文明和谐美丽的社会主义现代化强国；第二，明确新时代我国社会主要矛盾是人民日益增长的美好生活需要和不平衡不充分的发展之间的矛盾，必须坚持以人民为中心的发展思想，不断促进人的全面发展、全体人民共同富裕；第三，明确中国特色社会主义事业总体布局是“五位一体”、战略布局是“四个全面”，强调坚定道路自信、理论自信、制度自信、文化自信；第四，明确全面深化改革总目标是完善和发展中国特色社会主义制度、推进国家治理体系和治理能力现代化；第五，明确全面推进依法治国总目标是建设中国特色社会主义法治体系、建设社会主义法治国家；第六，明确党在新时代的强军目标是建设一支听党指挥、能打胜仗、作风优良的人民军队，把人民军队建设成为世界一流军队；第七，明确中国特色大国外交要推动构建新型国际关系，推动构建人类命运共同体；第八，明确中国特色社会主义最本质的特征是中国共产党领导，中国特色社会主义制度的最大优势是中国共产党领导，党是最高政治领导力量，提出新时代党的建设总要求，突出政治建设在党的建设中的

① 《决胜全面建成小康社会 夺取新时代中国特色社会主义伟大胜利——在中国共产党第十九次全国代表大会上的报告》，《人民日报》2017年10月28日。

重要地位。“八个明确”，高度凝练、提纲挈领地阐明了习近平新时代中国特色社会主义思想的主要内容，构成了系统完备、逻辑严密、内在统一的科学体系。

“十四个坚持”是，坚持党对一切工作的领导，坚持以人民为中心，坚持全面深化改革，坚持新发展理念，坚持人民当家作主，坚持全面依法治国，坚持社会主义核心价值体系，坚持在发展中保障和改善民生，坚持人与自然和谐共生，坚持总体国家安全观，坚持党对人民军队的绝对领导，坚持“一国两制”和推进祖国统一，坚持推动构建人类命运共同体，坚持全面从严治党。

党的十九大，把习近平新时代中国特色社会主义思想同马克思列宁主义、毛泽东思想、邓小平理论、“三个代表”重要思想、科学发展观一道，确立为党必须长期坚持的指导思想并写入党章，第十三届全国人大一次会议通过的宪法修正案把习近平新时代中国特色社会主义思想载入宪法，实现了党和国家指导思想的与时俱进。

在习近平新时代中国特色社会主义思想指导下，党和国家事业发生历史性变化，由物质文明和精神文明比翼双飞的局面发展到物质文明、精神文明、政治文明、生态文明多点开花的新局面。未来，全体中华儿女坚信：在以习近平同志为核心的党中央领导下，中国必将用中国特色社会主义新的伟大实践继续书写中华文明的新辉煌。

第七章

中华文明深刻变革的历史进程与前景展望

中华民族在历史进程中创造出举世瞩目的文明成就，是世界文明百花园中最为姹紫嫣红的一株，为人类文明进步作出了重大贡献。但在近代史上，曾由于封闭等原因，中华民族一度遭受的苦难之重、牺牲之大，世间罕有。新中国成立以来，尤其是改革开放以来，全党和全国人民深刻认识到：封闭引起衰落，开放带来进步，只有开放包容，中华民族才能发展进步；只有与世界不同文明交流互鉴，中华民族才能强大，中华文明才能铸就更辉煌的成就。

一、“两大变局”与近现代中国的沧桑巨变

在人类历史发展的进程中，往往存在关键的节点，这个时期世界进入急剧裂变阶段，是谓“大变局”。“大变局”的裂变是一个较长的过程，在变局中，国家的经济、政治、社会等都会出现深刻的嬗变，时间会延续数百年。裂变之后，便会进入一个相当长的定型期。而引发这场漫长变局的根源是生产力和生产关系的根本变革。

（一）改变中华民族命运的第一步

1840年的鸦片战争，揭开了中国“三千年未有之变局”。伴随着西方列强的侵略，独立的封建的中国沦为半殖民地半封建社会，民族独立、人民解放成为历史的主题。这场变局，是西方世界在生产技术提高的基础上，抛弃落后封建经济走上资本主义道路的变局，也是它们通过船坚炮利征服殖民世界其他国家和地区，建立全球殖民体系的变局。对中国而言，这场变局是中华文明由于西方势力的介入从而打破了独立、封建的局面，陷入快速衰落中的变局。闭目塞听、看不到世界翻天覆地变化的封建中国，被西方殖民者的枪炮强行拉进了这场变局之中，古老的中国遇到了前所未有的挑战，面临着极其深刻的生存危机。随着第一次鸦片战争、第二次鸦片战争，

直到甲午海战、八国联军入侵中国，打破了大清国的“天朝梦”，中国被迫纳入资本主义的世界体系，沦落成了任人宰割的半殖民地国家。中国的经济、领土主权等遭到了巨大的破坏，一系列不平等的条约的签订，使中国由独立、封建的国家逐步沦落成半殖民地半封建的国家。外国资本主义生产方式的侵入推动了中国经济结构的转变，中国自然经济逐渐解体，中国成为世界生产的一部分，成为世界商品经济的最低端，人民生活日益贫困、民不聊生。帝国主义的侵略一定程度上推动了中国的思想文化交流与思想进步，使中国的知识分子认识到西方的民主与科学，但中华传统文化却在此冲击下岌岌可危，民族复兴的历史任务由此提出。

直面“三千年未有之变局”是改变中华民族命运的第一步。西方世界主动引领的大变局构建了近代新的世界体系，中华民族在被侵略、被压迫的屈辱中日益觉醒，开始认识和思考这场变局。鸦片战争爆发后，一些士人已经模糊地认识到中国所处的世道发生了重大变化。1844年，黄钧宰在《金壶七墨》一书中说，“中国官民初不知洋人状，英法国何方地。乃自中华西北，环海而至东南……中外一家，亦古今之变局哉”[①]。徐继畬因而提出了“变局论”并首倡备战和戎、平等外交。19世纪60年代，变局论被广泛认同。

面向西方寻求国家民族出路，是为改变中华民族屈辱命运的新起点。在鸦片战争失败的强烈刺激下，林则徐、魏源等走在时代前列的志士仁人开始注意了解国际形势、研究外国史地，寻找救国的道路和御敌的方法，提出了“师夷长技以制夷”的主张。19世纪60年代初，曾国藩、李鸿章、左宗棠、张之洞等少数清朝官员群体面对“三千年未有之变局”而被迫“虚心忍辱”，掀起了一场洋务运动，主张学习外国先进的军事和科学技术，以期富国强兵，抵御外国侵略。洋务运动期间，王韬、薛福成、马建忠、郑观应等人就主张不仅仅要学习西方的科学技术，同时也要吸收西方的政治、经

① 中国史学会主编：《鸦片战争》（二），上海书店出版社2000年版，第623—624页。

济学说，由此出现了早期维新思想。如郑观应在所著《盛世危言》中提出大力发展民族工商业，提出“商战固本”“君民共主”的政治主张。甲午战争的失败，洋务运动彻底破产，人们发现学习技术是不够的，认识到需要改革的是体制。于是，“师夷”的内涵从技术上升到了制度，康有为、梁启超、谭嗣同等知识分子将学习西方政治体制作为改变国运的方向，发起维新变法运动。与此同时，孙中山等资产阶级革命者力求通过革命，建立资产阶级民主共和国，实现“振兴中华”的宏伟目标。辛亥革命的爆发，中华民国的成立，使中国发生了历史性的巨变，具有伟大的历史意义。然而，随着袁世凯的窃权，这场轰轰烈烈的运动也以失败而告终。辛亥革命的失败证明，中国的资产阶级没有能力完成彻底推翻帝国主义和封建主义的历史任务，资本主义制度在中国根本走不通，中国的出路必须充分建立在中国的基本国情基础上。辛亥革命失败后，为了挽救国家的危亡，中国的先进分子继续向西方国家学习寻找救国的真理，从更深层的思想问题找根源，陈独秀、李大钊等先进分子兴起了新文化运动。这场新的启蒙运动，在社会上掀起了一股思想解放的潮流，一定程度上冲决了禁锢人们思想的闸门，但前期却依然曲高和寡，中国社会的根本问题仍不能解决。历史证明，中华民族的不断奋争，虽使中国人民一次次燃起新的希望，但农民起义方式的改朝换代，变“用”不变“体”的自强运动，以君主立宪为目标的变法改良，以及资产阶级民主共和国方案，先后在近代中国一一尝试之后，结果都以失败告终，都没有实现中华民族复兴的历史任务。

（二）实现从站起来、富起来到强起来的伟大飞跃

历史在人民探索和奋斗中造就了中国共产党，中国共产党领导人民又造就了新的历史辉煌。

十月革命的一声炮响，中国的先进分子在经过长期的、艰苦的探索之后作出了一种新的选择，从此他们走上马克思主义指引的道路，中国共产党

应运而生。中国共产党的成立，是中华民族发展史上一个开天辟地的大事变。中国革命有了一个先进的坚强的政党作为凝聚自己力量的领导核心。

中国共产党一经成立，就义无反顾肩负起实现中华民族伟大复兴的历史使命，团结带领中国人民进行了艰苦卓绝的斗争，谱写了气吞山河的壮丽史诗。经过新民主主义革命，建立了中华人民共和国，彻底结束了半殖民地半封建社会的历史，实现了中国从几千年封建专制政治向人民民主的伟大飞跃。随后经过社会主义革命，建立了社会主义基本制度，奠定了中华民族复兴的根本政治前提和制度基础，实现了中华民族由近代不断衰落到根本扭转命运、持续走向繁荣富强的伟大飞跃。改革开放这场全新的伟大革命及由此所开辟的中国特色社会主义道路，极大地激发了中国人民的创造力和社会发展活力，使中国大踏步赶上时代。在短短40多年时间里，中国这个世界上最大的发展中国家，迅速摆脱了贫困并跃升为世界第二大经济体，人民生活明显改善，综合国力显著增强，国际地位空前提高，中华民族以崭新的姿态屹立于世界的东方，实现了从站起来、富起来到强起来的伟大飞跃。特别是党的十八大以来，中国特色社会主义进入全面建设社会主义现代化强国、逐步实现全体人民共同富裕的新时代，迎来了实现中华民族伟大复兴的光明前景。这些翻天覆地的变化，深刻改变了近代以来中华民族发展的方向和进程，深刻改变了中国人民和中华民族的前途和命运，深刻改变了世界发展的格局和趋势。

从近代以来中国波澜起伏的历史进程中可以看出，不触动帝国主义、封建主义统治根基的改良主义失败了，中国人民才选择了革命的道路；来自西方的各种建国方案都行不通，中国人民才选择了经过新民主主义走向社会主义的道路；其他各种政治力量都无力领导中国人民实现救亡图存和民族复兴，中国共产党才义不容辞地肩负起了这一历史使命。中国共产党紧紧依靠人民通过新民主主义革命，实现了民族独立和人民解放；经过社会主义革命，确立了社会主义根本制度并取得了社会主义建设的巨大成就；经由改革开放，完善和发展了中国特色社会主义。这三件大事，从根本上改变了中国人民和中华民族的前途命运，开启了沿着社会主义道路走向世界、实现民族伟大复兴的新的历史征程，向世人彰显和证明了“没有共产党就没有新中国”“只有社会主义才能救中国和发展中国”的历史真理。

（三）主动迎接“百年未有之大变局”

进入新时代，中华民族伟大复兴展现出光明的前景。党的十九大对中华民族复兴的目标做出更加具体更加务实的谋划，明确要全面建成小康社会、实现第一个百年奋斗目标，乘势而上开启全面建设社会主义现代化国家新征程，向第二个百年奋斗目标进军。2020年，全面建成小康社会已经进入了决胜期。在全面建设社会主义现代化国家进程中进一步明确节奏，提出从2020年到21世纪中叶的两个阶段安排：第一个阶段，从2020年到2035年，在全面建成小康社会的基础上，再奋斗15年，基本实现社会主义现代化。到那时，我国经济实力、科技实力将大幅跃升，跻身创新型国家前列；人民平等参与、平等发展权利得到充分保障，法治国家、法治政府、法治社会基本建成，各方面制度更加完善，国家治理体系和治理能力现代化基本实现；社会文明程度达到新的高度，国家文化软实力显著增强，中华文化影响更加广泛深入；人民生活更为宽裕，中等收入群体比例明显提高，城乡区域发展差距和居民生活水平差距显著缩小，基本公共服务均等化基本实现，全体人民共同富裕迈出坚实步伐；现代社会治理格局基本形成，社会充满活力又和谐有序；生态环境根本好转，美丽中国目标基本实现。第二个阶段，从2035年到21世纪中叶，在基本实现现代化的基础上，再奋斗15年，把我国建成富强民主文明和谐美丽的社会主义现代化强国。到那时，我国物质文明、政治文明、精神文明、社会文明、生态文明将全面提升，实现国家治理体系和治理能力现代化，成为综合国力和国际影响力领先的国家，全体人民共同富裕基本实现，我国人民将享有更加幸福安康的生活，中华民族将以更加昂扬的姿态屹立于世界民族之林。

这一民族复兴战略安排将“近期、中期、远期”目标有机结合，路线更加清晰、内容更加丰富、主题更加深刻，显示出党领导全国各族人民实现“两个一百年”奋斗目标的强大决心和坚定信心。中华民族复兴梦想目标，就是要在中国共产党的领导下，始终同人民想在一起、干在一起，把人民对美好生活的向往作为奋斗目标，中华民族伟大复兴的中国梦必将变成现实。

然而，应对世界复杂的新变局仍然需要我们时刻保持审慎与敏锐。习近平多次用“百年未有之大变局”对当前国际形势作出重大和科学的概括，就是提醒我们，在实现中华民族伟大复兴的道路上，必须要审时度势、注意发展过程中的主客观因素、充分认识世界的发展形势、冷静分析外部环境给我们的机遇和挑战，这样才能保证民族复兴使命的顺利完成。

习近平第一次明确提出并初步阐述了“百年未有之大变局”是在2018年6月中央外事工作会议上，他作出了“当前，我国处于近代以来最好的发展时期，世界处于百年未有之大变局，两者同步交织、相互激荡”①的重大论断。此后，习近平在国际国内的多个场合从不同角度反复强调“世界百年未有之大变局”这个战略判断。

2018年7月25日，习近平在出席金砖国家工商论坛并发表重要讲话中指出：“当今世界正面临百年未有之大变局。对广大新兴市场国家和发展中国家而言，这个世界既充满机遇，也存在挑战。”②2019年4月1日，在人民大会堂会见“元老会”代表团时指出：“世界正处于百年未有之大变局。国际合作的前景、全球性挑战的出路、人类社会的未来，引起越来越多有识之士的思考。”③5月21日，在主持召开推动中部地区崛起工作座谈会时的讲话

① 《中华人民共和国大事记（1949年10月—2019年9月）》，《人民日报》2019年9月28日。
② 《习近平出席金砖国家工商论坛并发表重要讲话》《人民日报》2018年7月26日。
③ 《习近平会见“元老会”代表团》，《人民日报》2019年4月2日。

中指出："领导干部要胸怀两个大局，一个是中华民族伟大复兴的战略全局，一个是世界百年未有之大变局，这是我们谋划工作的基本出发点。"①9月24日，在十九届中央政治局第十七次集体学习时的讲话中指出："当今世界正面临百年未有之大变局，国与国的竞争日益激烈，归根结底是国家制度的竞争。"②10月25日，在北京人民大会堂同巴西总统博索纳罗会谈时指出："当今世界正经历百年未有之大变局，但和平、发展、合作、共赢的时代潮流没有变。"③11月5日，在《关于〈中共中央关于坚持和完善中国特色社会主义制度、推进国家治理体系和治理能力现代化若干重大问题的决定〉的说明》中指出："当今世界正经历百年未有之大变局，国际形势复杂多变，改革发展稳定、内政外交国防、治党治国治军各方面任务之繁重前所未有，我们面临的风险挑战之严峻前所未有。"④12月26日至27日，在中央政治局民主生活会上的讲话中指出："当今世界正经历百年未有之大变局，国内外形势正在发生深刻复杂变化，来自各方面的风险挑战明显增多，迫切需要我们在加强国家制度建设和治理能力建设上下更大功夫，使我们的制度优势充分发挥出来，更好转化为治理效能。"⑤

习近平指出世界处于百年未有之大变局，是一个全新、全面、准确的论断，这一论断对于指导中华民族复兴的道路具有现实性、发展性和战略性意义。

"百年未有之大变局"之变就是"国际格局在变、现代化的模式在变、世界生产力的布局在变、人类面临的问题在变，即新格局、新模式、新生产

① 《最重要的还是做好自己的事》，《人民日报》2019年5月23日。
② 习近平：《坚持、完善和发展中国特色社会主义国家制度与法律制度》，《求是》2019年第23期。
③ 《习近平同巴西总统博索纳罗会谈》，《人民日报》2019年10月26日。
④ 习近平：《关于〈中共中央关于坚持和完善中国特色社会主义制度、推进国家治理体系和治理能力现代化若干重大问题的决定〉的说明》，《人民日报》2019年11月6日。
⑤ 《带头把不忘初心牢记使命作为终身课题始终保持共产党人的政治本色和前进动力》，《人民日报》2019年12月28日。

力布局、新问题。”[①]具体来说，这场“百年未有之大变局”的内涵包括以下几个方面：

首先，新一轮科技革命和产业革命加快世界的重塑。人类社会经历三次工业化浪潮，现在正在进行第四次工业革命。新工业革命对世界的影响是全方位的，不仅改变着世界，也极大地改变着中国，科学技术是第一生产力，这次革命将会为中国的发展注入新的动力，成为我国进一步提升综合国力和国际竞争力的重要战略机遇。

其次，经济全球化深入发展催生全球贸易新秩序的建立。经济全球化促使生产要素在全球层面得到更加有效配置，带来生产规模和能力大幅度提升，发展中国家新型市场出现了前所未有的活力。但是，新兴市场的飞速发展挑战了传统西方发达国家尤其是美国的经济权威，当前单边主义、贸易保护主义和反全球化浪潮逆袭而来，建立有利于全球经济发展的国际经济新秩序成为必要。

再次，世界多极化深入发展使世界权力格局发生重大变化。冷战结束后，世界政治秩序进入漫长的调整期，尽管受到霸权主义、单极化的阻挠，但世界多极化趋势不会改变。随着世界多极化进程的深入，世界权力格局发生重大变化，一家独大的霸权行为越来越受到世界人民的反感和质疑，实现世界权力均衡发展逐渐成为共识。

最后，大国战略博弈加剧国际主要矛盾出现显著变动。当前世界存在各种各样的矛盾，在这众多矛盾中，起主要作用并具有全局性和世界级影响的就是中美关系。美国为了维持其在世界上的霸权地位，挤压中国的发展空间，不惜发动贸易战，希望能最终打断中国发展的进程。在这种压力下，中国一方面要制定好发展清晰的战略，坚持自己的发展节奏不被打乱，另一方面要学会博弈的技巧，吸收运用一切有利于自己发展的国际规则，

① 金灿荣：《如何深入理解“世界正面临百年未有之大变局”》，《领导科学论坛》2019年第14期，第66—77页。

由此才能立于不败之地。

新时代的到来，在今天这场“百年未有之大变局”，我们首先要对自己有明确的历史和现实定位，认真分析这场大变局给中国带来的机遇和挑战，跟上新一轮科技革命和产业革命的大规模快速发展的步伐，维护全球化的贸易格局，在大国博弈中坚持世界政治多极化，增强驾驭国际规制的能力，顺势而为，为实现中华民族伟大复兴争取有利的国际、国内环境。

二、中华文明在兼收并蓄中历久弥新

中华民族有着5000多年的文明史，是世界历史上唯一一个从未间断过的文明。中华文明之所以具有如此持久的生命力，是因为中华民族的历史发展寓于一个伟大的力量中，这个力量就是中华优秀的传统文化。中华传统文化是中华文明延续和传承的精神基源，也是中华民族走向复兴的精神力量。习近平说：“中华民族有着5000多年的悠久历史和灿烂文化，而且中华文明从远古一直延续发展到今天。为什么中华民族能够在几千年的历史长河中顽强生存和不断发展呢？很重要的一个原因，是我们民族有一脉相承的精神追求、精神特质、精神脉络。……这种几千年连贯发展至今的文明，在世界各民族中是不多见的。”[①]中华传统文化积淀着中华民族薪火相传的民族精神，代表着中华民族持续不懈的精神追求，是滋养中华民族生生不息、发展壮大的丰厚沃土。

（一）内涵深厚的中华文明

首先，中华传统文化中蕴含着的“天人合一”思想，历经数千年的演进，成为中国看待天人关系的一个重要命题。“天人合一”思想既是一种人与自然和谐相处的自然审美趋向，也是人类社会要顺应世界发展普遍规律

① 《习近平谈治国理政》，外文出版社2014年版，第180—181页。

的自觉意识。

中国古代思想家大多都主张“天人合一”的思想。“天人合一”思想的萌芽出现在《尚书·洪范》中：“惟天阴骘下民。……天乃赐禹洪范九畴，彝伦攸叙”，认为天与人之间息息相关。老子在《道德经》中讲道：“人法地，地法天，天法道，道法自然”的“天人同源”的观点。庄子在《齐物论》中讲“天地与我并生，万物与我为一”的思想。他们都深刻地指出了人和世间万物是共处于同一系统中的并且要遵循客观规律的发展要求。孟子将天道与人性息息相关，强调天有是非、善恶之心，而人性是天赋予的，人的善念与生俱来，因此天与人性相通。庄子主张，人与天地万物都是由气组成，人是天地万物中的一员，所以天与人是和谐统一的。明朱熹也主张“天地万物一体”的观点。

今天，人类文明要延续发展，自然环境提供最基本的条件，“天人合一”宇宙观的生命力在于为我们重新审视人与自然的关系、建立社会主义生态文明提供智慧。人类曾经一度认为自己是万物的主宰，是自然界的领袖，狂妄地声称要征服自然，而随着荒漠化、环境污染、资源枯竭等问题的出现，人类正在陷入空前的生态危机中。近代社会以来由于大肆破坏自然而造成现代社会出现的严重环境危机，立足于人与自然的共同体关系的“天人合一”的思想，我们开始重新理解人与人、人与自然之间的关系。当前，我们正在构建社会主义生态文明，传统文化中“天人合一”的思想在现代社会有了新的时代价值。“天人合一”思想有助于改变在人与自然关系中出现的人类自我中心主义观念，强调以尊重和维护自然为前提，追求人与自然的和谐统一。社会主义生态文明倡导绿色生态、环保中国，在本质上与中国传统的“天人合一”思想是一致的，就是要摒弃“人是万物之主”的思想，人类发展要以人与自然的和谐统一为出发点，倡导人们热爱自然、保护自然，认识到人类也是自然界中的成员，从根本上转变人类至上的自我观念。

其次，中华民族酷爱和平，5000多年历史的中华文明，始终崇尚和平、和睦、和谐，“和”是中华民族价值观的核心。中华民族的“和”文化，植根于稳定平和的农耕文化上，早期的中华祖先在冲积平原开荒拓野、辛勤耕作，艰苦的生存环境、频繁的自然灾害、大型的农田水利建设，都需要全社会的精诚合作。安居乐业、父慈子孝、兄友弟恭、邻里和睦、生生不息的生活画卷奠定了崇尚和平的中华文化根基。2014年5月15日，在中国国际友好大会暨中国人民对外友好协会成立60周年纪念活动上，习近平同志指出：“中华民族历来是爱好和平的民族。中华文化崇尚和谐，中国‘和’文化源远流长，蕴涵着天人合一的宇宙观、协和万邦的国际观、和而不同的社会观、人心和善的道德观。在5000多年的文明发展中，中华民族一直追求和传承着和平、和睦、和谐的坚定理念。以和为贵，与人为善，己所不欲、勿施于人等理念在中国代代相传，深深植根于中国人的精神中，深深体现在中国人的行为上。”①

春秋战国时，墨家就提出“兼爱非攻”。以儒家文化为核心的中华文化蕴藏了更丰富的和谐因素。在处理人与人之间矛盾时，孔子主张“和为贵”（《论语·学而》）、“己所不欲，勿施于人”（《论语·卫灵公》）以及“人而无信，不知其可也”（《论语·为政》）的思想，这些思想就是要求人们之间求同存异、相互尊重和相互信任，在多元化的社会要相互理解、相互包容。

中华文明主张各个文明之间的和平共处与自由发展。在5000多年的文明交往中，中华文明鲜用暴力征服、消灭别的文明的历史，中国的“和”崇尚“万物并育而不相害，道并行而不相悖”，对外交往多是和平之旅、文化之旅、交流之旅，以和平的方式促进世界的政治、经济和文化的交流。“化干戈为玉帛”是中华文化“和”文化的另一面，中华文化中一直主张“止戈为武”的思想，认为能够止住干戈，才是“武”的最高价值。习近平同志指出：“中国人民崇尚‘己所不欲，勿施于人’。中国不认同‘国强必霸论’，中国人

① 习近平：《在中国国际友好大会暨中国人民对外友好协会成立60周年纪念活动上的讲话》，《人民日报》2014年5月16日。

的血脉中没有称王称霸、穷兵黩武的基因。中国将坚定不移沿着和平发展道路走下去，这对中国有利，对亚洲有利，对世界也有利，任何力量都不能动摇中国和平发展的信念。”[①]因此，在处理对外关系的实践中，中国历代政权大多奉行以德服人、睦邻安边的政策，即便发生对外战争，也以防御为主，形成了中华典型的防守型文化，但是，这种防守型文化并不只是被动挨打，而是在多次被侵犯的过程中，加速了民族的融合，这也正是中华文明博大精深、兼容并蓄的体现。

在当今世界发展的大变局中，中国一贯秉承“德施普也，天下文明”的“和”价值导向，以传统文化中的天下为一家、四海之内皆兄弟等优秀传统协和万邦，以和平的姿态参与国际经济和政治新秩序的建立，努力推动人类命运共同体建设。面对现代资本主义霸权对世界多极化形成的严重阻碍，世界联系和交往中出现极严重的不对称现象，中国坚定不移地以反对国际事务中的霸权主义，强调尊重不同文明的价值存在，积极主动地参与、推动、倡导新的世界秩序构建。

再次，中华传统文化始终贯穿“贵和尚中”的理念，孔子讲“君子和而不同，小人同而不和”（《论语·子路》），“和而不同”就是在协调一致中保持差异和个性，承认不同的存在，尊重不同的个性。

“和而不同”既是人与人交往的原则，也是世界文明交往的准则。现代社会越来越尊重人的个性，肯定个人的意愿与自我实现，但自我实现不是只以个人为中心，而是要实现对个人的自我超越，和谐社会是建立在整个社会理性的基础上的。社会上人与人的相处应以秉持和而不同的观念，彼此尊重、彼此包容，不能只强调自我利益而忽视他人利益，这样才能构建真正的和谐社会。文明同样如此，世界本身就是多元的，不同的文明拥有不同的历史文化、观念习俗，正是这些不同的元素同时存在，构成了世界多彩灿烂

① 习近平：《弘扬和平共处五项原则建设合作共赢美好世界———在和平共处五项原则发表60周年纪念大会上的讲话》，《人民日报》2014年6月29日。

的文化之美。

在世界经济的多元化和世界政治的多极化的今天，多种文明共存，文明之间的交往日益频繁，而世界的发展越来越明显地表现为不同地域、民族和种族文化之间的交流、碰撞与竞争。中华文化的“和而不同”原则就是主张尊重世界文明的多样性和差异性，维护各国家、民族文化的自主性，推动并维护不同文化和文明间的平等对话、交流互鉴。文明交往不是必然要变成文明冲突，反对强调文明绝对优越性的大国沙文主义，反对搞唯我独尊和文化歧视。“和而不同”的思想就是要推动文明的对话，消除文明间的隔阂，用和平手段解决文明的摩擦。

可以这样说，在未来相当长的一段时期内，哪一种文化更具生命力，那么代表这种文化的民族、国家和社会将具有更广阔、长远和明朗的发展前景，其在地域和国际竞争中也将更容易掌握主动。

从历史上看，中国文化就是在不断学习吸收周边文明的基础上形成的，中华文化对其他异质文化的包容能力和协调能力是非常惊人的。正是这种包容和协调，使中华文明有了海纳百川的胸襟，在中国历史上不管是繁荣时期的主动接纳还是衰落时期的被动接受，最后中华文化都可以把外来文化消化成它的组成部分，这也是中华文明长盛不衰的魅力所在。

我国正处在文化大繁荣大发展的重要时期，“和而不同”体现中华传统文化强大的包容能力和协调能力，全球化的今天，多种文明交流发展是必然趋势，多元文化之间的碰撞是必不可免的，在碰撞中继续坚持包容和协调，是中华文明长期繁荣发展的源泉与动力。

最后，中华优秀传统文化蕴含着真善美、仁爱、正义等丰富的价值理念，这些价值观念概括出的核心就是“和善”，千百年来中华民族的“和善”思想有着丰富的内涵。中华文化中的“人心和善”道德观源远流长，具有旺盛的生命力，直到现在仍然是我们处理人与人、国家与国家关系的重要准则。

古代先哲对“和善”有精辟论述，在儒家思想里，“和善”思想主要体现在“仁爱”上，孔子是把“仁”作为伦理道德的最高原则推崇的，他所向往的理想社会道德境界就是“天下归仁”“仁者爱人”（《论语·颜渊》）。孟子所主张的“老吾老，以及人之老；幼吾幼，以及人之幼”（《孟子·梁惠王上》），以及他提倡的“民为贵，社稷次之，君为轻”（《孟子·尽心下》）的民本思想，坚持了把爱普遍推及于社会的要求。老子主张“上善若水”，并提出国家间“大邦者下流，天下之牝，天下之交也”①的相处准则，强调了大国的态度对国家交往的重要性，如果大国像居于江河的下游那样包容，天下就容易交融沟通、和谐相处。

“人心和善”的道德理念，表达了中华传统文化中倡导的人与人要相亲相爱、和睦相处的基本要求，“和善”是中华民族传统文化中最鲜明的特质，在此基础上，衍生出中华民族谦逊、和蔼、礼让、乐天、达观等一系列美德，为中国人为人处世提供精神支撑和行为指导。“人心和善”的道德理念培养了中国人自省和自我调节能力，儒家有“吾日三省吾身”（《论语·学而》）、“己所不欲，勿施于人”（《论语·颜渊》）等，都是在强调个体的自省和对待他人时的换位思考，这些理念使得“和善”思想更为全面、更为立体。

“人心和善”的道德理念还蕴含着中华民族“兼济天下”“泛爱众”等的道德原则，将中华民族“人心和善”的价值追求和道德遵守运用到国际间国与国关系的处理之中。中华民族自古崇尚和平外交、反对穷兵黩武、反对任何干涉，对外交往重视国家之间的相互扶持、互利共赢。在中华民族“人心和善”道德观基础上的中国对外交往，一贯坚持和平、和睦、和谐。习近平关于构建人类命运共同体理念的提出，更是与中华优秀传统文化中的“人心和善”的道德观息息相通。在处理与周边国家的关系中，习近平提出坚持“亲、诚、惠、荣”的原则，坚持与邻为善、以邻为伴，指出要“讲平

① 陈鼓应注译：《老子今注今译》，商务印书馆2016年版，第293页。

等、重感情”“常见面，多走动”，真诚希望同周边国家谋求共同发展。与世界的交往中，提倡守望互助、共建共享，并愿意与发展中国家共享中国的发展成果，希望中国自身的繁荣惠及世界。“人心和善”道德观指导下的中国外交，使中国在世界上展现了负责任大国的形象，在国际交往中赢得了尊重。

中华文明绵延5000多年、生生不息，其顽强的生命力扎根于中华5000多年历史长河中积淀下来的大量的文化精华上，这些精华不仅在5000多年的历史中为整个中华民族的团结、统一和生生不息起过积极的作用，而且是中华文明最终走向全面复兴的保证。2013年11月26日，习近平同志在山东考察时强调：“一个国家、一个民族的强盛，总是以文化兴盛为支撑的，中华民族伟大复兴需要以中华文化发展繁荣为条件。”①中华传统文化是中华文明进步的智慧之源。在新的历史时期，我们要坚持与时俱进，对中华优秀传统文化进行创新性发展，不断为其注入新的时代内涵以及现代元素，让传统文化中的精华合理有效的转化成当代价值。依托中华优秀文化的强大生命力，使中华文明焕发新的光彩。

（二）在兼收并蓄中历久弥新

中华文明能够历经坎坷，焕发出新的生机活力，归根结底在于中华民族在继承发扬优秀传统文化的基础上，在推陈比较人类文明优秀成果的过程中，选择了马克思主义指导，并将其与中国具体实际相结合，从而为中华民族开辟出光明的前景提供了精神指引。

马克思主义批判继承了人类历史上的优秀成果，超越了前人在哲学、政治经济学和社会主义等问题方面的研究成果，将人类对自然、社会和思维的认识上升到了新的高度，为人类认识和改造世界提供了科学的指导

① 《习近平在山东考察时强调：认真贯彻党的十八届三中全会精神汇聚起全面深化改革的强大正能量》，《人民日报》2013年11月29日。

方法。以毛泽东同志为主要代表的中国共产党人不仅选择了马克思列宁主义，而且找到了马克思主义中国化的新道路，成为中华文明获得新的生机活力的一次根本性转变，奠定了中华文明再度起飞、重振斗志的坚实基础。中国共产党带领中国人民，确定了中国革命农村包围城市、武装夺取政权的新道路。在新民主主义革命时期，明确新民主主义与社会主义革命的衔接问题，建立了人民民主的社会主义国家；在社会主义建设时期，对社会主义建设初期的问题进行反思沉淀，坚持和发展马克思列宁主义，走上改革开放、加快发展的现代化新路；新时代，进一步明确中国特色社会主义基本原则，阐释了构建人类命运共同体的重要思想。中国共产党领导的中国人民的革命的成功与建设的成就，使中华民族又有了文明复兴的自信。

不仅如此，马克思主义按照生产方式对人类社会文明发展阶段的划分，指引着中华文明经由中国特色社会主义迈向更加广阔的未来。

马克思把漫长的人类社会历史发展抽象为三个阶段：第一阶段是自然经济和人的依赖关系；第二阶段是商品经济和物的依赖关系；第三阶段是产品经济和自由人的联合体。马克思精辟地指出："一切民族，不管他们所处的历史环境如何，都注定要走这条路，——以便最后都达到在保证社会劳动生产力极高度发展的同时又保证人类最全面的发展的这样一种经济形态。"[①]在生产力的驱使下，人类历史发展依次经历的三大形态逐步发展，实现由低级向高级更迭，推动世界文明的不断进步。随着人类物质生产能力和精神生产能力的发展，最初在狭小的范围内和孤立的地点上发展的生产能力，形成人类文明发展的第一种生产关系，即基于人的依赖性阶段的等级关系（奴隶制、封建制）；当人类文明发展成普遍的社会物质变换、全面的关系、多方面的需求以及全面的能力体系时，社会生产关系就转化为物的依赖性阶段（资本主义制度、社会主义初级阶段），这时候，人不是依赖于人、而是依赖于市场和货币；当人的生产能力的发展已经能够实现个人

① 《马克思恩格斯全集》第19卷，人民出版社1963年版，第130页。

的全面发展的时候，就形成新的生产关系（共产主义），即生产能力成为从属于社会的、共同的财富，而不再是剥削他人的手段。

按照马克思主义的人类文明阶段性理论，当前人类文明正处于第二大形态向第三大形态过渡的漫长进程中。这个过渡时期的第一个阶段，是资本的原始积累阶段。新航路开辟后发现了新的地理空间，导致各个国家开始了暴力掠夺自然资源和抢占廉价劳动力，一些西方国家用战争奴役的方式占据大量的劳动力和自然资源，积累了大量的货币。第二个阶段是自由竞争资本主义阶段，主要是通过商品销售的方式逐步建立世界市场，形成自由竞争的资本主义社会。马克思在《共产党宣言》中指出："不断扩大产品销路的需要，驱使资产阶级奔走于全球各地。它必须到处落户，到处开发，到处建立联系。"①这段时期商品价格低廉，资本家通过剥削压迫工人以谋取自身的最大利益。第三个阶段是资本全球化阶段，在这个阶段，资本家的目的不再是如何扩大商品的销售市场，而是如何将生产方式分布在世界各地，变相的利用金融资本来掠夺社会资源。

在人类文明由第二大形态向第三大形态过渡的背景下，彰显着中国特色社会主义的强大生命力和光明的发展前景。

众所周知，世界文明的形成和发展的是一个由"个体文明"逐步转向"世界文明"的历史过程，其发展变化的动力来自于生产力。历史地审视这一过程，我们可以看到，人类社会从个体文明走向世界文明是从近代资本主义的发展开始的。

近代，资本主义制度一经建立就无反顾的为自己开辟道路，它们不断为自己探索新的世界、开辟新的市场，资本的扩张打破了国家间的地缘限制，冲击了原先世界各国封闭孤立、自给自足的生活模式，许多国家或主动或被动的加入到世界全球化进程中，世界开始逐渐成为一个日益密切的整体，个体民族国家开始逐步进入世界文明发展浪潮中的。个体文明转变为世界

① 《马克思恩格斯选集》第1卷，人民出版社2012年版，第404页。

文明之前，每个国家都是实行传统的自给自足的自然经济，而进入世界文明之后，人们的物质生产和消费就有了世界性。资本主义工业的发展提高了生产力的水平，生产出了比以往更为廉价的商品，而交通运输在资本主义大工业的带动下发展得更为迅速。发达的交通运输使世界有机联系起来，逐渐地成为一个整体。原材料的来源与销售都突破了当地和国家的界限，世界分工的局面逐步形成。这种生产与分工的世界性使得落后国家的民族工业受到了冲击，同时，资本主义市场在全球广泛的发展起来，使竞争变得普遍化。不仅如此，资本主义工业还控制了商业，使所有资本都变为工业资本，将一切自然形成的关系物化为货币关系，使资本统领一切，从而将资本主义工业在全球进行更猛烈地扩张。资本主义工业的发展给世界带来前所未有的变化，为世界历史的形成奠定了基础，它改变了人类的物质生产与消费方式，也改变了人类的精神生产和精神消费。过去单个文明之间较为闭塞，人们仅仅接触到自己本国本民族的文化，但世界文明范围的扩大，人们开始进行世界性的交往，领略到更多国家的独特文化，各种文明的相处，既会有借鉴和融合，也会出现碰撞和冲突。马克思指出："各民族的原始封闭状态由于日益完善的生产方式、交往以及因交往而自然形成的不同民族之间的分工消灭的越是彻底，历史也就越是成为世界历史。"①然而，世界文明的之间的交往是不平等的甚至是血腥的。资本主义发展前期，由于不同的个体文明生产力发展水平具有极大的差异，居于主导地位的先进文明往往会通过自己的发展优势把其他落后的文明纳入资本主义体系的残酷的剥削中，世界上很多国家沦为他们的殖民地或半殖民地，造成全球性的贫富差距与不平等。

这种状况在第二次世界大战之后，伴随着各民族国家纷纷独立，走上自我发展的道路，由西方发达国家主导的世界文明的旧秩序开始发生变化。进入21世纪，随着发展中国家的成长，全球化趋势使世界文明发展开始

① 《马克思恩格斯选集》第1卷，人民出版社2012年版，第168页。

了一个新的阶段，西方发达国家主导的世界文明旧秩序受到越来越多的质疑。尤其是在2020年应对新冠肺炎疫情，中国以人民为中心，以人的健康为诉求，上下同心，迅速控制住疫情，与以美国为代表的西方国家形成强烈反差，彰显了中国特色社会主义的制度优势和以人为本的文明底蕴。

进入2020年，随着新冠肺炎疫情的发展，国际秩序与世界格局迅速发生变迁。一方面，逆全球化的趋势凸显，另一方面，去中国化的叫嚣也随之出现。在这大转折的年代，历经中西文明的碰撞与交融、马克思主义的创新与发展而成长壮大的中国特色社会主义，因其自身站在社会进步、时代发展的前沿，具有不断吸收、借鉴人类文明的一切优秀成果的动力机制，而在人类社会战胜新冠肺炎，重归尊重差异、互相合作、和平发展的轨道上将发挥更加重要的作用。历史已经证明并将继续证明，中国特色社会主义以其深厚的历史积淀和科学的理论体系指引正确的前进方向，以人民为中心的主体地位内生不竭的动力，以博大的开放胸怀汲取先进养分，以宽广的人类情怀拓展无限的发展空间，由此必将推动中华文明在兼收并蓄中历久弥新，重铸辉煌！

三、以更有活力的文明成就贡献世界

党的十九大报告明确指出，中国特色社会主义进入新时代，中国社会主要矛盾转化为人民日益增长的美好生活需要与不平衡不充分的发展之间的矛盾。为了更好适应新时代的要求，破解社会主要矛盾，让人们从中获得更多福祉，除要在诸多领域同时发力外，更要科学把握历史发展转型期的基本规律。

（一）科学把握历史发展转型期的基本规律

首先，遵循马克思历史唯物主义关于生产力发展是历史转型的根本动力这一理论指导。

在马克思历史唯物主义框架下，全面诠释了生产力和生产关系之间存在的辩证统一关系，可以更加深刻地理解我国当前生产力和生产关系之间存在的问题、破解的路径和未来可能达到的程度。借助这一辩证统一关系可以对十九大报告中提出的建设现代化经济体系形成更好的理解。在矛盾论的范畴，物质文化需要与社会生产之间的矛盾被视为一对经典的马克思主义生产力和生产关系之间的矛盾。在我国，经过改革开放40多年的发展之后，不论是在供给侧或是在需求侧，均发生了前所未有的变化。当前，我们社会生产力特别是物质生产力，已经在总量方面达到了理想水平（在某些领域已经过剩），但人民群众对物质的诉求已经突破对物质的满足，单纯基于"量"的消费已经成为历史。虽然我国社会生产力水平得到了显著提升，社会生产能力也走在了世界前列，但是由于生产关系的革新没有及时跟进，使得我国社会在构建经济体系的过程中呈现出更为突出的问题。即在新时代，经济发展不平衡不充分与人民对美好生活的愿望之间的矛盾越来越明显。这在很大程度上影响了社会公众和社会组织参与经济建设的积极性。只有由此出发，构建能够破解新时代社会主要矛盾的经济体系，才能让经济基础和上层建筑之间保持适应性。

其次，坚持马克思唯物史观阐释的历史发展阶段论。

历史唯物主义认为，人类历史是由低级向高级发展的过程。在生产力和生产关系相互作用的前提下，形成对人类社会发展不同阶段的不同社会形态理论。马克思科学社会主义认为，未来共产主义社会必将取代资本主义社会，这个过程需要一个过渡期。马克思在1875年的《哥达纲领批判》中，明确地把这个未来社会称为"共产主义社会"，并划分为两个发展阶段："共产主义社会第一阶段"和"共产主义社会高级阶段"。"社会主义初级阶段"的科学概念及其理论，是马克思科学社会主义阶段性理论在中国社会主义建设实践中的体现，它立足中国实际，比较全面和深刻地阐明了中国当前社会发展的阶段定位。新中国成立后，我们对社会主义发展的阶段有过艰辛探索，在认识方面产生过一定的偏差，导致社会主义建设出现重大挫折。“社会主义初级阶段”的提出，准确地概括了我国进入社会主义社会以后的基本国情和社会发展的状况，成为支撑中国特色社会主义事业的重要理论基石，也是马克思主义中国化的创新性的理论发展。在社会主义初级阶段，既存在在国民经济中占主体地位的公有制经济，又存在为了大力发展商品生产而保留的私有制经济这表明，在生产力发展仍然有限的情况下，在坚持国家社会主义性质和发展方向的前提下，可以实行不完全的、适当加以变通的社会主义制度、体制和政策。

最后，适应从民族历史向世界历史的转变，积极参与经济全球化和全球治理。

当前，按照世界经济发展格局，在中国社会搭建起现代化经济体系是一项复杂的系统工程，不但要与国际标准、国际规则接轨，还要借助更为广阔的国际平台，让中国经济能够以高质量的姿态走出国门，提升中国在世界经济领域的话语权，让全球经济治理取得更为明显的效果。一段时间以来，国际形势发生了很大改变，西方国家“黑天鹅事件”频发、贸易保护主义思潮泛起，一些西方发达经济体甚至开始了“逆全球化”的道路，诸多不利于全球化和自由贸易的措施相继出台。此时，为了能够更好地规范国家秩序，提升中国的国际影响力，需要借助建设现代化经济体系的契机，强化对外开放的力度，以更高的发展质量、更加积极的态度参与到全球经济治理体系当中。

值得注意的是，中国坚持世界政治的多极化发展，强调合作共赢，但是，强权政治、文化霸权依然对世界文明和安全造成了严重的威胁，对世界人民期盼和平发展的愿望提出现实的挑战。为解决这一问题，习近平站在全人类发展的高度上创造性提出了中国方案。他指出：“人类正处在大发展大变革大调整时期。……也正处在一个挑战层出不穷、风险日益增多的时代。……宇宙只有一个地球，人类共有一个家园。……让和平的薪火代代相传，让发展的动力源源不断，让文明的光芒熠熠生辉，是各国人民的期待，也是我们这一代政治家应有的担当。中国方案是：构建人类命运共同体，实现共赢共享。”[①]习近平在中法全球治理论坛上讲道：“面对严峻的全球性挑战，面对人类发展在十字路口何去何从的抉择，各国应该有以天下为己任的担当精神，积极做行动派、不做观望者，共同努力把人类前途命运掌握在自己手中。”[②]这表明中国一直致力于全球和平发展，为人类社会做出自己的贡献，而人类命运共同体则是在人们迫切解决现代危机的历史节点上所创造性提出的中国理念中国方案。

（二）准确把握社会变革中内部、外部环境的基本特征

当前，中华文明进入深刻变革的历史转型期，我们既要展望民族复兴大业的光明前途，也要看到这个过程中存在的各种挑战和阻碍；我们既有自身内在的尚未解决的矛盾，也有外部世界对我们造成的困扰。只有清醒认识、分析我们所处的内部、外部环境，把握它们的基本特征，才能在前进的道路上提出正确的应对策略。

首先，中国社会变革中存在内部的现实困境。

一是现代化经济体系尚未建立。在建设现代化经济体系的过程中，需要对新时代社会主要矛盾形成客观的认识和充分的理解，因为社会主要矛盾的转化具有深刻的科学内涵和理论依据，更是习近平新时代中国特色社会主义思想十分重要的环节，亦是在制定我国未来社会发展战略和长远规划的理论基础。

目前，我国经济存在的主要问题有：（1）产业结构的不平衡和不充分。比如，在三次产业体系内，服务业通常占有较大比例。在美国，其三次产业

① 《习近平谈治国理政》第2卷，外文出版社2017年版，第538—539页。
② 习近平：《为建设更加美好的地球家园贡献智慧和力量》，《人民日报》2019年3月27日。

中服务业占比接近80%，单从这一点看，我国就和西方发达国家之间存在较大差距。(2)需求结构层面的不平衡不充分。在我国，在改革开放之后的40年中，经济社会的发展（特别是国民经济体系的发展）大多以投资、出口和消费进行带动。其中，投资在所占的比重一直处于高位。近年随着我国物质生活水平的提高，消费，作为“三驾马车”之一，正在取代投资成为带动经济发展的关键力量。可是，由于部分商品的价格持续走高（比如房地产价格），加之政府提供的公共服务、产品的种类与数量和需求之间存在较大差距，现代化经济体系的建设面临着亟待破解的困境。(3)经济发展动能的不平衡不充分释放。一段时间以来，我国虽然在创新型国家建设和“大众创业、万众创新”的过程中积累了很多经验，也取得了十分可喜的成绩，但是创新驱动作用并非因此而发挥出应有的功效，不平衡不充分的问题还十分严重。经济社会的发展动力始终处在转换当中，因创新而产生的促进经济发展的动力还远远没有释放出来。(4)区域经济发展的不平衡不充分。按照十九大报告的要求，唯有通过协同发力，才会解决区域经济不平衡不充分的问题，才会让区域经济保持协同进步，才能让经济发展之动力转换得以平稳进行，地区之间的差距加大，相对落后的地区发展动能和发展潜力难以在短时间内激发出来，由此而产生的问题与矛盾如果不及时解决势必会不断凸显，而这将是建设现代化经济体系和全面建成小康社会的最大阻碍之一。

二是国家治理现代化水平需再提高。坚持和完善中国特色社会主义制度、推进国家治理体系和治理能力现代化是国家现代化发展的必然要求。目前，在国家治理现代化过程中，还存在一定的问题，包括：党的执政能力需要更加成熟，个别领导水平不够，总揽全局、协调各方领导制度体系的能力不足；有些领导干部不能保持清醒的头脑、没有足够的耐心和战略定力，急躁冒进、急功近利；各级党和国家机关以及领导干部尊法学法守法的用法意识需进一步加强，运用法治思维和法治方式深化改革、推动发展、化解矛盾、维护稳定、应对风险的能力亟待提高。新时代高素质的领导干部队伍建设还不完善，具备素质优、站位高、理念新、路径对、动力足五大核心要素领导人才仍需挖掘。

三是社会主义意识形态领域存在的问题。当前，世界上，不同的意识形态在不断碰撞中相互影响，复杂多变的社会环境造成意识形态领域的斗争异常激烈。随着全球化的发展和互联网的普及，网络已是当前意识形态斗争的最前沿。我国社会意识形态面临非常复杂的局面，媒体格局发生深刻变化，意识形态领域的主导权和话语权亟需进一步加强。一个社会的意识形态决定其文化的前进方向和发展道路，不重视意识形态领域的斗争，就会严重影响新时代社会主义文化建设，因此，当下一个重要任务就是要形成具有强大凝聚力和引领力的社会主义意识形态。

其次，外部环境给中国的现实挑战。

人类命运共同体是世界历史向新的历史阶段发展迈进的过程中提出的，是在“百年未有之大变局”的历史节点上提出的。在世界大发展大变革大调整的新时代，人们面临严峻的现实挑战。逆全球化的强权政治、资本操纵的经济把控、一枝独秀的文化霸权和不计后果的生态索取都对世界文明造成了严重的威胁，也不符合世界人民期盼和平发展的愿望，是构建人类命运共同体急需解决的现实挑战。

一是“逆全球化”强权政治。当前，世界全球化趋势加强，人民都期盼过上和平美好的生活，但仍有一些西方国家反其道而行之，不遵循经济全球化发展的趋势，开始推行“逆全球化”的霸权主义和强权政治，将国家权力看得极为重要，认为不能有一丝一毫的让渡，认为当今世界就是权力的斗争，只有依靠强权霸权才能保证自己权利不受侵犯，争取自己国家最大的国家福利。从而导致“兵戎相见时有发生，冷战思维和强权政治阴魂不散”[①]。这在一定程度上夸大了国家权力，导致一些国家推行极端的国家

① 《习近平谈治国理政》第2卷，外文出版社2017年版，第538页。

权力观，从而走向霸权主义，阻碍了世界的发展。经济全球化的发展已经成为世界发展的大趋势，西方国家的逆全球化行为使世界局部地区冲突不断，并且推行霸权主义的同时剥夺了发展中国家在国际上的话语权，阻碍了世界人民发展。

二是“资本操纵”的经济把控。根据国际援助与发展组织2018年1月22日的报告分析，全球最富有的人所掌握的财富总额等于全球最贫困的37亿人所拥有的财富总额，进一步预示贫富差距的扩大。如此巨大的贫富差距同各个民族国家本国的经济政策是密切相关的，西方国家将私有制与市场联系在一起，将利益最大化作为唯一准则，一定程度上对国际产生巨大的影响。当前国际多发的冲突多数在于各个国家间为了争夺利益而进行的局部战争，通过战争的方式来获取本国的利益，这只是短视地看到了眼前的利益，没有看到国际社会共同发展所带来的互利互惠的长远利益。这样的例子比比皆是，例如美国。自二战以来美元在国际货币体系中始终占据着主导地位，使国际货币成为摆设，并且美国始终控制着国际经济的发展，不利于经济全球化的发展，也对世界各国的经济形成了阻碍。像美国这样的发达国家为了发展本国的经济设置贸易保护，设置贸易壁垒，提高进口关税，大大阻碍了国际贸易的进行，也增加了经济危机的风险，从而形成贸易保护主义，严重阻碍了世界经济全球化的发展。这就是“搞贸易保护主义、画地为牢，损人不利己”①。虽然现在新兴的发展中国家快速崛起，中国也日益走近国际舞台中心，掌握一定的国际话语权，发达国家在一定程度上也做出了经济妥协和退让。但是当前的各种改革措施还是没能使经济治理体系作出根本性的变革，发达国家仍然掌握着国际社会的经济治理权力，全球经济的发展还是受到发达国家的限制和控制。

三是“一极独大”的文化霸权。在世界范围内由于地区、宗教和民族风俗等方面的不同，产生了不同的文化。而一些西方国家却主张单一的西方中

① 《习近平谈治国理政》第2卷，外文出版社2017年版，第543页。

心文化论，认为世界文明就是以西方文明为中心的，鼓吹“新自由主义”，并且企图以“新自由主义”来对世界文化进行统治。在近代西方国家由于工业革命的蓬勃兴起，通过产生的巨大的物质财富和科技力量向世界展示西方文明的优越性，认为只有西方产生的思想才是世界上发达的思想。在这个前提下，西方国家认为非西方的文明是低下的，落后的，只有在西方文明的带领下才能将国家发展起来。

在冷战结束以后，西方资本主义国家取得胜利，认为资本主义就是人类社会形态的最终形式，认为西方的民主政治已经战胜了共产主义，认为一切不属于西方的文明都是不正当的文明，否认了文化具有多样性。但“文明没有高下、优劣之分，只有特色、地域之别”[①]。在今天，充满偏见的西方中心论已经不能再继续维持对国际社会的治理作用，但某些西方国家仍然盲目自信，继续推行。

四是“不计后果”的生态索取。西方的霸权主义强权政治、新自由主义和追求利益最大化的原则使其以生态危机的形势影响全世界。一些西方发达国家盲目追求GDP增长，追求利益最大化，并且忽视生态环境，造成生态环境的严重破坏，不仅对自己造成了生态危害，也影响了人类的生存发展。西方国家在工业革命时期，一味地追求经济的快速发展，以生态环境破坏为代价，造成了现在不可挽回的生态后果。而当前积极寻求本国发展的广大发展中国家为其可以快速发展生产，提高GDP，一味追求经济忽视生态，在追求快速发展的欲望下，以生态换经济已经成为多数发展中国家的发展趋势，给全世界带来了严重危害。例如，全球气候变暖、海平面上升，引发洪水海啸等自然灾害。空气质量逐年下降，资源短缺，水污染严重，给人们的生产生活带来极大的影响。而此时，一些发达国家开始鼓吹自己的生态环境治理得当，批判发展中国家同时伴随着意识形态的输出，鼓吹西方资本主义。但其实西方发达国家利用资本和贸易将自己本国的污染输出到

① 《习近平谈治国理政》第2卷，外文出版社2017年版，第544页。

发展中国家，在发展中国家进行跨国贸易将有污染的部分转移到发展中国家。对发展中国家进行资本掠夺的同时对环境资源进行掠夺，而忽略对发展中国家环境的治理，这也是生态破坏的一种。这种“希望多占点便宜、少承担点责任，最终将是损人不利己”[①]。

（三）以全面统筹谋划应对复杂国情、世情

面对当前复杂的国内、国际环境，中国社会变革应按照党的十九大报告提出的“四个全面”战略布局和“五位一体”总体布局，进一步贯彻和执行新发展理念，从内部环境到外部世情进行全面统筹，将发展中存在的内外各种问题一一化解。

首先，加快改革步伐，解决内部困境。

一是建立现代化经济体系。

在当前形势下，构建全社会协同发展的产业体系，做大做强实体经济至关重要。通过创新引领和发扬工匠精神，在全社会树立品牌意识与价值观念，借助现代化营销理念让资源配置更加高效。要充分利用人力资本的价值。应通过多种手段重点配置公共产品与公共服务，以便让人力资源能够进行合理流动，为产业体系的发展奠定人才基础。要以国家产业布局优化为框架，构建起实体经济、科技创新、金融改革、人才培育协同发展的产业体系，释放微观经济主体的能量，使之能够在增加就业、提升税收方面发挥更大作用，为现代化经济体系的建设提供更多支持。

同时，将重点放在搭建现代化经济体制上。依据十九大的战略部署，今后我们需要坚持并完善我国社会主义基本经济制度与分配制度。一方面，要持续深化国有企业改革，让民营企业得到充分发展；另一方面，要持续改进营商环境，清理和废除阻碍统一市场形成与公平竞争的相关规定与做法，以此提升并保护企业家精神和创业热情。借助创新与宏观调控，让消

① 《习近平谈治国理政》第2卷，外文出版社2017年版，第529页。

费或者需求端与供给端保持协同发展，让市场能够在资源配置中发挥决定性的作用。要发挥政府的作用，使之能够更好地维护公平正义，促进良性竞争，让社会公序良俗得到推行和坚守，以此促进生产力的发展与社会整体进步。

此外，应共享发展成果、缩小贫富差距。进一步完善社会保障体系，通过多种形式让社会保障充分体现出互助性质与收入再分配的性质，并按照十九大报告的要求，在未来全面建成覆盖全民、城乡统筹、权责清晰、保障适度、可持续的多层次社会保障体系，将社会保障的潜力充分发掘出来。

为此，应将供给侧结构性改革视作主线，促进经济发展的提质增效。让经济供给结构和需求结构保持良好的适应性，更好地满足人民对美好生活的需要。要进一步提升全要素生产率，削减企业生产和运行成本，让传统产业能够在工业化和信息化建设的过程中进行新旧动能的转换。同时应注重经济社会发展的质量变革、效率变革和动力变革。在建设现代化经济体系的过程中，需要注重经济社会发展的质量变革、效率变革和动力变革，并将其视作未来政府工作的主线与工作重点。在实践中，要以化解社会主要矛盾为纲，持续促进现代化经济体系的建设，搭建起我国未来社会发展的基础框架。

二是加强新时代党的建设，实现国家治理体系和治理能力现代化。

党的十八届三中全会提出了完善和发展中国特色社会主义制度、推进国家治理体系和治理能力现代化的全面深化改革的总目标，党的十九届四中全会通过《中共中央关于坚持和完善中国特色社会主义制度推进国家治理体系和治理能力现代化若干重大问题的决定》，将国家治理体系和治理能力现代化建设推向新的阶段。国家治理体系就是要坚持中国共产党的领导，形成完备的管理国家的制度体系，涉及经济、政治、文化、社会、生态文明和党的建设等各领域，最终成为一整套紧密相连、相互协调的国家制度。国家治理能力则是科学运用国家制度管理社会各方面事务的能力，包括稳定推进改革发展、熟练掌握内政外交、积极应对国际变化、从严治党治国治军等各个方面。

国家治理体系和治理能力的现代化关键是国家制度的现代化和制度执行能力的现代化，落脚点是党的执政能力和领导水平。提高党的执政能力和领导水平制度、提高党的执政能力和领导水平制度、提高新时代干部队伍治理能力，要求政治上必须坚持党的全面领导，思想上坚持马克思主义理论指导、坚持社会主义核心价值体系教育，同时要坚持继承和发展中华优秀历史文化传统。要坚持全面依法治国，坚定不移走中国特色社会主义法治道路，各级领导干部的工作要法治化、科学化、民主化；提高制度和治理体系的科学化水平，把制度优势更好转化为国家治理效能；积极发展社会主义民主政治，实现制度民主化；增强制度包容力、制度创新力、制度执行力。要建设一支高素质的领导干部队伍，建立健全现代化水平的评价制度体系。

三是加强意识形态领域的建设。

为了在新的历史条件下更好地发挥主流意识形态凝聚共识、调动力量的作用，要让作为社会主义意识形态基础的思想理论全面渗透到人们的日常生活，把意识形态的作用机制转移到核心价值观上。要坚持正确舆论导向，巩固壮大主流思想舆论，弘扬主旋律，传播正能量，激发全社会团结奋进的强大力量。尤其是要掌握网络意识形态主导权，打赢网络意识形态斗争，要敢抓敢管，必须敢于亮剑。意识形态决定文化前进方向和发展道路，只有在全社会形成良好的意识形态环境，才能发展面向现代化、面向世界、面向未来的，民族的科学的大众的社会主义文化。面向现代化，就是文化建设要有社会发展的维度，融入人类的现代化潮流并保持其民族特色；面向世界，就是文化建设要有人类社会的维度，吸收人类文明的优秀成果；面向未来，就是文化建设要有历史进步的维度，追求人类社会更加美好的未来。[①]

其次，以构建人类命运共同体化解外部困局。

在处理国际问题上，习近平总书记创造性地提出构建人类命运共同体的方案，针对世界上出现的不和谐之声，给出了科学的解决策略。

一是牢固树立“同舟共济”的国际理念，“坚持同舟共济，破解和平赤字”[②]。在当今世界，人类的社会生活已经面临了全球化发展，国家孤立的霸权主义和强权政治已经不能适应时代和发展的需要，国际社会急需在价值观上进行革命，摒弃长久以来形成的霸权主义强权政治思想。“我们要推进国际关系民主化，不能搞‘一国独霸’或‘几方共治’。世界命运应该由各国共同掌握，国际规则应该由各国共同书写，全球事务应该由各国共同治理，发展成果应该由各国共同分享。”[③]在国际上，积极拓展国际权力的主体，增强跨国组织，跨国贸易，非政府组织，可以在一定程度上对霸权主义和强权政治国家形成抵抗和制止。

二是建立“互利共赢”的经济伙伴，“坚持互利共赢，破解发展赤字”[④]。“经济全球化是历史大势，促成了贸易大繁荣、投资大便利、人员大流动、技术大发展。”[⑤]经济全球化使各国经济紧密联系在一起，任何一个国家和地区在经济全球化的条件下都不能独善其身，封闭自己单独发展，因此，促进国际社会经济发展，重视发展国际利益，也就发展了本国的国家利益。在当代，新型的发展中国家快速崛起，为世界经济增长作出了不可磨灭的贡献，为世界经济的复苏提供了广阔的市场前景，使其在全球经济治理中提高了话语权。中国致力于增加新兴发展中国家的经济话语权和经济治理权利，实现经济多元化发展，并适当的对现有的经济结构进行调

① 颜晓峰：《新时代中国特色社会主义文化建设的规律性探索》，《前线》2020年3月，第8页。
② 习近平：《为建设更加美好的地球家园贡献智慧和力量》，《人民日报》2019年3月27日。
③ 《习近平谈治国理政》第2卷，外文出版社2017年版，第540页。
④ 习近平：《为建设更加美好的地球家园贡献智慧和力量》，《人民日报》2019年3月27日。
⑤ 《习近平谈治国理政》第2卷，外文出版社2017年版，第543页。

整，适应当前社会发展需要，提倡公有制与市场结合，不以利益最大化为原则，提倡废除资本主义国家存在的不合理经济特权，提升公平性，平等性。中国一直在寻找各国利益的最大公约数，以实现全体人民利益的最大化为各国的奋斗目标。积极推行互利互惠，开放包容的政策，不局限本国短期的发展利益，而是站在整个人类社会的长远利益角度，寻求共同的利益发展。

三是秉持“开放包容”的多元文化，“坚持互商互谅，破解信任赤字”①。每个民族都有其独特的个性，这种独特的个性使它具有一种最为擅长的文化能力。“人类文明多样性是世界的基本特征，也是人类进步的源泉。”②文化可以生成能力，能力支持发展，发展中国家想要寻求本国的发展离不开独特的民族文化。面对西方国家中心论的文化观，各国要坚定自己本民族文化，积极建立开放包容，平等多样的新型文化观。人类文明只有相互借鉴，相互包容才能相互促进，协调发展。建立新型的文化观，要加强不同文明间的文化交流。各种文化只有进行交流碰撞，才能使人们了解各个文明的长处，才能让各国人民相知相亲。中国所提出的“一带一路”的发展战略不仅在经济上与各国建立了密切联系，还增加了中国与世界各国的文化交流往来。“一带一路”充分向世界各国展示了中国的文化理念，增进了和世界各国人民的友谊，搭建了文化沟通的桥梁，促使各国文化相互借鉴，共同发展。中国还创新建立国际文化的交流机制，发展教科文组织的文化交流，积极地学习各国科技力量，促进各国文化交流发展，维护世界和平稳定。

四是推动“绿色持续”的生态发展。当代世界生态问题已经成为世界发展的一个重要问题，需要引起世界的重视，任何国家和个人面对生态问题都不能独善其身，要倡导全世界一起联系起来进行全球治理，从而解决

① 习近平：《为建设更加美好的地球家园贡献智慧和力量》，《人民日报》2019年3月27日。
② 《习近平谈治国理政》第2卷，外文出版社2017年版，第543页。

生态问题。地球是人们赖以生存的家园，当生态环境被严重破坏，人们的生活难以为继就也无从谈人类发展问题。习近平以共同解决当下全球严峻的生态问题为着手点，站在人类社会持续发展的角度上提出了人类命运共同体思想，倡导世界共同关注生态问题，共同肩负生态责任，寻求解决办法。习近平总书记提出要倡导各个国家自觉肩负起保护生态环境，坚持公正合理的原则进行全球治理，爱护人类共同家园的责任。而中国自身要做到“坚持正确义利观，积极参与气候变化国际合作”[①]。在新时代，中国要积极肩负起大国责任，积极推行人类命运共同体理念，倡导建立生态共同体，推进世界共同发展。

人类命运共同体是中国在历史节点上，站在世界的高度提出关于人类发展的全球思维，回答的是“世界怎么了，我们怎么了”的全球发展问题。人类命运共同体体现了中国在思考世界问题时的整体意识，中国不是孤立地思考本国的发展，而是心系全球人民，从而倡导构建新型的国际关系，作出一项对人类未来发展极为重要的顶层设计。人类命运共同体的核心要义是和平发展、合作共赢，在政治、经济、文化、安全和生态五个方面做到全球共商共建共享，成为人们解决世界问题的理念支撑，成为新时代面对新全球化的“中国方略”。

总之，经过中国共产党百年奋斗，拥有世界最大人口规模的中国通过自身持续的发展，走在了人类历史进步的前列，中华文明又开始焕发勃勃生机和活力。中华文明倡导的和平共处、和谐共生、互惠互利的平等交往观，将会在世界范围内越来越得到承认和肯定，新时代中华文明焕发出面向世界的新的生机活力，势必为建立世界新型文明秩序作出更大贡献。

① 《习近平谈治国理政》第2卷，外文出版社2017年版，第530页。

后 记

本书是天津市“百年风华——中国共产党理论与实践研究丛书”之一，力求通过系统考察中国共产党与中华文明焕发出新的生机活力的关系，呈现中华文明浴火重生、焕发出新的生机活力的历史逻辑。

本书由纪亚光负责设计研究思路、提出写作大纲并审阅修订全部书稿。各章分工如下：绪论纪亚光、第一章何新、第二章杨卫芳、第三章高京平、第四章纪淳、第五章刘芳、第六章刘芳、第七章高京平。

在本书的写作过程中，天津市委宣传部、南开大学有关领导给予了全面指导，教育部社科中心主任王炳林教授、中国社会科学院李红岩教授、中央党史和文献研究院第三研究部穆兆勇研究员、南开大学盛林教授对本书的写作提供了宝贵的修改意见，在此衷心感谢！

由于水平所限，本书存在诸多不足之处，敬请学界同仁批评指正！

作者

2021年6月